本书为
天津市哲学社会科学规划研究项目成果
（项目编号：TJTJ18－001　项目负责人：赵慧卿）

Green, Low-Carbon and
Circular Development in China

中国绿色低碳循环发展：

综合评价及路径选择

A Comprehensive
Evaluation and Path Selection

赵慧卿◎著

中国经济出版社
CHINA ECONOMIC PUBLISHING HOUSE
·北京·

图书在版编目（CIP）数据

中国绿色低碳循环发展：综合评价及路径选择/赵慧卿著.
—北京：中国经济出版社，2019.6

ISBN 978-7-5136-5478-4

Ⅰ.①中… Ⅱ.①赵… Ⅲ.①绿色经济—低碳经济—经济发展—研究—中国
Ⅳ.①F124.5

中国版本图书馆 CIP 数据核字（2018）第 282350 号

责任编辑　郭国玺
责任印制　马小宾
封面设计　任燕飞工作室

出版发行　中国经济出版社
印 刷 者　北京艾普海德印刷有限公司
经 销 者　各地新华书店
开　　本　710mm×1000mm　1/16
印　　张　16.5
字　　数　248 千字
版　　次　2019 年 6 月第 1 版
印　　次　2019 年 6 月第 1 次
定　　价　68.00 元
广告经营许可证　京西工商广字第 8179 号

中国经济出版社 **网址** www.economyph.com **社址** 北京市西城区百万庄北街 3 号 **邮编** 100037
本版图书如存在印装质量问题，请与本社发行中心联系调换（联系电话：010-68330607）

前言

PREFACE

伴随着快速的经济增长，我国的资源与环境压力迅速上升，成为制约可持续发展的重要障碍。在此背景下，必须果断抛弃发达国家走过的“先污染、后治理”的老路，探寻人与自然协调共生的可持续发展路径。当前，一些发达国家已将重点转向探索绿色发展和循环发展的新模式，并取得了一些可资借鉴的经验和成效。

我国党和政府高度重视这一重大历史契机。十八大以来，正式将生态文明建设纳入“五位一体”的总体布局。十九大报告进一步强调：“必须坚持节约优先、保护优先、自然恢复为主的方针，形成节约资源和保护环境的空间格局、产业结构、生产方式、生活方式。”为切实贯彻落实这一重大战略部署，必须建立切实有效的绿色低碳循环发展统计测度与评价指标体系，为发展评价与路径优化提供扎实的数据支撑。

同时，我国是一个发展中大国，不同省区在资源禀赋和发展水平上差异显著。在省级层面开展绿色低碳循环发展评价研究有助于揭示区域差异，并以先进地区经验引导带动落后地区发展。在综合评价的基础上，进一步发掘优势发展省区的经验，可为相对落后地区选择更优路径以提升发展质量和可持续性提供借鉴。

基于以上认识，本书重点对我国绿色低碳循环发展水平进行综合评价，进而讨论省区差异及其优化路径选择。以本人此前持续研究的碳排放和碳减排问题为基础，2016 年启动对绿色低碳循环发展问题的研究，随后获批天津市哲学社会科学规划资助项目“绿色低碳循环发展经济体系构建研究”（项目编号：TJTJ18－001；项目负责人：赵慧卿）资助，经过进一步完善深化，最终形成本书。

为揭示我国各省区绿色低碳循环发展水平差异并探寻其优化发展路径，本书主要使用综合评价研究方法并力求有所改进。一是评价指标选择方面，依据绿色低碳循环发展经济理论，借鉴已有文献的指标体系，并结合数据可得性，构建地区绿色低碳循环发展评价指标体系。二是权重确定方面，先是分别以主观的层次分析法（AHP）和客观的变异系数赋权法确定权重，进而采用主客观相结合的方法构建权数体系并展开比较，兼顾三种权数对地区绿色低碳循环发展程度进行综合评价。

本书内容包括五部分，共分九章。第一部分为导论（第一章），介绍选题背景，梳理相关文献，交代研究思路、方法、主要内容等。第二部分为理论与方法基础，其中第二章系统回顾了绿色、低碳、循环经济概念和理论发展，第三章则对统计综合评价方法与技术进行了详细梳理。第三部分为综合评价指标体系构建与基础数据分析，第四章构建评价指标体系并探讨多种权数设定方案，第五章则从经济社会、绿色、低碳、循环发展四大维度入手展开时空分析。第四部分对各类赋权方法之下的综合评价结果进行深入分析与比较，其中第六章和第七章分别基于主观赋权方案和客观赋权方案，第八章则给出主客观组合赋权的综合评价结果并与前面两章进行比较。第五部分基于前述综合评价结果，为全国和各类省区提升绿色低碳循环发展水平提供发展路径选择。

本书力图在以下三方面有所创新：一是学术思想方面，综合利用各类数据（宏观数据、微观数据；官方统计数据、学者估算数据），注重能源、碳排放等数据质量的审核与一致性的调整，将实证分析结果进行纵向与横向整合，使其既反映各时期的不同，又反映各地区的差异，令结论更具一般性和全局性；二是学术观点方面，各地区应根据其现实发展程度与发展历史确立绿色低碳循环发展路径，本书在综合评价基础上剖析各省区在经济、社会、资源等维度的优劣势，据以探讨各省区如何优化其绿色低碳循环发展路径；三是研究方法方面，将绿色、低碳、循环发展统一纳入指标体系，结合主观与客观赋权方法并深入比较，在多个层级就核心影响因素及其省际差异进行深入分析，分析结果具有较强的稳健性和可靠性。

毋庸置疑，绿色低碳循环发展是全面协调可持续发展的有力承载形式，对其进行深入研究是一项紧迫且重大的研究课题。本书力图由统计评价视角提供若干认识，但鉴于该主题的复杂性，该项研究还远远不够，权作抛砖引玉。笔者将以本书的出版为新起点，继续深化对该问题的研究与思考。同时，希望本书的出版，能激发更多有识之士对我国绿色低碳循环发展问题的关注与深入研究！

赵慧卿

2019 年 3 月

目录

CONTENTS

第一章 导论

第一节 选题背景及意义

一、选题背景

自18世纪中叶，随着蒸汽机的使用和工业经济时代的开始，人类进入了一个新的历史时期。大量开采自然资源、大规模生产、高消耗、高污染是这一时期经济发展的典型特征，在创造了大量物质财富的同时，也带来了资源浪费、环境污染等一系列问题。20世纪更是人类物质文明发展最快的时代，也是地球生态环境遭到严重破坏的时期。20世纪50年代以来，全球气候发生了明显变化，气候异常现象增加，全球气候变暖，导致大气中能量分布和温度场分布混乱，从而引发了极端天气，如强台风、强降雨、长期干旱、阴霾天气、暴雪天气等的频发（刘蓓琳，2012）。20世纪60年代初，人类开始反思传统经济增长模式的弊端，开始意识到资源危机及环境问题的严重性。

为了既满足当代人的需求，又不损害后代人的利益，人们提出了可持续发展理论。1972年6月在瑞典斯德哥尔摩召开的联合国人类环境会议发表了《人类环境宣言》，提出“保护和改善人类环境已经成为人类一个迫切的任务”，体现了可持续发展的思想。经济发展必须有利于资源的持续利用，有利于生态系统的良性循环，绝不能以浪费资源和破坏生态环境为代价。1987年，联合国世界环境与发展委员会提出了题为《我们共同的前途》的报告，报告中设计了一个可持续发展的模式。1992年，联合国环境与发展大会又通过了一个可持续发展战略。许多国家都把可持续发展作为经济社会发展的目标，我国也不例外。

改革开放以来，我国经济取得了突飞猛进地发展，但在资源与环境方面也付出了惨重代价。伴随经济持续快速增长、工业化和城镇化水平显著提高，我国能源需求激增。目前，我国已成为全球最大的能源消费和碳排放大国。然而，受技术进步、产业结构、能源结构、资源禀赋等多方面的影响，我国能源效率低下，单位 GDP 能耗大大高于世界发达国家，如电力、钢铁、建材等 8 个主要耗能工业，单位产品能耗均比世界先进水平高 47% 以上。相应地，我国碳排放强度也远高于世界发达国家，甚至高于其他发展中国家。2009 年，我国每万美元 GDP 二氧化碳排放量为 22.19 吨，是日本的 8.9 倍，德国的 8.2 倍，巴西的 5.3 倍，美国的 5.2 倍，印度的 1.6 倍（杜克锐等，2011）。这导致我国能源供需矛盾日益突出，环境污染日益加剧，严重制约我国可持续发展和经济安全。

我国党和政府高度重视这一现实问题，为此，我国先后出台了一系列关于经济、社会、环境发展的宏观政策规定。2007 年，党的十七大报告提出了建设生态文明的要求。2012 年，党的十八大报告进一步提出，建设生态文明是关系人民福祉、关乎民族未来的长远大计，要树立尊重自然、顺应自然、保护自然的生态文明理念，并形成了经济建设、政治建设、文化建设、社会建设、生态文明建设“五位一体”总体布局思想。2015 年，党的十八届五中全会又提出了“创新、协调、绿色、开放、共享”的新发展理念。《十三五规划建议》提出，坚持绿色惠民，为人民提供更多优质生态产品，推动形成绿色发展方式和生活方式。

2018 年 6 月 24 日，中共中央、国务院公布的《关于全面加强生态环境保护坚决打好污染防治攻坚战的意见》提出：“必须坚持和贯彻绿色发展理念，平衡和处理好发展与保护的关系，推动形成绿色发展方式和生活方式，坚定不移走生产发展、生活富裕、生态良好的文明发展道路。”因此，继续打好污染防治的攻坚战成为我国生态文明建设的核心任务。

习近平总书记强调，要通过加快构建生态文明体系，确保到 2035 年，生态环境质量实现根本好转，美丽中国目标基本实现。到 21 世纪中叶，物质文明、政治文明、精神文明、社会文明、生态文明全面提升，绿色发展方式和生活方式全面形成，人与自然和谐共生，生态环境领域国家治理体系和治理能力现代化全面实现，建成美丽中国。这是迈向美丽中国新征程的奋斗目标，也为新时代推进生态文明建设划出了具体的时间表。

然而，我国作为能源消费和碳排放大国，对内要承担发展经济、消除贫困的任务，对外要面临巨大的国际减排压力，使我国的绿色低碳发展道路面临内外双重压力。与此同时，目前我国仍处于工业化和城市化进程当中，能源消耗和碳排放仍会进一步增加。此外，我国长期以来地区发展不均衡，不同地区在资源禀赋和发展水平上差异显著。西部地区经济发展水平远远落后于东部发达地区，一定程度上导致其为了追求经济增长而大力发展高能耗高产出行业，致使其绿色低碳化发展水平低于东部。山西、河北、内蒙古等资源大省的绿色低碳发展水平低于东部沿海地区。此外，由于环境规制的空间差别化（经济发达地区经济总量规模大，实施严厉的环境规制的条件相对成熟，致使高污染企业向内陆欠发达地区转移。而欠发达地区为了追求经济增长，实施严厉的环境规制要比经济发达地区更困难），也导致我国地区间绿色低碳循环发展水平很不均衡，进一步抑制了我国可持续发展的进程。

十九大报告中进一步强调，“必须坚持节约优先、保护优先、自然恢复为主的方针，形成节约资源和保护环境的空间格局、产业结构、生产方式、生活方式”。为切实贯彻落实这一重大战略部署，必须建立切实有效的绿色低碳循环发展统计测度与评价指标体系，为发展评价与路径优化提供扎实的数据支撑。同时，我国是一个发展中大国，省与省之间发展水平差异显著，因此，在省级层面开展绿色低碳循环发展评价有助于揭示区域差异，剖析其优势劣势并给出具体改进空间，以先进地区经验引导带动落后地区发展，是当前我国生态文明建设急需解决的重要问题之一。

二、选题意义

虽然关于绿色低碳循环发展综合评价方面的研究数量不少，但缺乏系统性与全面性，且鲜见将三者整合起来的文献；虽然针对全国或某地区的研究较多，但系统性的地区间比较研究尚不充分，且关于时空的定量测度较少，不能较好地为政府决策层提供科学的数据参考。因此，本书拟首先根据已有相关文献及数据的可获得性筛选评价指标，随后科学设计指标权重，然后对全国及各地区绿色低碳循环发展程度进行综合评价，最后在此基础上给出我国绿色低碳循环经济发展的路径选择，提出相关对策建议。同时，力图弥补现有文献在指标体系设计、定量分析评价及路径选择等方面的不足，因而具有较高的学术价值。

随着环境污染、资源耗竭和能源短缺等问题的日益突出，绿色、低碳、循环经济成为世界经济的重要发展模式。党的十八大以来，生态文明建设被作为治国理政的重要内容，纳入建设中国特色社会主义事业“五位一体”的总体布局中，首次被作为一个执政党的行动纲领写入了党章。习近平总书记在十九大报告中进一步强调了保护资源环境的重要性，可见党中央对资源与环境的重视程度。绿色低碳循环发展之路是发展范式的转换和发展模式的转型，它不仅需要末端治理，还需要源头清理；不仅要制度激励，还需要文化引导，是一项庞大的系统工程。然而，当前我国社会经济转型过程中仍存在方方面面的问题，尚缺乏完善的绿色低碳循环发展经济体系。因此，在对我国各省区绿色低碳循环发展水平进行综合评价的基础上，寻求有中国特色的绿色低碳循环发展路径，对加快美丽中国建设，实现经济的可持续发展具有重要的应用价值。

第二节　文献综述

一、关于综合评价方法的研究

综合评价方法是综合评价的核心问题，目前国内外综合评价方法有十几种甚至上百种之多（邱东，1997）。一般常用的有统计综合评价、模糊综合评价、灰色关联评价、群体综合评价、动态综合评价、人工神经网络评价、DEA 数据包络分析法等。

（一）统计综合评价方法

现有文献主要采用统计综合评价方法来评价国家或地区的绿色低碳循

环发展程度，只是在细节上各有不同。

指标体系的构建多数为主观选择，少量采用定量方法进行选择，比如，何静等（2017）通过变异系数和多重共线性检测来确定有效评价指标。但是，指标体系中有些涉及定性变量，需对其进行定量化处理，其方法主要有：①两两比较评分法，典型的方法是 AHP 层次分析法；②专家打分法，即德尔菲法（Delphi）；③尺度评分法。指标数据的去量纲处理上，主要有功效系数法和标准化法，采用后者的居多。

权数的确定主要有三种方法，一是 AHP 层次分析法，如张腊娥等（2015）、张士萍等（2015）、丁小玲（2009）等；二是德尔菲专家赋权法，如张坤（2013）等。以上两种属于主观赋权方法，不能体现指标数据的基本特征。三是熵值赋权法，如 Li - yan Sun（2017）、姚丹（2014）、高春玲（2012）、黄兰钦（2016）等。这种属于客观赋权方法，对数据的依赖性较强，但不能体现研究者的主观意愿。鉴于主客观赋权方法的优缺点，一些学者将两种方法结合起来，采用主客观综合赋权法。比如，穆瑞欣（2010）综合运用层次分析法和熵值法确定指标权重系数，构建了基于主客观综合赋权的城市循环经济评价模型；李刚等（2017）通过加法合成法，将 AHP 主观权重和基尼系数客观权重组合起来，分析了秦皇岛市的低碳经济发展水平；李刚（2012）建立了基于标准差修正群组 G1 组合赋权模型确定指标的组合权重，解决了主客观组合赋权中主客观权重的分配问题，且保证了由该模型计算的组合权重既能反映出专家的意见，又能反映出指标的数据信息。

另外，有少量文献采用因子分析方法对绿色发展进行评价。比如，郑仕华（2013）运用因子分析法对我国省域低碳经济发展水平进行了测算与评价，并运用聚类分析法将我国省域低碳经济发展水平划分为低碳区，次低碳区、相对高碳区和高碳区等四个层次。韩国莹（2017）通过对指标客观数据进行聚类与因子分析，定量筛选指标，最终构建出绿色经济发展评价指标体系。

（二）模糊综合评价

这种方法是一种基于模糊数学原理的综合评价方法，其根据模糊数学的隶属度理论把这些定性评价转化成定量评价，从而转化为数据信息，即用模糊数学对受到多种因素制约的事物或对相关事物做出一个总体的评价。它具有结果清晰、系统性强的特点，能较好地解决模糊的、难以量化的问题，适合各种非确定性问题的解决（张发明，2018）。

纪崑、曾五一（2006）建立了多目标多层次模糊优选综合评价模型，并在权重赋值中采用了主客观综合评定方法，对长三角和珠三角区域部分城市的可持续发展程度进行了综合评价。杨惠敏（2005）将熵权计算方法和模糊综合评价方法相结合，对德育教育在研究生创新能力培养中所发挥的作用进行了评价；郭红卫（2010）运用模糊综合层次分析法（F-AHP），以长株潭两型试验区为评价对象，对其低碳经济的发展水平进行了评价分析。

（三）动态综合评价

传统综合评价一般都是静态评价，即评价某个时刻的水平，而在实际中，经常需要研究某个时期内的发展变化情况。这就需要在静态评价中引入时间因素，成为动态综合评价。在动态综合评价中，不仅需要考虑个体的偏好集结，还要考虑偏好集结的动态变化；不仅需要考虑评价要素的权重，还要考虑权重的动态性（张发明，2018）。

李战江等（2018）对变异系数法、均方差法、离差最大化法、熵权法、灰色关联法五种单一评价方法所得的评价结果做出动态修正，建立了绿色经济动态修正的组合评价模型，并以内蒙古绿色经济评价为例进行了实证分析；王瑛、常泉英（2018）利用"时间度"对时间维度进行赋权，得到时间权重向量，将指标权重向量和时间权重向量融入TOPSIS模型中，对30个省会城市2011—2015年的环境质量进行了动态综合评价；王瑛、黄颖倩（2018）采用带有"奖惩"性质的双激励控制线法集结多时段的静态信息，分析了30个省域2006—2015年绿色发展水平的动态综合评价值及相对变化趋势。

（四）灰色关联评价方法

灰色关联评价分析方法源于我国邓聚龙教授在1982年提出的灰色关联

理论，该评价方法是一种可以对系统影响因素的重要性次序及区域发展水平高低进行综合性评判的一种重要分析方法，目前已被广泛应用到我国经济社会发展的相关研究当中。

裴金平、廉超（2017）采用灰色关联评价方法，对广西北部湾经济区低碳城市发展水平进行了评价分析；金陶胜等（2010）将北京市2000—2004年机动车NO_x总排放量与相应的区域环境污染物质量浓度进行了灰色关联评价；冀巨海、王琪（2011）在灰色系统理论的基础上建立煤炭企业绩效管理评价模型，采用变异系数法确定各评价指标的权系数，通过计算与理想样本的灰色关联度，对参评煤矿的绩效管理进行了评价；孔海燕等（2018）介绍了学者们对传统灰色关联度分析方法在质量标准区间、关联系数、权重系数方面的改进，最后探讨了该法在水环境、大气环境质量评价中的应用。

二、关于评价指标体系的研究

研究机构或学者们在绿色、低碳、循环、可持续发展评价指标体系构建方面的研究较多，下面分别介绍。

（一）绿色经济评价指标相关研究

绿色发展是以产业绿色化、消费绿色化、资源节约化、生态经济化为重点的一种可持续发展模式。近年来，国内外关于绿色经济评价指标体系的研究非常多，涉及的指标也各不相同。

绿色发展指标体系构建，备受众多国际组织的重视。世界环境和发展委员会（WCED，1987）构建了城市绿色发展评价指标体系；联合国环境规划署（UNEP）构造的绿色经济衡量框架主要涵盖三个方面的内容：经济转型、资源效率、社会进步和人类福祉。这主要基于三个方面的考虑：①经济转型是迈向绿色经济的核心；②经济转型成功的显著标志之一就是资源利用效率的提高；③社会进步和人类福祉是发展绿色经济的最主要目标。OECD构建了一套完整的涵盖经济、环境和人类福祉等方面的绿色增长指标体系，以经济活动中的环境和资源生产率、自然资产基础、生活质量的环境因素、经济机遇和政策响应这四类相互关联的核心要素为一级指标，共包括14个二级指标和23个三级指标（郑红霞，等，2013）。

因OECD衡量框架与指标体系涵盖了各国生态、经济、制度与政策等方面的大部分信息，故已被广泛应用于韩国、荷兰、捷克、墨西哥等国家。例如，墨西哥以OECD衡量框架为基础构建了本国的绿色增长指标体系，并利用"驱动为—压力—状态—响应力"模型来衡量经济生产对自然环境造成的影响；荷兰虽然采用了OECD的指标体系，但为确保指标数据统一口径的一致性，其评价指标数据大多来自荷兰环境与经济综合核算体系；捷克在OECD指标框架的基础上，增加了可持续发展与公平这一要素，以衡量社会层面的绿色增长情况（郭玲玲，2016）。

国内机构和政府部门也积极跟进绿色发展指标体系研究。中国国际经济交流中心和世界自然基金会构建了社会和经济发展、资源环境可持续、绿色转型驱动3个一级指标，涵盖6个二级指标、14个三级指标、30个四级指标的中国省级绿色经济指标体系。2016年，国家发展改革委、环境保护部、国家统计局与中央组织部共同制定了《绿色发展指标体系》，主要涵盖资源利用、环境质量、环境治理、增长质量、生态保护、绿色生活、公众满意度等7大方面。此外，北京师范大学、北京工商大学等科研机构分别建立了一套适合中国国情的绿色发展监测指标体系。北京师范大学提出的中国绿色发展指数注重绿色与发展的结合，是一种广义的多指标绿色发展测度体系，涵盖范围广泛，主要从经济增长绿色度、资源环境承载潜力、政府政策支持度这3个方向出发构建指标体系，共遴选了9个二级指标、55个基础指标（北京师范大学等，2011）。北京工商大学研究机构则从资源环境效率出发来构建绿色经济指数，将北京作为绿色经济指数的基准城市，是一种简化了的生态效率评估指标体系，可操作性强，能够对全国273个城市以及31个省市自治区的资源环境效率以及绿色经济指数进行评估（北京工商大学，遂宁绿色经济研究院，2010）。

以上研究侧重阐述绿色发展的模式与意义、兼顾框架体系构建，对定量测度一国的绿色发展水平尚处起步阶段。面对资源环境压力增大和发展模式转型的迫切需要，近期国内学者对绿色经济发展水平测算做了大量有益尝试，一些研究着眼于全国，更多研究在省区层面展开。学术界的研究成果简要总结如表1-1。

表 1-1 绿色经济评价指标研究文献总结

作者	文献全名	准则划分	研究问题
刘彬	福建省绿色经济发展综合评价体系构建研究	（1）经济效益（2）资源利用（3）环境承载（4）社会效益	福建省 2006—2011 年绿色经济发展进行综合评价
李斌	基于 AHP 方法的我国“十二五”期间绿色经济发展研究	（1）绿色建筑（2）绿色能源（3）绿色交通（4）绿色工业	对我国绿色经济进行评价
黄茂兴，杨雪星	全球绿色经济竞争力评价与提升路径	（1）经济竞争力（2）绿色竞争力（3）可持续竞争力	对 G20 各国 2011 年绿色经济竞争力进行评价分析
李舒翔	福建省绿色经济发展能力评价研究	（1）经济（2）社会、人口（3）自然资源（4）生态环境	对福建省的绿色经济发展能力进行评价
韩国莹，等	基于聚类——因子分析的绿色经济发展评价指标体系构建	（1）经济综合发展（2）资源环境承载力	绿色经济发展评价指标体系构建及合理性检验
高春玲	基于熵值法的湖北省绿色经济发展综合评价研究	（1）综合发展（2）资源承载力（3）环境容量	对湖北省 2000—2010 年绿色经济发展状况进行综合评价
薛珑	绿色经济发展测度体系的构建	（1）绿色经济效率（2）绿色资源环境（3）绿色科技创新（4）绿色经济政策	对济南市“十一五”期间的绿色经济发展情况进行实证分析
朱海玲	绿色经济评价指标体系的构建	（1）循环经济（2）绿色金融（3）节能排放（4）工业绿色发展	构建绿色经济评价指标体系、核算绿色 GDP
张坤	区域绿色竞争力评价指标体系研究	（1）环保因子（2）生态因子（3）循环因子（4）低碳因子（5）健康因子（6）持续因子	区域绿色竞争力评价模型的构建
黄兰钦	四川省绿色经济发展评价研究	（1）经济效益（2）社会效益（3）资源环境（4）政策支撑	对四川省 2001—2014 年绿色经济发展状况进行研究
王晓峰	我国区域绿色竞争力评价及空间分异	（1）区域绿色经济表现力（2）区域绿色资源整合力（3）区域绿色创新驱动力（4）区域绿色环境支撑力	2003—2012 年我国 31 省市区域绿色竞争力综合评价
姚丹	中国绿色经济指标体系构建及空间统计分析	（1）经济发展（2）社会情况（3）资源环境状况（4）政策实施	我国 2007—2012 年不同地区的绿色经济发展状况
肖宏伟	构建中国绿色经济生产方式评价指标体系及对策建议	（1）资源节约与环境污染控制（2）循环利用与无害化处理（3）绿色物流（4）绿色生产方式引导	中国绿色经济生产方式评价指标体系构建

以上文献是对全国或某地区绿色经济发展水平的评价，多数文献在构建评价指标体系时，进行了一二级指标的设定，一级指标一般包括4个层次，多数包括经济、资源、环境几个方面。

关于绿色行业的评价研究相对较少，主要涉及建筑业，如石超刚（2007）、王玉（2015）、刘芳等（2017）等对绿色建筑的评价体系进行了研究。此外，丁小玲（2011）评价了京沪高速铁路（徐沪段）绿色生态程度。陈文汇等（2015）对我国国民经济行业的绿色度进行了测定。

（二）低碳经济评价指标相关研究

国际上对低碳经济评价指标的研究较多。联合国经合组织构造的指标体系以“压力—状态—响应”模型为框架，选取了环境压力、环境状态和社会响应三大类指标，用于跟踪、监测环境变化的趋势。联合国统计局创建了一个由88个指标构成的评价指标体系，涉及社会经济活动事件、影响与结果、对影响的响应等方面，清晰地反映了指标之间的关系。联合国环境问题科学委员会、联合国环境规划署根据人类活动和环境相互作用的概念模型，从环境、自然资源、自然系统、废气和水污染四个方面，选取了25个指标，并根据指标的当前值和目标值赋予了指标各自的权值。

国内对低碳经济评价指标体系研究的文献也层出不穷，刘蓓琳（2012）总结了2012年之前具有代表性的文献，见表1-2。

表1-2　低碳经济评价指标研究文献总结

作者	文献全名	准则划分
辛玲	低碳城市评价指标体系的构建	（1）经济低碳化指标（2）基础设施低碳化指标（3）生活方式低碳化指标（4）低碳技术发展指标（5）低碳政策完善度指标（6）生态环境优良指标
任福兵，等	低碳社会的评价指标体系构建	（1）能源利用结构指标（2）产业经济发展指标（3）农业发展支撑指标（4）科学技术支持指标（5）建筑支撑指标（6）交通支撑指标（7）消费方式指标（8）政策法规指标
李晓燕	基于模糊层次分析法的省区低碳经济评价探索	（1）经济发展系统（2）低碳技术系统（3）低碳能耗排放系统（4）低碳社会系统（5）低碳环境系统（6）低碳理念系统

续表

作者	文献全名	准则划分
唐笑飞，等	中国省域尺度低碳经济发展综合水平评价	（1）社会经济资源基础（2）能源消费（3）碳排放（4）碳吸收能力（5）低碳产业的发展
肖翠仙，唐善茂	城市低碳经济评价指标体系研究	（1）经济发展指标（2）能耗、排放指标（3）技术发展指标（4）低碳产业指标（5）社会发展指标（6）低碳资源环境发展指标（7）低碳科教普及指标
杨敏	低碳城市评价体系研究	（1）经济发展指数（2）低碳发展指数（3）社会发展指数
王赢政，等	低碳城市评价指标体系构建及实证分析	（1）低碳经济（2）低碳社会（3）低碳生活理念（4）低碳能源（5）低碳环境（6）低碳政策
胡大立，丁帅	低碳经济评价指标体系研究	（1）低碳能源指标（2）低碳产出指标（3）低碳消费指标（4）低碳废物处理指标（5）低碳社会环境指标（6）低碳技术指标
李伯华，徐亮	低碳城市发展水平的测度及其对策研究	（1）社会经济（2）资源环境（3）科学技术（4）交通建筑
付允，等	低碳城市的评价方法与支撑体系研究	（1）经济（2）社会（3）环境
谈琦	低碳城市评价指标体系构建及实证研究	（1）技术经济指标（2）空气环保指标（3）城市建设指标
马军，等	城市低碳经济评价指标体系构建	（1）经济发展指标（2）产业发展指标（3）科学技术发展指标（4）社会支撑指标（5）环境支撑指标
付加锋，等	低碳经济的概念辨识及评价指标体系构建	（1）低碳产出指标（2）低碳消费指标（3）低碳资源指标（4）低碳政策指标（5）低碳环境指标
华坚，任俊	基于 ANP 的低碳城市评价研究	（1）低碳经济发展（2）低碳社会文明（3）低碳资源环境
李刚，等	基于循环修正思路的低碳经济评价模型研究	（1）低碳经济发展水平（2）低碳技术发展水平（3）低碳能耗（4）低碳污染减量排放（5）低碳社会发展水平（6）低碳生态环境质量
郑林昌，等	中国省域低碳经济发展水平及其空间过程评价	（1）发展能力指标（2）低碳产出指标（3）低碳消费指标（4）低碳资源指标（5）低碳环保指标
气候组织	中国低碳领导力：城市	（1）经济发展（2）能源结构（3）消费方式（4）碳强度
中科院可持续发展战略研究组	2009 年中国可持续发展战略报告	（1）低碳生产力（2）低碳消费（3）低碳资源（4）低碳政策

续表

作者	文献全名	准则划分
孙起生	基于低碳经济的县域产业结构优化研究	(1) 经济增长和持续发展能力 (2) 社会稳定和和谐发展能力 (3) 环境改善和和谐发展能力
王淑敏	低碳经济发展水平的评价指标体系研究及策略分析	(1) 碳排放指标 (2) 能源指标 (3) 经济指标 (4) 环保指标

资料来源：刘蓓琳．基于主客观的城市低碳经济评价研究［M］．北京：中国经济出版社，2012：42－43.

可以看出，以上这些研究均将低碳评价指标进行了准则层的划分，最少的分为3层，最多的分为8层。多数文献包括经济发展这一指标，这是因为，低碳化发展程度与经济的发展程度密切相关，当经济发展到特定阶段后，低碳经济自然会到来。

2012年以后，关于低碳经济评价的文献也较多。比如，郑仕华(2013) 按照构建评价体系的要求，从经济、社会、技术、环境、动态发展几个方面建立了我国省域低碳经济发展评价指标体系，并运用聚类分析法将我国省域低碳经济发展水平划分为低碳区、次低碳区、相对高碳区和高碳区等四个层次。张腊娥等（2015）则从经济、社会、技术和生态环境四个层面构建了一套评价指标体系，对环太湖地区绿色低碳发展评价指标进行了实证研究。

张士萍、胡佳俊（2015）构建了包括大气系统、水系统、固废系统、生态系统、环保投资、碳排放在内的6个要素共17个指标的城市环境低碳评价体系。高涛等（2015）从城市居住区的低碳评价目标单一性、评价量化性等特点出发，构建了包括生命周期低碳指数、建材生产低碳指数、建设施工低碳指数、运行使用低碳指数、用水低碳指数、绿化固碳指数、用能低碳指数、采暖低碳指数、制冷低碳指数、照明低碳指数10个层面的评价指标体系，作为居住区生命周期、各个阶段和各碳源碳汇系统的评价指标。

可以看出，对低碳经济进行评价时均包含经济发展指标，而只对低碳水平进行评价（如最后两个文献）时，则一般不包括经济指标。

（三）循环经济评价指标相关研究

循环经济概念萌芽于20世纪60年代，被界定为一种以减量（Reducing)、利用（Reusing）、循环（Recycling）为核心原则（3R原则）的经济模式。我国政府对循环发展高度重视，并积极推动循环经济评价研究。2007年，国家发改委联合国家统计局等部门编制出台《循环经济评价指标体系》，分别从宏观经济与工业园区两个层面进行评价与分析。2013年，国家发改委进一步从社会经济发展水平、资源产出水平、再利用、减量化和资源化、污染减量及效果、基础设施与生态环境、循环文化、绿色消费和保障条件9大方面，构建了包括41个评价类别、67项具体内容的指标体系。2017年，由国家发改委、财政部、环境保护局、国家统计局联合制定并公布了“循环经济发展评价指标体系（2017年版）”，具体如表1-3：

表1-3 循环经济发展评价指标体系（2017年版）

分类	指标	单位
综合指标	主要资源产出率	元/吨
	主要废弃物循环利用率	%
专项指标	能源产出率	万元/吨标煤
	水资源产出率	元/吨
	建设用地产出率	万元/公顷
	农作物秸秆综合利用率	%
	一般工业固体废物综合利用率	%
	规模以上工业企业重复用水率	%
	主要再生资源回收率	%
	城市餐厨废弃物资源化处理率	%
	城市建筑垃圾资源化处理率	%
	城市再生水利用率	%
	资源循环利用产业总产值	亿元
参考指标	工业固体废物处置量	亿吨
	工业废水排放量	亿吨
	城镇生活垃圾填埋处理量	亿吨
	重点污染物排放量（分别计算）	万吨

资料来源：http://www.ndrc.gov.cn/zcfb/zcfbtz/201701/W020170112375489745279.pdf

以上是官方公布的循环经济发展评价指标体系，其中一些指标数据不容易获取。学术界对循环经济评价体系也做了大量研究。鉴于循环经济评价涉及资源消耗和污染排放及处理等多个方面，不同学者的研究视角及侧重点不同以及数据的可获取性等方面的问题，学术界构建的评价指标体系各不相同，且主观性较强。

国内有许多学者将循环经济的“减量化、再使用、再循环”（3R）原则与可持续发展指标体系的“环境—经济—社会—制度”架构相结合，在反映“减量化、再利用、再循环”的基础上，考虑经济、社会和生态环境的发展现状，依据经济社会的发展与环境改善的程度构建循环经济评价指标体系的架构。一般可以分为以下三大类：一是基于“3R”的分析。以资源利用效率、资源消耗率、资源回收与循环利用率、废弃物排放与处置和其他因素设置五大指标类型，构成循环经济评价指标体系。在现行国民经济统计指标体系上，增加反映经济社会活动中的物质投入、排放、利用效率和循环利用方面的指标。二是基于“3R＋经济社会”的分析。建立减量化、资源化、无害化及社会经济发展四大类指标。三是基于“3R＋经济社会＋其他”的分析。在“3R”的基础上，增加对产业循环结构、能源结构及安全、循环经济发展能力等方面的指标。

清华大学吴宗鑫教授承担了“中国循环经济指标研究：建立指标体系并应用于中国”课题，该研究提出了中国循环经济的指标体系，既有宏观层面的，也有部门层面的。其他学者的代表性研究总结见表1－4。

表1－4　循环经济评价指标研究文献总结

作者	文献全名	准则划分	研究问题
刘云忠	中国循环经济评价体系构建及实证分析	（1）物质投入；（2）物质排放；（3）物质循环利用；（4）经济社会发展；（5）生态环境	湖北省循环经济发展评价
邢蓉，刘云	北京市循环经济指标体系的建立及其评价研究	（1）经济发展；（2）资源发展；（3）环境发展；（4）社会发展	北京市循环经济发展状况评价
安乐，李宇斌	辽宁省循环经济指标体系的建立与评价	（1）经济系统；（2）资源系统；（3）环境系统	辽宁省14个市的循环经济发展状况评价
毛文娟	天津发展循环经济的指标体系构建和经济收益分析	（1）经济指标；（2）环境指标；（3）资源指标；（4）政策指标	天津市循环经济发展状况综合评价

续表

作者	文献全名	准则划分	研究问题
张泽峰	重化工业园区循环经济评价指标体系构建初探	（1）经济实力指数；（2）循环利用指数；（3）节能减排指数；（4）生态修复指数	重化工业园区循环经济评价
潘永昕，李体康	甘肃省循环经济发展评价及对策研究	（1）资源产出和消耗；（2）资源综合利用；（3）废物排放；（4）环境治理	甘肃省循环经济发展评价
李妍	煤炭城市循环经济发展评价研究——以淮南市为例	（1）经济发展指数；（2）生态发展指数；（3）社会保障指数	淮南市循环经济发展定量评价
赵金铎，王树恩	技术创新推进区域循环经济发展评价指标体系的构建	（1）投入指标；（2）产出指标	评价技术创新在区域循环经济发展中的作用
李烨，曹梅，龙梦琦	资源型企业循环经济评价指标体系构建与实例分析	（1）经济效益指数；（2）资源及能源综合利用；（3）污染物排放控制；（4）企业技术发展；（5）资源循环利用；（6）社会效益；（7）环境保护	贵州开磷集团旗下子公司循环经济发展水平评价
王伟龙，等	2008—2012年北京市区域循环经济评价研究	（1）社会发展；（2）经济发展；（3）生态环境状况；（4）循环发展潜力	北京市2008—2012年循环经济评价
蒋波，张良强	省域循环经济发展水平的现状评价	（1）循环经济特征子系统；（2）循环经济发展支撑子系统	对我国省域循环经济发展水平进行尝试性探究
刘强，曾红霞	基于熵值法的循环经济可持续发展动态研究——以甘肃省天水市为例	（1）经济水平；（2）生态环境；（3）资源利用；（4）社会发展	天水市循环经济发展水平综合评价
樊元，刘国平	中国地区循环经济发展的综合评价和特征分析	（1）资源效率；（2）污染减排；（3）循环利用；（4）环境保护；（5）经济发展	对我国各地区循环经济发展水平进行综合评价和特征分析
王静	区域循环经济评价指标体系构建与绩效评价——以陕西省为例	（1）资源利用；（2）环境保护；（3）社会发展；（4）经济增长	陕西省2011—2015年循环经济发展情况实证分析
张志明	基于差级权重物元可拓理论的我国循环经济评价	（1）资源利用率；（2）能耗指标；（3）综合利用效率；（4）废物排放量	对2010年中国循环经济水平进行实证评价

续表

作者	文献全名	准则划分	研究问题
穆瑞欣，等	基于主客观综合赋权的长株潭城市群循环经济评价	（1）资源产出指标；（2）资源消耗指标；（3）资源综合利用指标；（4）废物排放指标	长株潭城市群1998—2007年循环经济发展水平评价
杜红梅，傅知凡	湖南农业循环经济发展评价体系及实证分析	（1）经济指标；（2）资源减量指标；（3）资源循环利用指标；（4）资源环境安全	湖南2003—2013年农业循环经济发展评价
平卫英，钟春兰	基于支持向量机的中国省域循环经济评价研究	（1）自然资源；（2）环境质量；（3）经济发展；（4）社会发展	2012年全国31个省市自治区循环经济评价
赵萌，沈哲，郑文	基于熵的循环经济发展评价可靠性研究——以“京津冀”经济区为例	（1）经济子系统；（2）生态环境子系统；（3）社会子系统；（4）资源子系统	“京津冀”经济区循环经济发展评价

从表1-4中各文献准则层划分来看，多数均包括经济指标和资源循环利用指标，但各文献准则层在数量上差异较大，最少的只有两个准则层，最多的7个。从各文献的具体指标来看，差异也较大。有些文献指标设置过多，而且其中一些指标与循环经济的关系不大，放在循环经济评价指标体系中太过牵强。因此，循环经济评价指标体系的研究还需要进一步完善。

（四）可持续发展评价指标相关研究

1979年，加拿大统计学家Rapport和Friend提出了“压力—状态—响应”（PSR）模型，用来评估资源利用和可持续发展状况。1994年，OECD根据PSR框架提出了国家层次的针对世界重要环境问题的指标体系，该体系区分了三种类型指标：环境压力指标、环境状态指标、社会响应指标。1996年，由联合国可持续发展委员会和联合国政策协调与可持续发展部牵头，在多个机构的共同努力下，在“压力—状态—响应”模型（PSR）的基础上，提出了“驱动力—状态—响应”（DFSR）模型。该模型涵盖社会、经济、环境、制度四个方面，涉及公平、健康、教育、安全、住房、人口等社会问题，包括失业率、人口增长率、生活在贫困线以下人口的比例、人均住房面积等14项指标，形成了一个反映可持续发展的各项动态特征的有机体系（李刚，等，2017）。

1992年6月，参加联合国环境与发展大会的183个国家共同签署了

《21世纪议程》，该议程中首次明确指出，“必须制订出可持续发展的指标，以便为各级决策提供坚实的基础，并促进一体化环境与发展体系能自我调节的可持续能力”。2002年的联合国可持续发展峰会极大地促进了可持续发展指标评价体系的快速发展与实践。除联合国外，OECD、欧盟等国际机构也对可持续发展评价指标体系进行了研究。欧盟各国可持续发展体系的评价指标数量差距很大，最少的法国有12项指标，而拉脱维亚的指标则高达187项。研究发现，尽管各国指标不同，但一国指标数量的多少与该国绿色经济发展程度并没有关联（李斌，2013）。英国是最早建立可持续发展指标体系的国家，其于1996年发布了英国可持续发展评价指标体系，指标多达120项。

1995年，世界银行提出了可持续发展指标体系。该体系具体包括社会资本、自然资本、人力资本和人造资本四部分，它改善了原有的以生产资本衡量可持续发展水平的方法，将国家人均资本作为衡量各国可持续发展水平的标准，强调了文化水平、组织力量等社会资本的重要性。世界银行曾对全世界192个国家和地区进行调研，得出自然资本、人力资本、人造资本的构成比为30∶64∶16。

我国国务院在1994年正式提出《中国21世纪议程》，可持续发展指标体系开始积极构建。国家环保总局研究人员尝试从社会、经济、环境、地域等不同角度制定评估指标。国家统计局及相关管理单位尝试从社会、经济、资源等多个发展角度完成不同评估指标设计，但由于指标数目过多，导致整个操作过程过于复杂，可行性特征不明显，且部分指标评估内容存在一定的重复性（李悦，2015）。

三、关于构建绿色低碳循环经济体系的研究

陆大道（1993）较早提出了资源节约型经济体系的构想；张雷等（1999）从可持续发展角度，给出了我国资源节约型经济体系的机制和基本目标；黄海峰等（2005）指出了中国建立循环经济体系的必要性及对策。

这方面的研究多从政策建议入手，给出绿色经济发展的路径。林平凡、庄伟光（2016）认为：区域绿色经济体系是由经济子系统、人和社会

子系统、自然子系统构成的开放系统，三个子系统通过彼此间的友好合作以及与区域外系统间通过文化、物质、能量、信息等相互交换和相互作用，实现区域经济社会与资源环境协调发展。推动传统区域经济体系向绿色经济体系演化和转变，需要构建绿色发展战略、绿色技术创新、绿色政策支撑体系；沈玮玮（2013）也给出了构建我国循环经济与绿色环境体系的建议；闫泽涛（2016）探讨以绿色技术体系建设和运用为基础、拓展产业绿色化发展空间为支撑、绿色文化为引导、绿色制度为保障、绿色文明为目标的中国经济绿色化发展体系。

笔者认真梳理相关研究后发现，基于绿色经济、低碳经济、循环经济和可持续发展指标体系的专项研究较多，但将绿色、低碳、循环经济综合起来设计指标体系进行全面定量考察的文献则不多见；虽然对全国、地区或行业分别进行绿色评价的定量分析不少，但鲜见将全国和地区综合起来同时进行评价并对时空差异进行定量分析的研究；绿色发展经济体系的构建多定性研究、少定量分析，在综合评价分析基础上给出全国及各地区的绿色低碳循环发展路径的研究还不成熟。基于此，本书拟在现有文献的基础上进行扩展，对我国及地区的绿色低碳循环发展进行综合评价，在此基础上探寻合理发展路径。

第三节　研究思路与方法

一、研究思路

本研究旨在探寻地区绿色低碳循环发展路径，具体思路见图 1－1。

首先，依据绿色低碳循环发展经济理论，采用定性和定量相结合的方法科学合理筛选出能够反映绿色低碳循环发展的各级评价指标，并对主要指标数据进行分析；然后，采用主观、客观、主客观相结合的方法确定指标权重，并对其进行分析；随后，对全国及地区绿色低碳循环发展程度进行综合评价与对比；最后，结合相关理论与实证结果，给出全国及地区的绿色低碳循环发展路径。

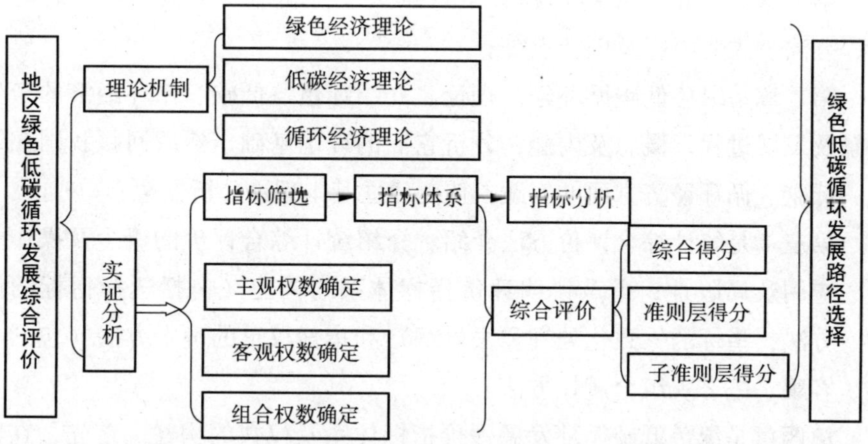

图1－1 研究的基本思路

二、研究方法

1. 评价指标的选择方面，在借鉴已有文献指标体系的基础上，结合指标数据的可获得性，构建地区绿色低碳循环发展评价指标体系。

2. 权重的确定方面，采用主观层次分析法（AHP）和客观变异系数赋权法分别确定各级指标的权重，同时采用主客观相结合的方法构建权数，并对其进行分析。在三种权数下分别对地区绿色低碳循环发展程度进行评价。

3. 绿色低碳循环发展水平的测度方面，运用统计综合评价方法对全国及各地区绿色低碳循环发展水平进行综合测度，采用各种统计指标诸如极差、变异系数等对测度结果进行纵向与横向对比。

第四节 主要内容与创新

一、主要内容

本研究拟分9章展开分析，具体如下：

第一章是导论。介绍选题背景及意义，回顾相关文献，指出研究思路、方法、主要内容及创新点等。

第二章是绿色低碳循环经济理论。介绍绿色、低碳、循环经济的产生背景及发展过程、概念及内涵，分析它们的理论基础，然后回顾我国在绿色、低碳、循环经济方面的实践，依此建立基本理论分析框架。

第三章是统计综合评价方法介绍。介绍统计综合评价的概念及操作步骤、应用及局限性；重点说明评价指标体系的构建（包括选择指标的原则、方法，指标的一致化处理和去量纲）和指标权重的确定方法（包括主观、客观、主客观组合赋权方法）。

第四章是绿色低碳循环发展评价指标体系及权数的构建。首先，在回顾相关研究评价指标体系的基础上，依据可操作性等原则筛选出能够反映地区绿色、低碳、循环经济发展的指标；接着，对指标数据进行一致化处理、去量纲等操作；然后，采用主观赋权中常用的层次分析法（AHP）计算各级指标权数并进行一致性检验；随后，采用变异系数客观赋权法确定各级指标客观权数并对其进行分析；最后，采用主客观组合赋权构建各级指标权数，以分别对地区绿色低碳循环经济发展水平进行综合评价。

第五章是主要评价指标的时空分析。分别选取经济社会、绿色、低碳、循环发展水平的主要评价指标进行时空分析，初步了解地区绿色低碳循环经济发展水平的基本状况。

第六章是基于主观赋权的综合评价结果分析。首先，对各地区绿色低碳循环发展水平综合得分进行时间和空间上的分析；然后，分别对 4 个准则层评价结果和 10 个子准则层评价结果展开分析，以考察各地区排名及在经济社会、绿色、低碳、循环等各方面的优劣势，为研究我国绿色低碳循环发展路径提供有益数据参考。

第七章是基于客观赋权的综合评价结果分析。对客观赋权下各地区绿色低碳循环发展水平综合得分、4 个准则层评价得分和 10 个子准则层评价得分展开时间和空间上的分析，然后与主观赋权下的结果进行对比。

第八章是基于主客观组合赋权的综合评价结果分析。对主、客观组合赋权下各地区绿色低碳循环发展水平综合得分、4 个准则层评价得分和 10 个子准则层评价得分展开时间和空间上的分析，以观察主观和客观赋权方法对综合评价结果的影响。

第九章是绿色低碳循环发展路径选择。结合前几章的分析结果及我国绿色、低碳、循环发展面临的困难，给出我国绿色（诸如调整产业结构、能源消费结构等方面）、低碳（诸如如何实现减排与经济增长的“双赢”、构建和完善全国性碳排放交易市场、增强全民低碳消费意识等）、循环（诸如加快循环经济法制建设、积极发挥政府的主导作用、不断提高循环生产技术水平等）经济的发展路径选择。

二、可能的创新点

第一，在学术思想方面，综合利用各类数据（包括官方统计数据、学者估算数据），注重能源、碳排放等数据质量的审核与一致性的调整，将实证分析结果进行纵向与横向整合，使其既反映各时期的不同，又反映各地区的差异，令结论更具一般性和全局性。

第二，在学术观点方面，各地区必须根据其当前与以往的发展程度来制定绿色低碳循环发展路径，本研究正是在对全国及各地区绿色低碳循环发展程度进行综合评价的基础上，分析其在经济、社会、资源等各方面的优劣势，以此为依据给出绿色低碳循环发展路径。

第三，在研究方法方面，将绿色、低碳、循环经济综合起来设计指标体系，对全国及地区发展进行全面定量考察，并对地区差异进行分析；采用主观、客观及主客观相结合的方法确定各指标权重，并对各级权重进行分析比较，从中查找影响我国绿色低碳循环发展的重要因素，具有一定新意。

第二章 绿色低碳循环经济理论

绿色经济、低碳经济、循环经济都是为了解决资源与环境危机，相继出现的几种经济形态，是对人类活动和自然关系重新认识和总结的结果，旨在解决人类可持续发展的问题。绿色、低碳、循环三种经济形态内容相互交叉，既有相似之处，也有差异。本章将对三种经济形态的相关理论进行总结。

第一节 绿色经济理论

一、“绿色经济”提出的背景及发展过程

（一）“绿色经济”提出的背景

由于工业的兴起和发展，废气、废水、废渣排放量的不断增加，全世界范围内的环境污染和环境破坏事件频发，20 世纪 30 至 60 年代，西方发达国家发生了震惊世界的“八大公害事件”。

（1）比利时马斯河谷烟雾事件（1930 年 12 月初）。当时比利时处于冬季，全国被大雾笼罩。马斯河谷工业区由于其特殊的地形，发生气温逆转，工厂排出的有害气体在近地层积累，无法扩散，二氧化硫等有害物质的浓度非常高，整个河谷地区的居民开始生起病来。这次烟雾事件致使一周内 60 多人死亡，数千人患病，是 20 世纪最早记录的大气污染事件。

（2）美国多诺拉镇烟雾事件（1948 年 10 月底）。该镇处于河谷，受

反气旋和逆温控制，大气污染物在近地层积累，二氧化硫及其氧化作用的产物与大气中尘粒结合形成致病物质，致使5911人发病，17人死亡。

（3）伦敦烟雾事件（1952年12月初）。伦敦上空受高压系统控制，大量工厂生产和居民燃煤取暖排出的废气难以扩散，伦敦城被黑暗的迷雾笼罩，污染物浓度持续上升。短短5天时间里，4000多人死亡，事故后的两个月内又因事故得病而死亡8000多人。

（4）美国洛杉矶光化学烟雾事件（二战以后的每年5—10月）。最早发生于1943年，该市大量的汽车尾气形成以臭氧为主的光化学烟雾。在1952年12月的一次光化学烟雾事件中，洛杉矶市65岁以上的老人死亡400多人。1955年9月，由于大气污染和高温，短短两天之内，65岁以上的老人又死亡400余人，是世界有名的公害事件之一。

（5）日本九州熊本县甲基汞引起的水污染事件（1952—1972年间断发生）。从1949年起，位于日本熊本县水俣镇的日本氮肥公司开始制造氯乙烯和醋酸乙烯。由于制造过程要使用含汞的催化剂，大量的汞便随着工厂未经处理的废水被排放到了水俣湾，致使食用了水俣湾中被甲基汞污染的鱼虾的人们发生汞中毒，共计死亡50余人，283人严重受害而致残。

（6）日本富山县骨痛病事件（1931—1972年间断发生）。由于富山县神冈矿山从事铅、锌矿的开采、精炼及硫酸生产，长期将没有处理的废水排入神通川，污染了水源，两岸居民利用河水灌溉农田，食用了含镉的稻米和饮用水而中毒，患上痛痛病，也叫骨痛病。从1931年到1968年，该地区被确诊患此病的人数为258人，其中死亡128人，至1977年12月又死亡79人。

（7）日本四日市哮喘病事件（1961—1972年间断发生）。1955年以来，四日市石油冶炼和工业燃油产生的废气，形成硫酸烟雾，严重污染了空气。1961年致使很多人哮喘病发作，至1972年该市受害者达2000余人，死亡和不堪病痛而自杀者达数十人。

（8）日本米糠油事件（1968年3—8月）。工厂生产米糠油时，用多氯联苯作脱臭工艺中的热载体，由于生产管理不善，多氯联苯混入米糠油，致使人食用后中毒。日本九州爱知县等23个县自1968年3月至8月份患病者超过5000人，其中16人死亡，实际受害者约13000人，数十万只鸡死亡。

“八大公害事件”引起了世界各国的普遍关注，自20世纪60年代开始，西方工业国家开始注重清洁生产，倡导绿色经济发展模式。然而，为了追求更高经济增长率，多数国家和地区仍然进行着“黑色”或“褐色”生产，全球资源与环境压力日益增大。进入21世纪以来，全球气候变暖问题日渐突出，资源耗竭，生态危机，环境危机频发。在这一时代背景下，发展绿色经济的呼声越来越高。

（二）绿色经济的发展过程

（1）萌芽阶段。在20世纪60年代之前，无论是报纸还是期刊中，几乎找不到“环境保护”一词。20世纪60年代初，美国海洋生物学家雷切尔·卡逊出版了《寂静的春天》一书，当时在社会各界引起了很大的关注。作者在书中指出了农药危害人类环境等诸多关于人类活动危及生物生存的论断，人们才开始对人类活动和资源环境之间的关系展开了激烈争论。1972年，以麻省理工学院丹尼斯为首的17人小组向“罗马俱乐部”提交了《增长的极限》，指出：人口和社会物质财富的增长导致资源供给不足、环境污染和生态破坏，若仍按现有模式发展，则在100年内总有一天会达到极限，出现全球性灾难。该报告首开对可持续发展问题与绿色经济研究的先河，这一年也成为人们对传统发展模式深刻反思的标志性年份。1981年，美国农业科学家莱斯特·布朗出版了《建立一个可持续发展的社会》，对可持续发展及其实现途径作了全面论述。1989年，英国环境经济学家戴维·皮尔斯在其《绿色经济的蓝图》一书中，首次提出了“绿色经济”的概念，为绿色经济发展的研究奠定了基础。

（2）形成阶段。20世纪90年代，以“可持续发展理论和生态经济价值理论”为主题的美国环境正义运动爆发，标志着绿色发展阶段从“浅绿色”向“深绿色”转变，也指明了绿色发展的方向（沈满洪，2014）。研究学者们也发表了一系列关于绿色经济发展的代表作：艾尔斯的《转折点》、梅多斯的《超越极限》、赫尔曼·戴利的《超越增长》、霍肯的《商业生态学》、哈丁的《生活在极限之内》等。2001年，联合国计划开发署发表了《2002中国人类发展报告：绿色发展——必选之路》，得到了各界的积极反应。2007年，联合国环境规划署等国际组织在“Green Jobs：Towards Decent Work in a Sustainable, Low - Canbon World”中首次定义了绿色经济。可持续发展问题成为全球关注的重要议题。

(3)发展阶段。2009年夏季，达沃斯论坛在中国大连举办，各界人士齐聚一堂，围绕“发展绿色经济：推动未来全球复苏的契机”主题展开了研讨。2009年12月，哥本哈根世界气候大会在丹麦召开，192个国家的代表共同商讨了《京都议定书》第一期承诺到期后的方案，就未来应对气候变化的全球行动签署了新的协议。2010年，联合国可持续发展大会第一次筹备会议将“里约+20”峰会的主题词之一定为“绿色经济在可持续发展和消除贫困方面的作用”，标志着绿色经济已成为可持续发展战略的核心要素（沈满洪，2014）。2012年，“里约+20”峰会召开，峰会有两个主题：一是可持续发展和消除贫困背景下的绿色经济，二是可持续发展的体制框架。这次峰会是人类社会向绿色经济转变的一个机会，成为全球关注的焦点。

二、绿色经济的定义

据不完全统计，国际组织和政府公文等官方文件中，对绿色经济的定义就超过了20个，民间研究学者们对绿色经济的定义更是不计其数。绿色经济的概念随着经济社会的发展也在不断发生着变化，其主要可以概括为如下三个阶段：以生态系统为目标导向的绿色经济、以经济—生态系统为目标导向的绿色经济、以经济—生态—社会系统为目标导向的绿色经济。不同阶段对绿色经济的定义也不相同。

绿色经济最早由戴维·皮尔斯在其《绿色经济的蓝图》一书中提出，他认为：经济发展必须是自然环境和人类自身可以承受的，不会因盲目追求生产增长而造成社会分裂和生态危机，不会因自然资源耗竭而使经济无法持续发展。因此，绿色经济是从社会及其生态条件出发，以求建立一种可承受的经济（张小刚，2011）。由于历史条件的限制，皮尔斯在书中并未给出关于绿色经济比较准确的定义，而是将绿色经济基本等同于“可承受的经济”。2011年，联合国环境规划署在《迈向绿色经济：实现可持续发展和消除贫困的各种途径》中指出：绿色经济是提高人类福祉和社会公平，同时显著降低环境风险和体现生态稀缺的经济。这一概念重在突出发展绿色经济的目的。2012 年，联合国可持续发展大会进一步指出：绿色经济是实现可持续发展目标的一条途径，其可以将可持续发展理念贯穿于经济活动的全过程，绿色经济的核心是“发展”。

绿色经济这一概念至今没有统一的定义，国内外学者定义绿色经济的角度也不尽相同，主要有以下几种论点：

一是途径论，即绿色经济是诸多国家实现经济发展方式转型的重要途径；二是形态论，即绿色经济实际是一种“新经济”形态，它既是以知识为基础的经济形态，又是人类创造绿色财富的经济形态；三是技术论，即通过技术创新实现经济低碳发展、循环发展和绿色发展。

我国学术界对绿色经济的定义不尽相同：著名生态经济学家刘思华（2001）认为，绿色经济从经济形态上看是经济发展的一种现实状态，从生态形态上看是生态发展的现实状态，包含并体现了生态建设。因此，他将绿色经济定义为：绿色经济是可持续经济的实现形态和形象概括，其本质是以生态经济协调发展为核心的可持续发展经济，体现了经济、政治、文化、社会和生态发展的统一。

廖福霖（2001）将绿色经济定义为：绿色经济是有利于资源环境保护的经济，或以不污染人的生存环境为目标，或节约资源的耗费为内容，以此来改善人与自然、环境的关系，也为后代留下更多的资源和更好的环境。绿色经济是以高科技为手段，集节约资源、保护环境、改善生态、发展经济于一体的经济发展模式。它具有相对性、现实性和动态性的特征，是可持续发展思想的产物，又是可持续发展的必由之路。

齐解放（2013）认为，绿色发展是人类第四次技术革命，绿色经济是循环经济模式、低碳技术应用、生态建设和创造、保持人类身心健康的精神环境的总称，是以绿色技术为基础，提高人的生命力的持续健康发展模式。

现有定义虽然各不相同，但学者们对绿色经济核心、内容的理解是一致的，即绿色经济同时包含了“绿色”和“经济”两个方面，二者缺一不可。一般认为，绿色经济是指人们在社会经济活动中，通过正确处理人与自然、人与人之间的关系，高效地、文明地实现对自然资源的永续利用，使生态环境持续改善和生活质量持续提高的一种经济发展模式。

三、绿色经济的特征与实质

（一）以人为本

绿色经济的概念紧紧围绕着人的全面发展，偏离了这一目标来讨论绿色经济是毫无意义的，既要以提高人类的生活质量为目标，又不能片面追求物质生产而忽视了资源与环境的保护，绿色经济就是要实现人与生态环境的和谐发展。

（二）以发展为动力

发展是人类永恒的主题，虽然传统的一味追求经济增长的发展模式已经被证明是不可取的，但是片面地强调以经济的“零增长”来保护资源与环境，同样也是不可取的，因为人的第一需要是生存的需要。所以，只有在传统发展模式的基础上，不断优化产业结构、能源结构等，以实现经济与资源环境的协调发展，才是绿色经济发展的动力所在。

（三）可持续性

绿色经济在一定程度上等同于可持续发展经济，是可持续发展的体现形式和形象概括。不能一味追求物质生产而忽视了对资源和环境的破坏，不能以满足当代人的利益而损害后代人的利益，绿色经济就是要采用先进的生产技术、生产方式和消费方式进行可持续生产和发展。

（四）新的绿色发展形态

与传统农业经济和工业经济不同，绿色经济是一种建立在资源与环境承载力约束下的可持续发展的新的经济发展形态。它是对传统发展模式的一种改进，重点在于突出产业绿色化和消费绿色化。

（五）绿色经济是一种绿色生产力

生产力的发展经历了三个阶段：①白色生产力阶段，即农业经济时期。这一时期，人类活动对自然界不构成威胁，资源消耗和环境的污染很少。②灰色生产力阶段，即工业经济时期。这一时期，人类活动对自然界构成严重威胁，资源消耗和环境污染非常大，人与自然的关系逐渐恶化。③绿色生产力阶段，即绿色经济时期。这一时期，人类逐渐认识到传统发展模式的缺陷，开始寻求人与自然和谐共处的发展模式。绿色生产力是指经济社会与环境资源协调发展的生产力因素及系统的总称，即发展生产力，要在资源与环境可承受的范围内。

四、绿色经济与绿色发展

2009 年，胡锦涛在联合国气候变化峰会上指出："大力发展绿色经济，积极发展低碳经济和循环经济，研发和推广气候友好技术。"2012 年，在党的十八大报告中指出："着力推进绿色发展、循环发展和低碳发展。""三个经济"改为"三个发展"，可见两者并不相同，其关系见表 2－1。

表 2－1　绿色经济和绿色发展的关系

比较项目	绿色经济	绿色发展
词的性质	名词	名词或动词
静态或动态	静态：状态	动态：过程
含义广狭	主要针对产业绿色化和消费绿色化	涉及绿色理念、绿色产业、绿色消费、绿色环境、绿色资源、绿色科技、绿色制度等方方面面

资料来源：沈满洪．资源与环境经济学［M］．北京：中国环境出版社，2014：281.

由表 2－1 可见，绿色经济是一种状态，而绿色发展是一个过程，是以绿色理念为指导，以绿色科技和绿色制度为驱动，以产业绿色化、消费绿色化、资源节约化、生态经济化为重点的可持续发展模式，比绿色经济涵盖的范畴要广。

五、绿色经济的中国实践

毛泽东在新民主主义革命和社会主义建设的探索过程中，就提出了要珍惜自然资源、增产节约、大地园林化、统筹兼顾等具有绿色发展思想的论断，开创了中国绿色经济思想的先河。他认为，自然资源是经济社会发展的根本，天上的气体、地上的树木、地下的资源，都是经济社会发展的必需要素，要节约，不能浪费。毛泽东的增产节约思想是我国绿色经济思想的萌芽。

邓小平就当时中国经济发展中产业结构失调、经济增长减慢、资源与环境遭到破坏等问题，曾提出：我们如今要关注的不是迅速地发展，而是要把握住发展的速度，让能源、原材料、资金能够与发展配套，为日后的发展创造一个好的根基。要合理利用自然资源，在节约资源的同时，也要理性地开发可利用的资源，而不是过量地开发造成对环境的破坏之后再来节省应用。邓小平这一思想，是对毛泽东增产节约思想的扩展。

进入 20 世纪 90 年代之后，我国的经济发展与资源环境之间的矛盾日益突出，江泽民曾指出：达到可持续发展的目标是现代化建设中的一个重大战略，要主动地去认识和正确地把握住自然的规律，学会根据自然的规律来做事，可见国家对经济与生态和谐发展的重视。

党的十四大报告中提出：不断改善人民生活，严格控制人口增长，加强环境保护；认真执行控制人口增长和加强环境保护的基本国策。要增强全民族的环境意识，保护和合理利用土地、矿藏、森林、水等自然资源，努力改善生态环境。

党的十五大报告中明确提出了在现代化建设中必须实施可持续发展战略，资源开发和节约并举，把节约放在首位，提高资源利用效率。统筹规划国土资源开发和整治，严格执行土地、水、森林、矿产、海洋等资源管理和保护的法律。实施资源有偿使用制度。加强对环境污染的治理，植树种草，搞好水土保持，防治荒漠化，改善生态环境。

进入 21 世纪，经济发展与资源环境之间的矛盾更加尖锐。胡锦涛提出了科学发展观，坚持以人为本，树立全面、协调、可持续的发展观。他更注重经济与资源环境的和谐发展，要求人口、资源和自然做到良性循环。

党的十六大报告指出，要坚持扩大内需的方针，实施科教兴国和可持续发展战略，实现速度和结构、质量、效益相统一，经济发展和人口、资源、环境相协调。全面建设小康社会的目标之一是可持续发展能力不断增强，生态环境得到改善，资源利用效率显著提高，促进人与自然的和谐，推动整个社会走上生产发展、生活富裕、生态良好的文明发展道路。

党的十七大报告提出了实现全面建设小康社会奋斗目标的新要求，其中，要“建设生态文明，基本形成节约能源资源和保护生态环境的产业结构、增长方式、消费模式”，批判反思了人与自然关系中环境污染的代价，强调要建立人与自然的和谐共处关系。

习近平的绿色发展思想是在我国资源危机和环境恶化日趋严峻的背景下提出的。党的十八大以来，习近平总书记在多个场合提到绿色发展理念，他指出：人民群众对清新空气、干净饮水、安全食品、优美环境的要求越来越强烈，建设生态文明顺应了人民对美好生活的期待。我们不仅要绿水青山，也要金山银山，宁要绿水青山，不要金山银山，而且绿水青山就是金山银山。这段话体现了习近平对环境保护的重视程度。

党的十八大报告提出的“把生态文明建设放在突出地位”“努力建设美丽中国”等新思想，不仅体现了我党执政兴国的新理念，也指明了实现中华民族永续发展的必由之路。“美丽中国”“魅力中国”一时间成为百姓畅谈的一个名词。

2015 年党的十八届五中全会又提出了“创新、协调、绿色、开放、共享”的新发展理念。《“十三五”规划建议》提出，坚持绿色惠民，为人民提供更多优质生态产品，推动形成绿色发展方式和生活方式。

党的十九大报告明确指出，我们要建设的现代化是人与自然和谐共生的现代化。既要创造更多物质财富和精神财富以满足人民日益增长的美好生活需要，也要提供更多优质生态产品以满足人民日益增长的优美生态环境需要。可以说，十九大报告为未来中国的生态文明建设和绿色发展指明了方向，规划了路线。

第二节　低碳经济理论

一、低碳经济提出的背景及发展过程

（一）低碳经济提出的背景

进入 20 世纪，随着煤炭、石油、天然气等能源消费的持续增加，导致

二氧化碳排放逐年增加，生态环境日趋恶化，全球气候变暖引起了世界各国人民的广泛关注。“低碳经济”一词正是在全球气温急剧变暖的时代背景下产生的，它的出现比绿色经济晚了将近半个世纪。1988 年，世界气象组织和联合国环境规划署共同创建了联合国政府间气候变化专门委员会（IPCC），对气候变化科学知识的现状、气候变化对社会、经济的潜在影响以及如何适应和减缓气候变化的可能对策进行评估，每 6 至 7 年发布一次综合性科学评估报告。IPCC 已经分别于 1990 年、1995 年、2001 年、2007 年、2014 年发布了五次评估报告，第六次评估报告于 2015 年启动，计划于 2022 年全部完成。该报告已成为国际社会认识气候变化问题，推进气候变化治理制度建设的科学基础，我国也一直参与该报告的编写。

在低碳经济提出之前，全球气候谈判过程非常艰难，主要经历了三个阶段：《京都议定书》、“巴厘岛路线图”、哥本哈根会议。《京都议定书》是在 1997 年《联合国气候变化框架公约》缔约方第 3 次会议上通过的，其规定了所有发达国家在 2008—2012 年必须完成的减排目标及可选择的减排方式。“巴厘岛路线图”是在 2007 年《联合国气候变化框架公约》第 13 次缔约方会议上通过的，会议讨论了在 2012 年《京都议定书》第一承诺期到期后的减排问题，其核心是促进公约和议定书的持续实施。2009 年在哥本哈根召开的联合国气候变化大会坚持了“共同但有区别的责任”原则，将世界各国纳入应对气候变化的队伍中。但是本次会议并没有达成令人满意的协议，因为碳排放的分配会触动到各个国家的利益。

（二）低碳经济的发展过程

（1）产生阶段。低碳经济最早可以追溯到 1896 年，诺贝尔化学奖得主、瑞典化学家 Svante Arrhenius 预测了化石能源燃烧导致二氧化碳排放增加，进而引起全球气候变暖，正式提出了“温室效应”。1992 年，联合国政府间谈判委员会提出了《联合国气候变化框架公约》，这是世界上第一个以应对全球气候变暖的国际公约。1997 年《京都议定书》通过，于 2005 年开始强制生效，到 2009 年 2 月，一共有 183 个国家通过了该条约。

2003 年，英国政府发表了题为“我们未来的能源：创建低碳经济”的《能源白皮书》，首次提出了“低碳经济”的概念，引起了国际社会的广泛关注。当时这一概念的提出，仅仅是为了减少二氧化碳排放。

2006年，经济学家尼古拉斯·斯特恩在《斯特恩报告》中呼吁全球向低碳经济转型。同年底，我国科技部、国家环保总局、中国气象局等6个部门联合发布了我国第一部《气候变化国家评估报告》，报告共分三个部分：气候变化的历史和未来趋势、气候变化的影响与适应、气候变化的社会经济评价。

（2）发展阶段

2007年，中国、美国、英国、德国、日本等国家相继出台了关于气候或低碳经济的法律或政策。英国通过《气候变化草案》，是世界上第一个关于气候的立法；美国提出《低碳经济法案》；德国联邦教育与研究部在"高技术战略"框架下制定了气候保护高技术战略；日本内阁会议制定了"21世纪环境立国战略"。

2007年6月，我国正式发布了《中国应对气候变化国家方案》。2007年9月，胡锦涛在亚太经合组织第15次领导人会议上提出：应该建立适应可持续发展要求的生产方式和消费方式，优化能源结构，推进产业升级，发展低碳经济，努力建设资源节约型、环境友好型社会，从根本上应对气候变化的挑战。2007年12月，我国发展与改革委员会同有关部门在《中国应对气候变化国家方案》的基础上制定了《节能减排综合性工作方案》。这一年是低碳经济发展里程碑式的一年。

（3）成熟阶段

2008年，联合国环境规划署确定了以"转变传统观念，推行低碳经济"为主题的"世界环境日"。2009年，联合国气候变化峰会和哥本哈根气候变化大会召开。2010年联合国首次气候谈判会议召开。2010年，我国发布了《国务院关于进一步加大工作力度确保实现"十一五"节能减排目标的通知》。2009年11月，我国清华大学、英国剑桥大学、美国麻省理工学院低碳能源大学联盟成立。2011年，由这三所大学主办的"低碳能源与应对气候变化国际会议"在北京召开。2015年底，在巴黎气候变化大会上通过了《巴黎协定》，并于2016年在纽约签署，该协定为2020年后全球应对气候变化行动做出了安排。中国全国人大常务委员会于2016年9月3日批准中国加入《巴黎气候变化协定》，中国成为第23个完成批准协定的缔约方。

2018年国际低碳（镇江）大会暨江苏省生态环境高质量主题论坛在镇江举办，生态环境部指出，中国高度重视应对气候变化，努力走符合中国国情的绿色、低碳、循环发展道路，采取一系列政策措施，取得积极成效。

当前，世界各国高度重视气候变化，欧美发达国家纷纷将低碳经济列入国家发展战略，低碳经济发展逐渐走向成熟。

二、低碳经济的概念和内涵

（一）低碳经济的概念

“低碳经济”的概念提出后，许多机构和学者纷纷对低碳经济进行定义。

最早在《我们未来的能源：创建低碳经济》中将低碳经济定义为：通过更少的自然资源消耗和更少的环境污染获得更多的经济产出，低碳经济是创造更高的生活标准和更好的生活机会，也为发展、应用和输出先进技术创造了机会，同时也能创造新的商业机会和更多的就业机会（沈满洪，2014）。

国内较早研究低碳经济的学者庄贵阳（2005，2007）认为，低碳经济是指依靠技术创新和政策措施，实施一场能源革命，建立一种较少排放温室气体的经济发展模式，从而减缓气候变化。其实质是能源效率和清洁能源结构问题，核心是能源技术创新和制度创新，目标是减缓气候变化和促进人类的可持续发展。

周生贤将低碳经济定义为：低碳经济是以低耗能、低排放、低污染为基础的经济模式，是人类社会继原始文明、农业文明、工业文明之后的又一大进步。其实质是提高能源利用效率和创建清洁能源结构，核心是技术创新、制度创新和发展观的转变。发展低碳经济，是一场涉及生产模式、生活方式、价值观念和国家权益的全球性革命（张坤民，等，2008）。

牛文元（2009）认为，低碳经济是绿色生态经济，是低碳产业、低碳技术、低碳生活和低碳发展等经济形态的总称，其实质在于提升能源的高效利用、推行区域的清洁发展、促进产品的低碳开发和维持全球的生态平衡。

付加峰等（2010）认为，低碳经济是指碳生产力和人文发展均达到一定水平的一种经济形态，具有低能耗、低污染、低排放和环境友好的突出特点，旨在实现控制温室气体排放和发展社会经济的全球共同愿景。

陈晓春（2009）认为，低碳经济要求降低能耗率，实现经济的绿色发展，消费作为社会生产领域的重要环节必然要与之相适应，消费绿色产品，消费低能耗产品，形成良好的消费习惯和偏好，通过消费引导，使社会生产结构和消费结构由高碳化向低碳化转变，减少碳化产品的生产和消费，实现经济的转型与可持续发展。

付允（2008）指出，低碳经济是在不影响经济和社会发展的前提下，通过技术创新和制度创新，最大限度地减少温室气体排放，从而减缓全球气候变化，实现经济和社会的清洁发展和可持续发展。

虽然学者们对低碳经济的定义各有侧重，但总体来看，都是以减少温室气体排放，改善气候环境，实现人与自然和谐发展为目的的一种可持续发展方式。

（二）低碳经济的内涵

虽然低碳经济提出之初是为了应对气候变化，但在后来的发展过程中，低碳经济的内涵得到了不断的扩展。

范建华（2010）认为，需要从五个方面来深刻理解低碳经济的内涵：第一，在碳排放与经济发展关系规律的把握上，低碳经济是资源环境与经济发展的必然产物；第二，在低碳经济发展上，企业是低碳经济发展的主体，因此构建低碳型企业是发展低碳经济的微观基础；第三，在低碳经济发展的内容上，主要是构建低碳型产业发展模式和低碳型区域发展模式；第四，在低碳经济发展的目标上，要权衡资源环境和经济发展的关系，最终形成能源的使用效率最大，生态环境优化，人民生活福利最大；第五，在低碳经济发展的路径选择上，必须进行节能减排。

朱四海（2009）认为，低碳经济是一种新经济模式，其内涵包括三个方面：第一，低碳经济是相对于高碳经济而言的，是相对于基于无约束的碳密集能源生产方式和能源消费方式的高碳经济而言的。因此，发展低碳经济的关键在于降低碳排放强度。第二，低碳经济是相对于新能源而言的，是相对于基于化石能源的经济发展模式而言的。因此，发展低碳经济的关键在于促进经济增长与由能源消费引发的碳排放“脱钩”。第三，低碳经济是相对于人为碳通量而言的，是一种为解决人为碳通量增加引发的地区生态圈碳失衡而实施的人类自救行为。因此，发展低碳经济的关键在于改变人们的高碳消费倾向和碳偏好，减少化石能源的消费量，减缓碳足迹，实现低碳生产。

沈满洪（2014）认为，低碳经济是以二氧化碳为主的温室气体减排为基本特征的经济形态，主要表现为高碳经济低碳化和低碳技术经济化。高碳经济低碳化就是产业经济活动和消费生活方式都要进行碳减排；低碳技术经济化就是低碳技术和低碳产品等成为企业获取最大利润的新契机和居民获取最大效用的新时尚。

周生贤、马建平（2011）、袁男优（2010）、鲍健强等（2008）认为低碳经济是一种新的经济发展方式；牛文元（2009）、付加峰等（2010）、姚逊等（2011）认为低碳经济是一种新的经济发展形态；邹仲海（2012）、陈晓春等（2009）认为低碳经济是一种新的发展理念；李胜（2009）、付允（2008）、金涌等（2008）认为低碳经济是以科技手段实现减少碳排放目标的。

综合来看，低碳经济是一种经济发展方式，是一种经济发展形态，是一种发展理念，是一种以低能耗、低污染、低排放和高效能、高效率、高效益为主要特征，以最少的温室气体排放获得整个社会最大产出的“绿色经济”（刘蓓琳，2012）。

三、低碳经济的主要理论

（一）“脱钩”理论

“脱钩”理论最早是用来描述经济发展与环境压力的，后来扩展到能源与环境、循环经济等领域。当前，“脱钩”理论主要用来分析经济发展与资源消耗之间的关系，即在工业发展初期，资源消耗随经济总量的增长而增长，甚至更高；但当经济发展到一定程度之后，资源消耗随经济总量的增长而减少，呈现倒“U”形关系，这就是所谓的“脱钩”理论。从该理论看，通过提高资源使用效率，实现用较少的资源消耗和较少的污染物排放，可以换取较好的经济发展，这就是低碳经济。

（二）库兹涅茨曲线

库兹涅茨曲线，又称倒“U”形曲线、库兹涅茨倒“U”字形曲线假说，是由美国经济学家西蒙·史密斯·库兹涅茨于1955年提出的，用以描述收入分配状况随经济发展过程而变化的曲线，是发展经济学的重要概念。环境的库兹涅茨曲线则是用来描述在工业化的过程中，伴随着人均GDP的增加，环境污染的程度将呈现先上升、后下降的趋势。从高碳经济到低碳经济的转型轨迹是世界经济发展的必经之路，倒“U”形曲线无法改变，但是我们可以通过技术进步等缩短高碳经济阶段，即缩短或降低倒“U”形曲线的上升阶段，尽早实现低碳经济。当前，从我国环境污染统计资料来看，污染排放量一直呈现上升趋势，即环境污染还处于倒“U”形曲线的左侧，且离拐点还有一定距离。

（三）环境承载理论

环境承载力是指一定时期、一定环境状态下，某一区域环境对人类社会经济活动支持能力的阈值。由于社会经济、技术水平是在不断发展变化的，所以环境的承载力也不是一个定值，会因人类对环境的改造而变化。实际上，人类改造环境的目的，是要提高环境的承载能力，但是人类对环境的破坏，很大程度上又降低了环境的承载能力。环境承载力具有多向性和多层次性的特点，随着人类社会经济活动的变化，环境承载力也表现出不同的层次和发展形式。通过适当的资金、技术和政策方面的投入，区域环境承载力可能会有所提高。

（四）增长的极限理论

1972年，以美国麻省理工学院的教授麦多斯为代表的罗马俱乐部未来学派提出了增长的极限理论。该理论认为，由于人口增长和可耕地面积有限，再加上城市建设、道路建设、渠道建设等占用越来越多的可耕地，人类社会迟早会遇到粮食供应不足的危机；由于不可再生资源被大量消耗，若干年后，这些资源也会耗尽。此外，由于工业的增长和技术的发展，对空气和水源的污染会越来越严重，自然环境和生态破坏的速度加快，这些不仅会反过来影响粮食的生产，甚至会威胁到人类社会自身的生存。因此，必须在1975年停止人口增长，在1980年停止工业投资的增长等。他们预言，如果人口增长、资源消耗、环境污染还像目前这样继续下去的话，这种增长的极限将会在后一百年中发生。同时，他们还提出了“零经济增长理论”，即应保持目前的工业生产规模和速度不变，即经济增长为零，同时控制人口与资源消耗，才能维持人类的长久生存。这一理论的最大作用，便是激起了人类对传统生产模式的反思和对新生产模式的探索。

（五）可持续发展理论

可持续发展是一个涵盖经济、社会、资源、环境的综合概念，是对未来提出的一种新战略思想，其目标是保证经济高速发展的同时又要保护环境，使经济发展与资源环境实现良性互动，既要顾及当前的经济发展，又要为子孙后代着想，让子孙后代能够享受充分的资源与良好的环境。可持续发展是社会与自然关系的变革，是以保护资源与环境为前提对社会生产方式进行革新，需要建立可持续发展的社会体系，在整个过程中要协调好人口、资源、环境、社会及经济发展间的关系。可持续发展要求人们转变思想观念，树立环保意识和生态观念，提倡节约，反对浪费，降低污染，克服片面追求经济增长的思想。

四、低碳经济的中国实践

2006年底，国家科技部、气象局、发改委等六部委联合发布了《气候变化国家评估报告》，低碳经济逐渐进入中国领导者的视野。2007年4月23—24日，中国环境与发展国际合作委员会在挪威、瑞典、英国、欧盟和美国环保协会的支持下，在北京举办了“低碳经济和中国能源与环境政策研讨会”，这标志着我国正式将低碳经济提上议事日程并开始付诸行动。5月，国务院印发《节能减排综合性工作方案》，进一步明确了实现节能减排的目标任务和总体要求。6月，中国正式发布了《中国应对气候变化国家方案》。8月，国家发改委发布《可再生能源中长期发展规划》。10月，人大常委会对《中华人民共和国节约能源法》进行了修订。11月，中国启动“可再生能源与新能源国际科技合作计划”。12月，国务院新闻办发表《中国的能源状况与政策》白皮书。2007年可以看成是我国低碳转型的关键一年。

2008年1月，清华大学成立低碳经济研究院。国家发改委与世界自然基金会（WWF）共同选定了上海和保定作为低碳城市发展项目试点。2009年5月，中国政府公布《落实巴厘路线图——中国政府关于哥本哈根气候变化会议的立场》的文件，提出了中国关于哥本哈根气候变化会议的原则和目标，表明了中国的意愿和决心。自从《京都议定书》确定了清洁发展机制之后，该机制被认为是一项“双赢”的机制。截至2011年，我国已批准的清洁发展机制项目数有3105个，其中云南省最多，有331个；其次是四川省，有292个。已批准的清洁发展机制项目估计年减排量6.88亿吨二氧化碳当量（CO_2e），已签发核实减排量10.58亿吨CO_2e，成为应对气候变化的重要手段之一。

2010年，国家发改委发布《关于开展低碳省区和低碳城市试点工作的通知》，确定首先在广东、辽宁、湖北、陕西、云南五省和天津、重庆、深圳、厦门、杭州、南昌、贵阳、保定八市开展低碳试点工作。2012年又确定了第二批低碳试点名单：海南省、北京、上海、石家庄、秦皇岛、晋城、呼伦贝尔、吉林、大兴安岭地区、苏州、淮安、镇江、宁波、温州、池州、南平、景德镇、赣州、青岛、济源、武汉、广州、桂林、广元、遵义、昆明、延安、金昌、乌鲁木齐共29个省市（或地区）。

2010年10月，联合国气候变化会议天津峰会召开，这是我国首次承办联合国框架下的气候谈判，也是坎昆气候大会前最后一轮谈判。峰会上，科技部公布了《中国2010年发展中的清洁能源科技》报告，系统介绍了我国近年来的清洁技术进展和前景展望。

2011年10月，国家发改委印发《关于开展碳排放权交易试点工作的通知》，批准北京、上海、天津、重庆、湖北、广东和深圳七省市开展碳交易试点工作。12月，国务院发布《“十二五”控制温室气体排放工作方案》，这是国务院首次发布关于专门针对控制温室气体排放和促进低碳发展方面的重大文件。同月，国家发改委等12个部门发布《万家企业节能低碳行动实施方案》。

2013年4月，国家发改委下发《关于推动碳捕集、利用和封存试验示范的通知》，要求各地区、各部分开展碳捕集、利用和封存示范项目和基地建设。6月18日，深圳碳排放权交易市场在全国七家试点省市中率先启动交易，先后完成了制度设计、数据核查、配额分配、机构建设等工作。其他试点省市陆续启动碳排放交易，最晚的重庆也于2014年上半年启动交易。2014年12月，国家发改委发布了《碳排放权交易管理暂行办法》，其中规定国家发改委是碳排放权交易的国务院碳排放交易主管部门，并就配额管理、排放交易、核查与配额清缴、监督管理以及法律责任都作了详细规定。截至2017年11月，我国累计配额成交量已超2亿吨二氧化碳当量，成交额超过46亿元人民币。当然，目前我国碳排放交易市场仍存在配额分配不精准、市场活跃度不高、交易制度与规则设计不够完善等诸多问题，虽然政府已经宣布启动全国性的统一碳排放交易市场，但是仍需要建立必要的制度和支撑系统。预计碳市场全面进行货币交易将在2019年前后。

第三节　循环经济理论

一、循环经济的提出

自从工业革命以来，资源消耗和废物排放不断增加，环境污染问题越来越严重。面对这一严重问题，人类开始探寻新的经济发展模式，来降低资源消耗，减少污染。在这一背景下，循环经济理论逐渐形成，其中，最具代表性的理论包括“宇宙飞船理论”和“皮尔斯模型”。

早期的循环经济萌芽出现在20世纪60年代，美国经济学家鲍尔丁（Boulding K. E.）在1966年发表的《即将到来的宇宙飞船地球经济》一文中，提出了“宇宙飞船理论”。他将地球比喻为宇宙中一个与飞船一样孤立无援的系统，生活在其中的人类要靠不断消耗其内部有限的资源而生存。地球资源与生产能力是有限的，如果人们像过去那样不合理地开发资源、破坏环境，地球终会像宇宙飞船那样走向灭亡。因此，宇宙飞船经济要求以新的循环式经济（资源—产品—再生资源）代替旧的单程式经济

（资源—产品—污染排放），这是循环经济理论的早期代表。

20 世纪 70 年代，世界各国关心的问题仍然是污染物产生后如何治理。80 年代，人们开始注意到将废弃物再进行资源化处理，加以重复利用。90 年代，人们认识到传统的经济发展模式的缺陷，开始积极探索新的发展模式。

1990 年，英国环境经济学家 D. Pearce 和 R. K. Turner 在《自然资源和环境经济学》一书中，首次正式使用了“循环经济”（Circular Economy）一词。他们试图依据可持续发展原则建立资源管理规则，并建立物质流动模型，即“皮尔斯模型”。他们还提出了自然资源管理的两个规则：一是可再生资源的开采速率不大于其可再生速率；二是排放到环境中的废物流要小于环境的同化能力。

二、循环经济的定义

同绿色经济和低碳经济相类似，人们对循环经济的定义也是众说纷纭。

曲格平（2000）认为，循环经济就是把清洁生产和废弃物的综合利用融为一体的经济，本质上是一种生态经济，它要求运用生态学规律来指导人类社会的经济活动。循环经济倡导的是一种建立在物质不断循环利用基础上的经济发展模式，它要求把经济活动按照自然生态系统的模式，组织成一个“资源—产品—再生资源”的物质反复循环流动的过程，使得整个经济系统以及生产和消费的过程基本上不产生或者只产生很少的废弃物，只有放错了地方的资源，而没有真正的废弃物，其特征是自然资源的低投入、高利用和废弃物的低排放，从而从根本上消解长期以来环境与发展之间的尖锐冲突。

王金南、俞德辉（2002）认为，循环经济是以物质、能量梯次和闭路循环使用为特征的，在环境方面表现为污染低排放，甚至污染零排放。循环经济把清洁生产、资源综合利用、生态设计和可持续消费等融为一体，本质上是一种生态经济。循环经济的根本任务是保护日益稀缺的环境资源，提高环境的配置效率。

诸大建（1998）将循环经济定义为一种善待地球的经济发展新模式，

它要求把经济活动组织成为“自然资源—产品和用品—再生资源”的闭环式流程，所有的原料和能源要能在不断进行的经济循环中得到合理利用，从而把经济活动对自然环境的影响控制在尽可能小的程度。

吴季松（2003）认为，循环经济就是在人、自然资源和科学技术的大系统内，在资源投入、企业生产、产品消费及其废弃的全过程中，不断提高资源利用效率，把传统的依靠资源净消耗线性增加发展，转变为依靠生态型资源循环来发展的经济。

吴绍中（1998）认为，循环经济是在人类的生产活动中，控制废弃物的产生，建立反复利用自然的循环机制，把人类的生产活动纳入自然循环中，维护自然生态平衡。

季昆森（2004）认为，循环经济倡导在物质不断循环利用的基础上发展经济，建立起充分利用自然资源的循环机制，使人类的生产活动融入自然循环中，最大限度地利用进入系统的物质和能量，提高资源利用率和经济发展质量。

不同定义强调的内容虽然有所差异，但总体来看，循环经济就是在生产、流通和消费等过程中进行减量化、再利用、资源化活动的总称，是人类为实现可持续发展而采用的一种节约资源、保护环境的新的发展模式。其实质是以尽可能少的资源消耗和环境污染来实现最大的经济产出，实现人与自然的和谐发展。

三、循环经济的内涵

（一）循环经济是一种生态经济

循环经济是利用生态学理论来指导经济活动的，它要求把经济活动组织成一个“资源—产品—再生资源”的新的循环式经济，其特征是低开采、高利用、低排放。所有的物质和能源在这个不断进行的循环中均能得到合理持久的利用，把经济活动对自然环境的影响降低到尽可能小的程度，使经济系统和谐地纳入自然生态系统的物质循环过程中，实现经济活动的生态化（史宝娟，等，2011）。

（二）循环经济模式与其他经济模式有本质区别

人类社会在经济发展过程中经历了三种模式：传统经济模式、末端治理模式、循环经济模式。

传统经济模式是粗放型的单程式经济，即“资源—产品—污染排放”，其特征是高消耗、低利用、高排放。这种经济的运行有两个前提，一是资源是无限可取的，二是生态系统具有自我净化的能力，可以将排放的污染物进行消化吸收。在这种前提下，人们无限制地开采消耗资源，并将大量污染物质排放到自然环境中，以此追求高速的经济增长。而现实的情况是，资源并不是无限可取的，生态环境也不具有完全的自我修复能力，传统经济发展模式必然导致资源的枯竭和环境的严重污染。

当发达国家进入工业化中后期后，人们逐渐认识到传统经济模式的弊端，于是纷纷通过各种手段和方法对生产过程末端排放的废弃物进行处理，以减少环境的污染，这就是末端治理模式。这种模式的本质是“先污染，后治理”，曾经对环境污染治理发挥了很大作用。但是，这种模式也有其固有的缺陷，主要是：污染物治理难度大，成本高；资源不能得到高效利用，利用率低，使得资源遭到极大浪费；污染物只是从一种方式转变成了另一种方式，并没有得到根除，造成二次污染。

末端治理的可持续性受到很大质疑，于是循环经济应运而生。循环经济是克服资源短缺、环境污染，追求可持续发展的一种有益尝试，是一种试图有效平衡经济、社会和资源环境之间关系的新型发展模式。其以资源的高效利用和循环利用为目标，以“减量化、再利用、再循环”为原则，以物质闭路循环和能量梯级使用为特征，按照自然生态系统物质循环和能量流动规律运行的经济模式。“资源消耗—产品—再生资源”闭环型物质流动模式，资源消耗的减量化、再利用和资源再生化仅仅是循环经济的技术经济范式的表征，其本质是对人类生产关系进行调整，其目标是追求可持续发展（沈满洪，2014）。

综上来看，三种经济模式追求的目标不同：传统经济模式片面地追求经济的高速增长，末端治理模式追求对污染物的治理，而循环经济追求的是资源环境的可持续发展；三种经济模式对废弃物的处理方式也不同：传统经济模式是单程式的生产，对废弃物不予处理，就是为了缩短生产周期。末端治理模式通过各种手段和方法对废弃物进行污染治理，以减少污染，但极有可能处理得不彻底。循环经济在尽量减少污染排放的同时，重在对污染物的再利用和再生化，尽量延伸资源的加工链，最大限度地开发和利用资源。

四、循环经济的原则

学者们普遍认为，循环经济以“减量化（Reducing）、再利用（Reusing）、再循环（Recycling）”（3R 原则）为基本原则。这一原则的排列顺序，反映了人们在环境与发展问题上走过的三个阶段，从这三个方面，我们可以更深入地了解循环经济。

（一）减量化（Reducing）原则

减量化原则要求在生产活动的源头通过各种手段，减少资源的消耗和投入，从而实现减少污染排放的目的。在生产过程中，企业通过采用新工艺或技术改造以减少单位产品生产的物质和能源投入量及污染物排放量，倡导产品的小型化和轻型化。此外，对消费过程来说，减量化要求人们改变传统的消费模式，变过度消费为适度消费和绿色消费，提倡购买包装简单、耐用和可循环使用的物品等。

（二）再利用（Reusing）原则

再利用原则要求在生产过程中，通过多次或多种方式使用物品以减少资源的使用量和污染物的排放量，提高产品使用效率防治物品过早成为垃圾。这一原则要求抵制当今社会流行的一次性用品，对包装物、废旧物品等进行回收利用，最大限度地发挥其利用价值。制造商应提供便于更换零部件的产品，且使用标准尺寸进行设计，以防止因某原件的损坏而导致整个产品的报废。在消费过程中，要求人们尽可能多地重复利用物品，对可利用的物品进行维修而不是频繁更换。人们也可以将可维修的物品返回市场体系供别人使用，也可以捐赠不再需要的物品供他人使用。

（三）再循环（Recycling）原则

再循环原则要求在输出端产品使用报废后，将废弃物重新改变为资源，即变废为宝，以最大限度地减少最终排放量，同时也可相应减少资源的消耗量。再循环有两种形式：一种是原级再循环，即将废弃物转化成它原来的形式，比如，将废纸再生出纸，废玻璃再生出玻璃等；另一种是次级再循环，即将废弃物转化成其他形式的产品。原级再循环在形成产品中可以减少20%—90%的原生材料使用量，而次级再循环减少的原生物质使用量最多只有25%。所以，原级再循环是循环经济和可持续发展追求的最佳方式。在这一原则下，生产者的任务不仅仅是生产工序的设计，更主要的是要解决废弃物的处理问题，即成品报废后的技术处理问题。

“3R”原则在循环经济发展中的重要性是不同的，其优先顺序是“减量化—再利用—再循环”，循环经济的根本目标首先是减少或避免废弃物的产生。1996年德国颁布的《循环经济与废物管理法》规定：对废物的优先顺序是“避免产生—循环利用—最终处置”。

五、循环经济的理论基础

（一）自然科学基础

自然科学里的许多原理，可以为发展循环经济提供系统和科学的指导。热力学第一定律（能量守恒定律和质量守恒定律）说明了发展循环经济的可行性。不论在生产和消费过程中还是在生产和消费过程后，物质并没有消失，只是从“有用的”原料或产品变成了“无用的”废物或污染物进入环境，物质的总量保持不变。随着技术的革新，“无用的”废物重新成为原材料进入生产和消费过程中，形成物质的循环。

热力学第二定律说明发展循环经济要投入资金。循环经济系统就是要把原本被弃置的处于高熵状态的物质，重新转变到低熵状态并加以利用，这需要外界对系统做功（投入资金），称为负熵流。

耗散结构理论是指处在远离平衡态的复杂系统在外界能量流或物质流

的维持下，通过自组织形成的一种新的有序结构，这个有序结构必须靠不断由外界提供能量才能维持下去。循环型经济系统是一个开放系统，必须不断同外界进行交换能量才能维持它目前的结构或者状态，其大部分负熵流直接或间接来源于太阳。

爱因斯坦的质能关系式把质量和能量有机地联系在一起，把物质看成是高密度的能量，它揭示了负熵流的本质。循环经济赖以存在的负熵流主要来源于太阳内部的核变能量。历史上的太阳能负熵流以煤、石油、天然气等化石能源的形式存在，当前的太阳能负熵流以太阳能、水能、风能、生物质能等形式存在，是循环经济系统未来的主要驱动力。

（二）生态学基础

生态学是循环经济最重要的支撑学科，只有深入了解循环经济的生态学原理，才能更好地推行循环经济，才能更好地推动可持续发展。生态系统的规律可以总结为整体、协调、循环、再生。生态系统是一个整体，生物为了生存，必须从环境中摄取物质和能量，又通过不断排放废弃物和死后遗体回归自然。生物影响着环境，环境也影响着生物，两者处于相互影响、相互协调的动态平衡之中。环境虽然具有自我调节能力，但是超过一定范围后，生态平衡就会遭到破坏，生态系统的各种生物需要在一个稳定有利的环境中共同生活。物质在自然界生生不息、循环演进、再生利用的原理是生态学的基本原理。若想解决目前人类面临的全球性资源短缺、环境污染问题，必须依据物质循环、再生利用的原理，重新耦合生态复合系统的结构与功能，这是一项庞大的生态系统工程。

（三）经济学基础

由于循环经济也是经济，因此，离不开经济学的理论和分析方法。古典经济学派关注劳动和自然资源，《国富论》将劳动、土地资源看成是生产的基本要素。马尔萨斯的人口论、李嘉图的级差地租理论也都对耕地给予了很高的重视。新古典经济学派则重视资源的配置，主张建立生产和消费的平衡关系，保证供需平衡，使资源得到有效配置。但是新古典学派却忽视了对资源本身的研究，忽视了资源对经济发展的重要作用，直到能源危机的爆发。

资源经济学认为经济的本质是人将自然资源转换成生存资料，它只关注自然资源，实际上，还有社会资源也应当给予足够的重视。自然资源包括能源、土地、水、矿产等，无论哪一种资源，都不是无限可取的，其中一些是不可再生的。与循环经济研究有关的资源经济学关注的是供求关系、价格和税收对供求关系的影响等（史宝娟，等，2011）。环境经济学研究的是环境保护与经济增长之间的关系，外部性、公共产品、市场失灵等相关理论对循环经济学的研究是非常重要的。

生态经济学是一门包含经济学和生态学的边缘学科，研究再生产过程中经济系统与生态系统之间的物质循环、能量转化和价值增值规律及其应用。循环经济将整个经济系统看作生态系统的一种特殊情况，通过改进经济系统使之与生物圈兼容，并最终持久生存下去，这是循环经济的根本目的。从本质上讲，循环经济就是生态经济，就是运用生态经济规律来指导经济活动，体现了生态学的本质。

六、循环经济的中国实践

改革开放以来，我国经济发展取得了举世瞩目的成就，但也为此付出了沉重的资源和环境代价。我国从 20 世纪 90 年代起引入了关于循环经济的思想。20 世纪 90 年代初期，我国工业污染防治开始了“三个转变”，即从“末端治理”向全过程控制转变，从单纯浓度控制向浓度与总量控制转变，从分散治理向分散与集中治理相结合转变，并开始了清洁生产的试点。2002 年 6 月，我国制定了《中华人民共和国清洁生产促进法》，该法吸收了循环经济的思想，对我国发展循环经济和建立循环型社会起到了十分重要的作用（史宝娟，等，2011）。2005 年，国务院发布《关于加快发展循环经济的若干意见》，为循环经济发展提供了明确的政策依据。2006 年发布的《国民经济和社会发展第十一个五年规划纲要》，对发展循环经济、建设节约型社会作出了全面部署，明确提出：“坚持开发节约并重、节约优先，按照减量化、再利用、资源化的原则，在资源开采、生产消耗、废物产生、消费等环节，逐步建立全社会的资源循环利用体系”，并给出了推进循环经济发展的举措。

2008 年 8 月，全国人大常委会通过了《循环经济促进法》，并从 2009 年 1 月 1 日起实施，将发展循环经济纳入法制轨道。《循环经济促进法》中指出，发展循环经济是国家经济社会发展的一项重大战略，应当遵循统筹规划、合理布局，因地制宜、注重实效，政府推动、市场引导，企业实施、公众参与的方针，应当在技术可行、经济合理和有利于节约资源、保护环境的前提下，按照减量化优先的原则实施。2009 年是我国循环经济扎实推进的一年。

由国家发改委环资司指导，中国经济导报社、中国社科院中国循环经济研究中心共同主办的“2009 年中国循环经济十大新闻”评选活动于 2010 年 4 月 8 日正式启动。此次评选旨在传播循环经济发展理念，实时反映循环经济的发展进程，促进我国循环经济又好又快发展。为规范循环经济发展专项资金管理，2012 年财政部、国家发改委联合制定了《循环经济发展专项资金管理暂行办法》。

2013 年 1 月，国务院印发《循环经济发展战略及近期行动计划》，对发展循环经济作出战略规划。2015 年，国家发展和改革委员会印发《2015 年循环经济推进计划》，旨在贯彻落实《循环经济发展战略及近期行动计划》，扎实推进循环经济发展。2016 年，国家发改委、财政部编写了《国家循环经济试点示范典型经验及推广指南》，要求各地循环经济发展综合管理部门、财政部门要切实发挥好协调指导的作用，为经验推广提供良好的保障条件。

2017 年 5 月 4 日，国家发改委和科技部等 14 个部门联合发布了《循环发展引领行动》并指出，到 2020 年主要资源产出率比 2015 年提高 15%，主要废弃物循环利用率达到 54.6% 左右，一般工业固体废物综合利用率达到 73%，农作物秸秆综合利用率达到 85%，资源循环利用产业产值达到 3 万亿元，75% 的国家级园区和 50% 的省级园区开展循环化改造。《循环发展引领行动》给能源企业发展带来了机遇和挑战，对能效提出了更高要求，到 2020 年能源产出率提高 17.7%。

第四节 绿色、低碳、循环发展的关系

绿色、低碳、循环发展三者之间既存在并列关系，又有各自特定的含义，经常被人们混淆，不加区分。三者之间的关系见表2-2。

表2-2 绿色、低碳、循环发展的关系

比较项目	绿色发展	循环发展	低碳发展
对应的经济	绿色经济	循环经济	低碳经济
反面的经济	黑色经济	线性经济	高碳经济
基本的内涵	以促进生态修复、环境改善为前提的发展模式	以各种资源的减量化、再利用、再循环为基本特征的发展模式	以二氧化碳为主的温室气体减排为基本特征的发展模式
应对的问题	应对环境危机，建设环境友好型社会	应对资源危机，建设资源节约型社会	应对气候危机，建设气候友好型社会
含义的广狭	最广（绿色发展可以包括循环发展、低碳发展）	中间（循环发展可以包括低碳发展）	最窄（低碳发展是绿色发展和循环发展的一个方向）

资料来源：沈满洪．资源与环境经济学［M］．北京：中国环境出版社，2014：282.

从表2-2可以看出，绿色经济是相对于“黑色经济”而言的，以改变传统高消耗、高污染经济为主要目的。循环经济是相对于“线性经济”而言的，以改变传统单向型经济（资源—产品—污染排放）为主要目的。低碳经济是相对于“高碳经济”而言的，以改变传统高碳排放经济、减缓温室效应为主要目的。

从基本内涵来看，绿色发展以促进生态修复、环境改善为前提；循环发展以各种资源的减量化、再利用、再循环为基本特征；低碳发展以减少二氧化碳排放为主要特征。从应对的问题来看，绿色发展应对的是生态环境危机，目标是要建设环境友好型社会；循环发展应对的是资源危机，目标是要建设资源节约型社会；低碳发展应对的是气候变暖危机，目标是要建设气候友好型社会。从含义的广狭来看，三者之间具有包含关系。绿色发展的含义最广，它可以包括循环发展和低碳发展经济；循环发展的范畴居中，它可以包括低碳发展；低碳发展的含义最窄，它只是绿色和循环经济发展的一个方向。

绿色、低碳、循环发展三者产生的背景基本是一致的，都是人类在经济社会发展陷入资源与环境危机后深刻反思传统经济发展方式的产物，都主张人与自然的和谐共处、减少资源消耗、减少污染。三者虽有着千丝万缕的关系，但也存在本质区别：绿色发展以环境保护为出发点和归宿点，关注经济活动过程中输出端对环境的影响。循环发展着重于资源的循环再利用，关注的是资源的有效利用率。低碳发展研究的重点是降低二氧化碳的排放，以应对全球气候变暖的危机。

第三章 统计综合评价方法

第一节 统计综合评价方法介绍

一、统计综合评价的概念及步骤

评价是人们参照一定标准对客体（包括特定的事物、行为、态度、认识等）的价值或优劣进行评判比较的一种认知过程，是人们认识事物的重要手段之一，评价结论又常常成为人们行动或决策的重要依据，因此评价又是一种决策过程（苏为华，2005）。

综合评价是指对被评价对象进行某种层面或某种角度的评估，是在考虑评价目的的基础上，通过测定或衡量被评价对象的某个或某些属性，来综合评估其在某一时间节点或某一时间段内的性能、业绩、功能或效能等（张发明，2018）。综合评价方法有多种，如模糊综合评价法、灰色关联评价方法、群体综合评价方法、动态综合评价方法等。

统计综合评价也是综合评价中的一种，它是对所要研究的对象建立一个统计指标体系，并利用一定的方法和模型，对反映该现象不同侧面的指标进行综合分析，对被评价的事物从整体上作出定量的总体判断，从而揭示事物的本质及其发展规律。显然，它与其他评价方法之间的最大区别就在于其数量性。

统计综合评价一般包括以下几个步骤：

第一步：明确评价目的。这是进行统计综合评价活动的依据，也是综合评价指标体系设计与模型选择的依据，要确定评价对象的范围（一般大于 1 个），了解评价对象的属性等。

第二步：建立评价指标体系。根据评价的目的，建立一个能够从不同侧面反映评价对象的评价指标体系，保证每一个指标都是可真实测量的。指标体系可以是单一层次的，也可以是多层次的。

第三步：评价指标的无量纲化处理。由于指标体系由多个指标组成，而这些指标计量单位不一样，不具有可比性。因此，必须对其进行无量纲化处理，使之具有可比性，才可进行后续计算。

第四步：指标权数的确定。由于指标体系中各个指标对评价对象所起的作用不同，即相对重要性是不同的，在评价时就需要对各个指标赋予相应的权重，以衡量其重要程度。

第五步：计算综合评价结果。根据无量纲化后的指标数值及确定的权数，选择合适的评价方法，计算统计综合评价结果，即综合得分。

第六步：对评价结果进行统计分析。根据计算出的综合得分，分析评价对象的数量特征，并对评价对象进行排序、比较，指出其优劣势，从而深究其原因，给出相应的改进措施。

二、统计综合评价的应用及局限性

统计综合评价的应用十分广泛，在社会、经济、军事等各个领域均可使用。在社会科学领域，主要有：综合国力评价、区域综合评价、经济效益综合评价、竞争力综合评价等；在自然科学领域，主要有：环境综合评价（这是目前应用最广泛的领域之一，包括绿色、低碳、循环、生态、空气污染等各个方面的评价）、食品安全综合评价、绿色生态住宅小区建设评价、医疗卫生评价等。

值得注意的是，目前由于统计综合评价的理论和方法还不是十分成熟，尚存在一定的局限性：

一是评价结果具有相对性，采用不同的评价方法，得到的结果也不相同，且仅适用于具有可比性的评价对象之间进行排名与比较；

二是评价结果可能受主观因素的影响。由于指标体系的选择、权数的确定以及评价方法的选择等经常依据专家意见来确定，不可避免地带有主观色彩，使得评价结果的客观性受到一定影响。因此，我们在进行综合评价时，一定要根据评价对象的特征认真选择评价指标及方法，尽量减少主观因素的影响，提高评价的准确性。

第二节　评价指标体系的构建及预处理

一、选择评价指标的原则

若要提高统计综合评价结果的准确性，一个关键因素就是合理选择评价指标，评价指标选择一般应遵循以下几个原则：

（一）目的性

指标的选择要围绕综合评价的目的展开，能够准确反映评价对象的特征，对实现评价目标有明确的导向性。

（二）科学性

评价指标能够准确把握所要研究问题的本质和内涵，能够客观反映评价对象的特征，从指标计算内容到计算方法都必须科学、合理、准确，且指标之间的相关度不能过高。

（三）全面性

虽然指标宜简不宜繁，但必须全面系统反映评价对象的全貌，从不同角度反映目标要求，覆盖评价的基本内容，绝对不能“扬长避短”。值得注意的是，不能将全面性简单理解为“指标越多越好”，一定要有“代表性”。

（四）独立性

指标之间要相互独立，不能重叠，即指标间的相关系数不能过高，一般不超过0.5，且不存在因果关系。否则，如果高度相关的两个指标都入选，会加大这类指标的权重。

（五）可操作性

要保证每一个指标能够利用现有的统计资料获取到，即具有稳定的数据来源和可操作性。当出现不可操作的指标时，我们首先应该考虑的是寻找替代指标，而不是简单删除，否则将影响评价结果。此外，评价方法也要简洁、方便，易于被各界接受。

（六）可比性

评价指标要含义明确，计算口径一致，达到动态可比和横向可比。

二、选择评价指标的方法

评价指标的选择方法很多，常用的主要有德尔菲法（Delphi）、极小极大离差法、变异系数法、相关系数法、系统聚类法等。

（一）德尔菲法（Delphi）

德尔菲法也称为专家调研法，是向专家发函征求意见的调研方法，属于主观选择方法。其程序为：研究者根据评价目标列出一系列的评价指标，然后就所列指标向多个专家征求意见，专家给出意见后对其进行统计汇总处理，再将结果反馈给专家，反复几轮之后，如果专家意见趋于一致，则由最后一次咨询确定出具体的评价指标体系（王国华，2006）。该方法是借助专家的智力优势和经验来选择指标，近年来使用比较广泛，有较高的知名度。

（二）变异系数法

变异系数是一种离散指标，其数值越大，表明数据间的差异越大。一般选用变异系数较大的指标，因为其区分评价对象特征差异的能力较大。计算公式如下：

$$\bar{x}_i = \frac{\sum_{j=1}^{n} x_{ij}}{n} \tag{3.1}$$

$$s_i = \sqrt{\frac{\sum_{j=1}^{n} (x_{ij} - x_i)^2}{n-1}} \tag{3.2}$$

$$v_i = \frac{s_i}{\bar{x}_i} \tag{3.3}$$

式中，x_{ij}为第 j 个评价对象第 i 个评价指标值，$\bar{x}_i$ 为第 i 个评价指标的均值，s_i 为第 i 个评价指标的标准差，v_i 为第 i 个评价指标的变异系数。

该方法属于客观定量选择法，其优点是可以根据指标变异系数大小删除对评价结果影响小的指标。由于指标含义、变动幅度等各不相同，变异系数法指标的选择受样本数据影响较大，单纯依靠此方法进行指标的选择不太合理。

（三）相关系数法

根据前面独立性原则，指标之间的相关系数不能过高。否则，会造成信息的重复使用，因此，应删除相关性大的指标，以保证评价的科学性。基本步骤是：假定有 n 个指标 x_1，x_2，…，x_n，其中，x_1 与其他指标独立，表明 x_1 无法用其他指标来代替。

第一步，先求出 n 个指标的相关系数矩阵 R；

第二步，计算出 x_i 和余下的 $n-1$ 个指标之间的复相关系数的平方 ρ_i^2；

第三步，比较 ρ_1^2，ρ_2^2，…，ρ_n^2 的大小，其中值最大者，表明该指标与其余指标的相关性最大；

第四步，确定临界值 M，当 $\rho_i^2>M$ 时，就删除 x_i；

重复以上步骤，逐步删去相关性大的指标，直到余下的指标个数与预先确定的指标体系容量相等为止。

该方法的不足之处是临界值 M 的确定比较主观，指标筛选的随意性大。

（四）系统聚类法

该方法是通过判断指标之间的相似程度来筛选指标的，假如有 n 个指标，将每个指标看作一类，根据指标间的相似程度（通常采用指标间的相关系数来衡量），通过比较类间距离（距离 $d=1-|r_{ij}|$，r_{ij}为指标 i 与指标 j 间的相关系数）进行并类。把距离最小的两类加以合并，此时，余下 $n-1$ 类；再选择类间距离最小的加以合并，反复继续这一过程。每合并一次，就减少一类，最终形成由小到大的分类系统。整个分类过程可以绘制成一张聚类图，用以反映所有指标间的亲疏关系，可依据这种关系确定指标体

系中所包含的指标个数，从每类中选择出最具有代表性的指标（曾五一，2013）。

三、评价指标的一致化处理

在指标体系中，有部分指标是正向指标（指标值越大越好），部分指标是逆向指标（指标值越小越好），部分指标是居中型指标（指标值越居中越好），部分指标是区间型指标（指标值在某区间内为最好）；部分指标是定量指标，部分指标是定性指标。为了保证指标间的可比性，需要对其进行一致化处理。对于定性指标，首先需要将其进行定量化处理，再进行一致化处理。由于正向指标符合人们的思维方式，所以通常都是将其他类型的指标转换成正向指标。

（一）逆向指标的一致化

一般是采用如下方式转换为正向指标：

$$x^{*}=M-x \text{ 或 } x^{*}=\frac{1}{x}(x>0) \tag{3.4}$$

其中，M 为指标的一个允许上限。

（二）居中型指标的一致化

居中型指标是指数据靠近某一居中值时为最好，不宜过大，也不宜过小，如人的身高、体重等。这种指标转换为正向指标的公式如下：

$$x^{*}=\begin{cases}2(x-m),m\leqslant x\leqslant\dfrac{m+M}{2}\\2(M-x),\dfrac{m+M}{2}\leqslant x\leqslant M\end{cases} \tag{3.5}$$

其中，M 为指标的一个允许上限，m 为指标的一个允许下限。

（三）区间型指标的一致化

对于这种指标，假定［q_1，q_2］是指标的最佳稳定区间，M 为指标的一个允许上限，m 为指标的一个允许下限，则此类指标的转换公示如下：

$$x^* = \begin{cases} 1 - \dfrac{q_1 - x}{\max\{q_1 - m, M - q_2\}}, & 若\ x < q_1 \\ 1, & 若\ x \in [q_1, q_2] \\ 1 - \dfrac{x - q_2}{\max\{q_1 - m, M - q_2\}}, & 若\ x > q_2 \end{cases} \tag{3.6}$$

综上，通过式（3.4）~（3.6）将逆向、居中、区间型指标转换成正向指标后，评价数值越大，评价结果就越好。

四、评价指标的去量纲处理

为了保证评价的可比性和准确性，需要对指标进行无量纲化处理，主要有标准化法、极值处理法、功效系数法、归一化处理法等。

（一）标准化法

标准化法也称为“中心化”处理，是比较常用的去量纲的方法。公式如下：

$$x_{ij}^* = \frac{x_{ij} - \bar{x}_i}{s_i} \tag{3.7}$$

式中，x_{ij}^* 表示第 j 个评价对象第 i 个评价指标值的无量纲指标值，x_{ij} 为第 j 个评价对象第 i 个评价指标值，$\bar{x}_i$ 为第 i 个评价指标的均值，s_i 为第 i 个评价指标的标准差。

该方法的特点是：标准化后的指标值的均值为0，方差为1。指标的最大值和最小值是不确定的，且在某些指标值恒定的状态下（$s_i = 0$）不可采用标准化处理方法。另外，由于标准化后的指标值可能为负数，因此，对于要求指标值大于0 的评价方法则不适用（如几何平均法和熵值法）。由于指标在标准化的同时削弱了指标间的差异，不能准确反映原数据所包含的信息，容易导致评价结果的不准确（李刚等，2017）。

（二）极值处理法

该方法比较简单，计算公式如下：

$$x_{ij}^* = \frac{x_{ij} - \min\limits_{1 \leq j \leq n}(x_{ij})}{\max\limits_{1 \leq j \leq n}(x_{ij}) - \min\limits_{1 \leq j \leq n}(x_{ij})} \tag{3.8}$$

当指标 i 的最大值和最小值相差较大时，x_{ij}^* 就会很小，这样就等同于降低了指标 i 的权重，即指标的极差会对指标的权重产生影响，所以在使用此方法时，应密切关注指标的极值情况，以保证评价的准确性。

北京师范大学经济与资源管理研究院课题组（2017）为实现指标的横向（空间）、纵向（时间）的可比性，采用了改进的“定基极差法”。该方法以某特定年为基准年（t_0），以基准年的指标最大和最小两个极值来进行计算，具体公式如下：

$$x_{ij}^t = \frac{x_{ij}^t - \min\limits_{1\leq j\leq n}(x_{ij}^{t_0})}{\max\limits_{1\leq j\leq n}(x_{ij}^{t_0}) - \min\limits_{1\leq j\leq n}(x_{ij}^{t_0})} \tag{3.9}$$

其中，x_{ij}^t 表示第 j 个评价对象第 i 个评价指标值在第 t 期的无量纲指标值，$\min\limits_{1\leq j\leq n}$（$x_{ij}^{t_0}$）为第 t_0 期第 i 个评价指标值在各评价对象中的最小值，$\max\limits_{1\leq j\leq n}$（$x_{ij}^{t_0}$）为第 t_0 期第 i 个评价指标值在各评价对象中的最大值。这一方法克服了传统标准化方法横向、纵向指标不可比的难题，新指标具有跨区域、跨年度、时空二维可比性。

（三）功效系数法

计算公式如下：

$$x_{ij}^* = c + \frac{x_{ij} - m'_i}{M'_i - m'_i} \times d \tag{3.10}$$

式中，M'_i 和 m'_i 分别表示指标 i 的满意值和不容许值，c 和 d 为已知正常数（根据实际情况直接给定），c 的作用是对变换后的值进行“平移”，d 的作用是对变换后的值进行“放大”或“缩小”。

该方法的特点是：可以看作一种普通的极值处理方法，其最大值为 $c+d$，最小值为 c，一般情况下，取 $c=60$，$d=40$。本方法无法体现区间指标、居中指标的指标特点，且常数的经验取值有可能对评价结果产生不准确性。

（四）归一化处理法

公式如下：

$$x_{ij}^* = \frac{x_{ij}}{\sum\limits_{i=1}^{n} x_{ij}} \tag{3.11}$$

该方法的特点是：要求 $\sum_{i=1}^{n} x_{ij} > 0$，当 $x_{ij} \geqslant 0$ 时，$x_{ij}^{*} \in [0, 1]$，无固定的最大值和最小值，且 $\sum_{i=1}^{n} x_{ij}^{*} = 1$。

除了上面介绍的几种方法外，还有向量规范法、线性比例法、均值化处理法、极差法等，在此不再一一介绍。

第三节　指标权重的确定方法

指标权重是指研究对象的各个考察指标相对重要程度和相对价值大小以及在总体评价体系中所占的比重，每个指标权重在 0 到 1 之间，权重之和为 1（100%）。评价指标权重的大小，在很大程度上会影响到评价结果，因此，科学合理地确定指标权重，对评价结果的科学性至关重要。传统的赋值方法有三种：主观赋权、客观赋权、主客观组合赋权。

一、主观赋权

主观赋权是研究者根据经验来给出各指标的权数，常用的主观赋权方法有德尔菲法（Delphi）、层次分析法（AHP）、特征值法、G1 赋权方法等。

（一）层次分析法（AHP）

这是由美国运筹学家 T. L. Saaty 提出的一种多准则决策方法，它把一个复杂决策问题表示为一个有序的递阶层次结构，通过专家的比较判断，计算各种决策方案在不同准则及总准则之下的相对重要性量度，这是层次分析法的核心内容，而统计权数也正是一种重要性的量度。该方法的主要步骤如下：

第一步，构建递进层次结构，主要分为三个层次：目标层、准则层、指标层。

第二步，构建两两比较判断矩阵 A，这是层次分析法的关键环节。

$$A = \begin{pmatrix} a_{11} & a_{12} & \cdots & a_{1n} \\ a_{21} & a_{22} & \cdots & a_{2n} \\ \vdots & \vdots & \cdots & \vdots \\ a_{n1} & a_{n2} & \cdots & a_{nn} \end{pmatrix} \tag{3.12}$$

其中，a_{ij}表示第i个指标的重要程度是第j个指标重要程度的倍数，应满足如下条件：

（1）$a_{ij}>0$，i，$j=1$，2，…，n；

（2）$a_{ii}=1$，$i=1$，2，…，n；

（3）$a_{ji}=1/a_{ij}i$，$j=1$，2…，n。

显然，判断矩阵A为正互反矩阵。T. L. Saaty最初建议参照比例1－9标度来确定矩阵中相应的a_{ij}值，见表3－1。

表3－1　Saaty比例1－9标度

a_{ij}取值	比较的含义
1	指标i与j一样重要
3	指标i比j稍微重要
5	指标i比j明显重要
7	指标i比j强烈重要
9	指标i比j极端重要
2，4，6，8	指标i与j的比较介于上述各等级程度之间
上述各数的倒数	指标j与i的比较

但该标度设定的指标之间权重差异较大，因此学者们提出了多种修正意见，包括5/5－9/1、9/9－9/1、$9^{k/9}$等标度，见表3－2（苏为华，2005）。

表3－2　5/5～9/1标度、9/9～9/1标度、$9^{k/9}$标度

5/5～9/1标度a_{ij}	9/9～9/1标度a_{ij}	$9^{k/9}$标度a_{ij}	比较的含义
5/5＝1	9/9＝1	$9^{0/9}=1$	指标i与j一样重要
6/4＝1.5	9/7＝1.286	$9^{1/9}=1.276$	指标i比j稍微重要
7/3＝2.333	9/5＝1.8	$9^{3/9}=2.080$	指标i比j明显重要
8/2＝4	9/3＝3	$9^{6/9}=4.327$	指标i比j强烈重要
9/1＝9	9/1＝9	$9^{9/9}=9$	指标i比j极端重要
6.5/3.5　5.5/4.5 7.5/2.5　8.5/1.5	9/8　9/6 9/4　9/2	$9^{2/9}$ $9^{4/9}$　$9^{5/9}$　$9^{7/9}$　$9^{8/9}$	指标i与j的比较介于上述各等级程度之间
上述各数倒数	上述各数倒数	上述各数倒数	指标j与i的比较

第三步，根据 A 矩阵，求解权重 w，记 $w=(w_1, w_2, \cdots, w_n)^T$。权重的求解方法有很多，如幂乘法、算术平均法、几何平均法、规范列平均法等。下面仅介绍一下几何平均法。过程如下：

（1）计算判断矩阵 A 各行元素的几何平均值 G_i（i 为行号，$i=1, 2, \cdots, n$）：

$$G_i = \sqrt[n]{a_{i1} \times a_{i2} \times a_{i3} \times \cdots a_{in}} = \sqrt[n]{\prod_{j=1}^{n} a_{ij}} \quad (i = 1,2,3,\cdots,n) \tag{3.13}$$

（2）对 G_i 进行归一化，即为所计算的权数 w_i：

$$w_i = G_i / \sum_{i=1}^{n} G_i \quad (i = 1,2,3,\cdots,n) \tag{3.14}$$

则 $w=(w_1, w_2, \cdots, w_n)^T$ 即为所计算的权数向量。

第四步：计算一致性比率 CR，以检查所构判断矩阵 A 及由之导出的权数的合理性。

根据 a_{ij} 的含义，如果构权者在整个判断过程中是完全一致的（没有出现自相矛盾的判断），则应该有以下条件成立：$a_{ij}=a_{ik} \times a_{kj}$。如果对于任何的 i、j、k，该条件总是成立，则我们称判断矩阵 A 是满足一致性的，否则，便称为不一致。由于受人类判断能力的限制，经常会出现“不一致”的情况。经验显示，矩阵的一致性将随判断矩阵阶数的增加而下降，且不一致现象往往是不可避免的，因此只要这种不一致性程度是可以容忍的，所构建的权重就是比较合理的，否则，所构的判断矩阵 A 就是不合格的，相应地，计算的权数向量也就是不准确的，需要重新构建判断矩阵。

由于 2 阶矩阵总是一致的，故仅需要对 3 阶及以上的判断矩阵进行一致性检验，通常采用一致性比率法，公式如下：

$$\mathrm{CR} = \frac{\mathrm{CI}}{\mathrm{RI}} \tag{3.15}$$

式中，CR 为一致性比率，CR 越小，判断矩阵的一致性程度越高。通常采用 T. L. Saaty 提出的 CR≤0. 1 的标准，即当 CR≤0. 1 时，认为判断矩阵有可接受的不一致性，否则，需要对判断矩阵重新进行调整，直到一致性检验通过。

式（3.15）中 CI 称为一致性指标，是衡量判断矩阵一致性水平的重要指标。其计算公式为：

$$CI = \frac{\lambda_{max} - n}{n - 1} \tag{3.16}$$

λ_{max}为 A 矩阵的最大特征值，n 为矩阵阶数。

式（3.15）中 RI 为同阶平均随机一致性指标。需要注意的是，不同标度值下的 RI 是有差异的，具体见表 3－3。

表 3－3　1－10 阶的随机一致性指标（RI）

矩阵阶数	1－9 比例 9 标度的 RI		5/5～9/1 标度的 RI
	Saaty 的 RI	许树柏的 RI	
3	0.58	0.5149	0.1690
4	0.90	0.8931	0.2598
5	1.12	1.1185	0.3287
6	1.24	1.2494	0.3694
7	1.32	1.3450	0.4007
8	1.41	1.4200	0.4167
9	1.45	1.4616	0.4370
10	1.49	1.4874	
11	1.51	1.5156	
12	1.54	1.5405	
13	1.56	1.5583	
14		1.5779	
15		1.5894	

资料来源：苏为华．综合评价学［M］．北京：中国市场出版社，2005.

目前 AHP 法是综合评价实践中应用最广泛的一种权数构造方法，但其也有自身的弊端：对评价指标的重要性排序主观性比较强，判断矩阵的一致性问题难以解决。

（二）G1 赋权法

有单一专家的 G1 法和群组 G1 法，下面仅简要介绍一下单一专家的 G1 法。该方法是由郭亚军在《综合评价理论、方法及应用》一书中提出的。具体步骤如下：

（1）确定指标的排序关系；

（2）专家对相邻指标 $k-1$ 与 k 的重要程度之比 r_k 赋值，具体如表 3－4；

表 3-4　r_k 的理性赋值

r_k	比较的含义
1	指标 $i-1$ 与 i 一样重要
1.2	指标 $i-1$ 比 i 稍微重要
1.4	指标 $i-1$ 比 i 明显重要
1.6	指标 $i-1$ 与 i 强烈重要
1.8	指标 $i-1$ 与 i 极端重要

（3）给出了 r_k 后，则准则层下第 1 个指标对该准则层的 G1 法权数为：

$$w_1 = (1 + \sum_{k=2}^{1} \prod_{i=k}^{1} r_i)^{-1} \tag{3.17}$$

（4）由权重 w_1 可得第 1－1，1－2，…，3，2 个指标的权重计算公式为：

$$w_{k-1} = r_k w_k \quad k = 1, 1-1, \cdots, 3, 2 \tag{3.18}$$

其中，w_{k-1} 为准则层下第 $k-1$ 个指标对该准则层的 G1 法权数。

该方法相对于层次分析法的最大优点是专家对指标的排序是一致的，不存在判断矩阵是否一致性的问题，但是同样存在缺少客观性的问题。

二、客观赋权

客观赋权是直接根据指标的信息，通过一定的方法计算出相应的权数，不需要依靠专家给出指标的重要程度。客观赋权的方法很多，主要有变异系数法、熵权法、主成分分析法、基尼系数法等。

（一）变异系数法

该方法的基本思路是：在评价指标体系中，指标值差异越大的指标越重要，因为其越能反映出参加评价的各单位的差距。而由于各评价指标的量纲及数值大小等不同，不宜直接采用标准差来衡量其差异性，而应该采用变异系数来考察指标的差异程度。变异系数计算公式见式（3.3），相应地，各指标的权数如下：

$$w_i = \frac{v_i}{\sum_{i=1}^{n} v_i} \tag{3.19}$$

（二）熵值法

熵原本是热力学的一个概念，最先由申农引入信息论中，现在已经广泛应用于社会经济等多个领域。熵值法就是根据各指标传输给决策者的信息量的大小来确定指标权数的方法。某项评价指标的差异越大，熵值越小，该指标包含和传输的信息就越多，在综合评价中所起的作用越人，则其相应的权重也应越大，这就是熵值法的基本原理。基本步骤如下：

（1）指标的归一化处理：

$$f_{ij} = \frac{x_{ij}}{\sum_{i=1}^{n} x_{ij}} \tag{3.20}$$

x_{ij}为第 i 个评价对象第 j 个指标的观测值，f_{ij}为该观测值的特征比重。

（2）计算指标 j 的熵值 H_j 为：

$$H_j = -\frac{1}{\ln n}\sum_{i=1}^{n} f_{ij}\ln(f_{ij}) \tag{3.21}$$

（3）计算指标 j 的熵权：

$$w_j = (1 - H_j)/(m - \sum_{j=1}^{m} H_j), j = 1,2,\cdots,m \tag{3.22}$$

式中，w_j 为第 j 个指标的权重，m 为指标个数。

熵值法与变异系数法的基本原理比较相似，都是将指标数据的差异大小作为权数确定的依据，完全依据指标的信息，评价者的个人意愿不能得以体现。

（三）主成分分析法

在多指标综合评价中，由于有一些指标的信息是重复的，会影响评价结果。主成分分析法就是利用“降维”的思想，将原来众多具有一定相关性的指标重新组合成一组新的互相无关、尽量少的综合指标来代替原来的指标，这些新的综合指标既保留了原始变量的主要信息，同时彼此之间又不相关，比原始变量具有更优越的性质，从而更能反映问题的实质（杨宇，2006）。该方法的步骤如下：

（1）选取目标数据。在进行分析前要选取所要“降维”的数据，并对其进行无量纲化处理。然后进行相关性检验，因为主成分分析的原理是利用数据间的相关性，因此，为了使“降维”的效果更加好，就必须确定指标之间具有较强的相关性。若相关性较弱，则应重新选择指标。

（2）根据指标数据求出协方差或相关系数矩阵，以此为依据进行下一步计算。

$$R=\begin{pmatrix} r_{11} & r_{12} & \cdots & r_{1m} \\ r_{21} & r_{22} & \cdots & r_{2m} \\ \vdots & \vdots & \cdots & \vdots \\ r_{m1} & r_{m2} & \cdots & r_{mm} \end{pmatrix} \tag{3.23}$$

（3）计算协方差或相关系数矩阵的特征值和特征向量。通过求出矩阵的特征值，并将其排序，找出较大的特征值，以表示两个指标之间具有较大的相关性。根据特征值的大小排除没有代表性或代表性较弱的主成分。

（4）确定主成分以及相应的权数。一般用特征根大于 1 作为纳入标准，或者将特征根进行归一化处理形成主成分的方差贡献率，一般要求主成分的累计方差贡献率大于 80%（或 85%），将方差贡献率进行归一化处理后得到权数。

主成分分析法的好处在于为以后的运算减少工作量，所确定的权数一方面体现了指标区分评价对象能力的大小，同时还剔除了一些重复信息。其缺点是新变量的实际意义往往不容易弄清楚。

（四）基尼系数法

基尼系数（Gini Coefficient）最早由意大利经济学家基尼提出，是反映收入分配差异程度的一个重要指标。其原始计算公式为：

$$\Delta = \frac{1}{n(n-1)}\sum_{i=1}^{n}\sum_{j=1}^{n}|Y_i - Y_j|,\quad 0 < \Delta < 2\mu \tag{3.24}$$

其中，Y_i 为收入，n 为样本容量，μ 为平均收入。现在常用的基尼系数公式为：

$$G = \sum_{i=1}^{n}\sum_{j=1}^{n}|Y_i - Y_j|/2n^2\mu \tag{3.25}$$

基尼系数赋权法由李刚（2014）提出，是通过计算评价指标的基尼系数并对各个指标的基尼系数进行归一化得到评价指标权重的一种客观赋权方法。

首先，把某一个特定评价指标的 n 个评价对象的不同数据看作是不同等级的人的收入情况，这样就可以计算某个指标的基尼系数。通过指标的基尼系数值的大小反映该指标不同评价对象之间的数据差异的大小。然后，对各个指标的基尼系数值进行归一化，得到评价指标的基尼系数权重。以保证所有指标的权重都在 0 - 1 的范围内且和为 1。其计算步骤如下：

（1）评价指标的基尼系数值计算

设 G_k 为第 k 个指标的基尼系数值，Y_{ki} 为第 k 个指标的第 i 个数据，μ_k 为第 k 个指标的均值，n 为指标的数据个数，则第 k 个指标的基尼系数值 G_k：

$$G_k = \sum_{i=1}^{n}\sum_{j=1}^{n}|Y_{ki} - Y_{kj}|/2n^2\mu_k \tag{3.26}$$

（2）指标权重计算

在将各个指标的基尼系数计算出来后，第 k 个指标的权重可按下式计算：

$$w_k = \frac{G_k}{\sum_{k=1}^{m} G_k} \tag{3.27}$$

式中，w_k 为第 k 个指标的权重，m 为指标总个数。

该方法的优点是评价指标的基尼系数值反映了任意两个评价对象之间的差异，权重反映了指标的数据信息。

虽然客观赋权方法均反映了指标的数据信息，但也有缺陷：太依赖指标数值的大小，同时易受样本随机误差的影响，且不能体现评价者对指标的重视程度，人为的可参与性较差。另外，赋权结果容易受指标样本随机误差的影响，样本的变化可能导致权数的变化，造成权数的不稳定性。

三、组合赋权

为了克服主观、客观赋权的缺陷，学者们经常将主观、客观赋权方法组合在一起，称为组合赋权。该方法既反映了专家的意见，能够体现评价者对指标的重视程度，又能够客观反映指标的数据信息，其结果也更为科学。

目前常用的主观、客观组合赋权方法主要有：加法合成法和乘法合成法两种。下面分别介绍：

（一）加法合成法

加法合成法是将 n 种赋权方法（至少有一种主观赋权和一种客观赋权方法）所得到的 n 个权数加权平均后进行重新组合。线性合成的权数按如下公式计算：

$$w_j = \sum_{i=1}^{n} b_i a_{ij} \tag{3.28}$$

式中，w_j 为第 j 个指标的合成权数，b_i 为第 i 种方法的权数的系数，a_{ij} 为第 i 种方法下的第 j 个指标的权数。

该方法是目前较为常用的一种组合方法，权数的大小一定程度上取决于系数 b_i，系数大多采用优化法进行分配。加法线性合成法虽一定程度上体现了主客观的结合，但其系数的确定却依赖所采用的优化模型，也没有一种特别理想的分配方案。

（二）乘法合成法

乘法合成法的基本思路是：将第 j（$j=1, 2, \cdots, m$）个指标的 n 种赋权方法（至少有一种主观赋权和一种客观赋权方法）所得到的 n 个权数相乘得到一个乘积，然后将所有 m 个指标的乘积进行归一化处理，得到新的组合权数，计算公式如下：

$$w_j = \frac{\prod_{i=1}^{n} a_{ij}}{\sum_{j=1}^{m} \prod_{i=1}^{n} a_{ij}} \tag{3.29}$$

式中，w_j 为第 j 个指标的乘法合成权数，a_{ij} 为第 i 种方法下的第 j 个指标的权数。

该方法的特点是：组合权数放大了各个指标权数之间的差距，尤其是当某个指标在某种赋权方法下的权数较小时，将会进一步缩小这一指标的权数。此外，我们也无法判断组合后的权数是否能真的既反映评价者的主观意愿，又能体现指标所包含的数据信息（李刚，等，2017）。

（三）级差最大化组合赋权法

为了克服上述两种组合赋权的缺陷，李刚等（2009）提出了级差最大化组合赋权法，该方法可以对单个指标的权数进行分别组合。基本思路如下：

假设组合后的权数介于各种赋权方法下的最小值和最大值之间，且组合后的权数还应该保证使得各个评价对象的评价结果具有较好的区别，即使得评价对象的综合得分的方差达到最大。具体步骤如下：

（1）确定权数矩阵

设 k 个指标，每个指标有 m 种赋权方法，其权数矩阵 A 表示为：

$$A=[w_{ij}]_{k\times m}=\begin{bmatrix} w_{11} & w_{12} & \cdots & w_{1m} \\ w_{21} & w_{22} & \cdots & w_{2m} \\ \vdots & \vdots & \cdots & \vdots \\ w_{k1} & w_{k2} & \cdots & w_{km} \end{bmatrix} \tag{3.30}$$

式中，w_{ij}为第 i 个指标的第 j 种赋权方法下的权数，$i=1$，2，…，k；$j=1$，2，…，m。

（2）确定组合赋权的区间范围

由权数矩阵 A 可以确定组合权数 $w=(w_1,\ w_2,\ \cdots,\ w_k)$ 的区间范围为：$w_i\in[w_i^-,\ w_i^+]$。其中：

$$w_i^-=\min\{w_{i1},w_{i2},\cdots w_{im}\} \tag{3.31}$$

$$w_i^+=\max\{w_{i1},w_{i2},\cdots w_{im}\} \tag{3.32}$$

（3）计算综合评价结果

设 n 个评价对象的 k 个指标去量纲后的得分矩阵如下：

$$X=[x_{ij}]_{k\times n}=\begin{bmatrix} x_{11} & x_{12} & \cdots & x_{1n} \\ x_{21} & x_{22} & \cdots & x_{2n} \\ \vdots & \vdots & \cdots & \vdots \\ x_{k1} & x_{k2} & \cdots & x_{kn} \end{bmatrix}=[x_1,x_2,\cdots,x_n] \tag{3.33}$$

则综合评价得分为：

$$Z=wX=(wx_1,wx_2,\cdots,wx_n) \tag{3.34}$$

（4）计算综合评价得分的方差

由式（3.34）计算得到综合得分的均值：

$$
\begin{aligned}
&(1/n)(wx_1 + wx_2 + \cdots + wx_n) \\
&= w(1/n)(x_1 + x_2 + \cdots + x_n) \\
&= w\overline{x}
\end{aligned}
\tag{3.35}
$$

则综合得分的方差：

$$
\begin{aligned}
s^2 &= \frac{1}{n-1}\sum_{i=1}^{n}(wx_i - w\bar{x})^2 = \frac{1}{n-1}\sum_{i=1}^{n}(wy_i)^2 = \frac{1}{n-1}\sum_{i=1}^{n}wy_i(wy_i)^T \\
&= \frac{1}{n-1}\sum_{i=1}^{n}w(y_iy_i{}^T)w^T = \frac{1}{n-1}\sum_{i=1}^{n}wHw^T
\end{aligned}
\tag{3.36}
$$

式中，$y_j = x_i - \bar{x}$，$H = y_iy_i^T$。

（5）计算组合权数的优化模型：

根据构权思路，使得评价对象综合得分的方差达到最大：

$$
\max \quad \frac{1}{n-1}\sum_{i=1}^{n}wHw^T \tag{3.37}
$$

其约束条件为：

$$
s.t.\begin{cases}\sum_{i=1}^{k}w_i = 1 \\ w_i^- \leqslant w_i \leqslant w_i^+\end{cases} \tag{3.38}
$$

级差最大化组合赋权法相对于加法和乘法合成法的优点：一是保证了每一个指标的组合权数都可以由不同的线性组合求得；二是保证了通过该优化模型计算的组合权数能够更好地区分各个评价结果。

第四节　本章小结

综合评价的方法有很多，如统计综合评价、模糊综合评价、动态综合评价、群体综合评价等。本章主要介绍了本书后几章所使用的统计综合评价方法，主要包括评价指标体系的构建及权数的确定方法。

（1）评价指标体系的构建：方法很多，本章主要介绍了德尔菲法

(Delphi)、变异系数法、相关系数法、系统聚类法。虽然定量选择指标体系的方法比较多，但由于受指标数据获取途径的限制，多数研究仍然采用定性方法确定。

（2）指标的无量纲化处理方法也较多，本章主要介绍了标准化法、极值处理法、功效系数法、归一化处理法。一般较常用的是标准化法。

（3）指标权数的确定有三种形式：主观赋权、客观赋权和主客观组合赋权。其中，主观赋权介绍了层次分析法（AHP）和 G1 赋权方法；客观赋权介绍了变异系数法、熵权法、主成分分析法和基尼系数法；主客观组合赋权介绍了加法合成法、乘法合成法、级差最大化组合赋权法。每一种赋权方法都有其各自的优缺点，目前学术界使用较多的有层次分析法(AHP)、熵权法和主成分分析法。

第四章 绿色低碳循环发展评价指标体系及权数的构建

第一节 指标的筛选

一、相关研究中的评价指标体系回顾

国内关于绿色、低碳、循环经济的评价指标体系不少，这里有选择性地给出几种：

（一）关于绿色经济评价的指标体系

北京师范大学经济与资源管理研究院课题组（2017）构建了2016年中国省际绿色发展指数指标体系，由3个一级指标、9个二级指标及62个三级指标构成，见表4－1。

表4－1 中国省际绿色发展指数指标体系

一级指标	二级指标	三级指标	
经济增长绿化度	绿色增长效率指标	1. 人均地区生产总值	6. 单位地区生产总值化学需氧量排放量
		2. 单位地区生产总值	7. 单位地区生产总值氮氧化物排放量
		3. 非化石能源占能源消费的比重	8. 单位地区生产总值氨氮排放量
		4. 单位地区生产总值二氧化碳排放量	9. 技术市场成交额占GDP的比重
		5. 单位地区生产总值二氧化硫排放量	10. 人均城镇生活消费用电
	第一产业指标	11. 第一产业劳动生产率	13. 节灌率
		12. 土地产出率	14. 有效灌溉面积占耕地面积比重

续表

一级指标	二级指标	三级指标	
经济增长绿化度	第二产业指标	15. 第二产业劳动生产率	18. 工业固体废物综合利用率
		16. 单位工业增加值水耗	19. 工业用水重复利用率
		17. 规模以上工业增加值能耗	20. 六大高载能行业产值占工业产值比重
	第三产业	21. 第三产业劳动生产率	23. 第三产业从业人员比重
		22. 第三产业增加值比重	
资源环境承载潜力	资源丰裕与生态保护指标	24. 人均水资源量	27. 自然保护区面积占辖区面积比重
		25. 人均森林面积	28. 湿地面积占国土面积比重
		26. 森林覆盖率	29. 人均活立木总蓄积量
	环境压力与气候变化指标	30. 单位土地面积二氧化碳排放量	37. 人均氮氧化物排放量
		31. 人均二氧化碳排放量	38. 单位土地面积氨氮排放量
		32. 单位土地面积二氧化硫排放量	39. 人均氨氮排放量
		33. 人均二氧化硫排放量	40. 单位耕地面积化肥施用量
		34. 单位土地面积化学需氧量排放量	41. 单位耕地面积农药使用量
		35. 人均化学需氧量排放量	42. 人均公路交通氮氧化物排放量
		36. 单位土地面积氮氧化物排放量	
政府政策支持度	绿色投资指标	43. 环境保护支出占财政支出比重	46. 单位耕地面积退耕还林投资完成额
		44. 环境污染治理投资占 GDP 比重	47. 科教文卫支出占财政支出比重
		45. 农村人均改水、改厕的政府投资	
	基础设施指标	48. 城市人均绿地面积	53. 人均城市公共交通运营线路网长度
		49. 城市用水普及率	54. 农村累计改水受益人口占农村人口比重
		50. 城市污水处理率	55. 人均互联网宽带接入端口
		51. 城市生活垃圾无害化处理率	56. 建成区绿化覆盖率
		52. 城市每万人拥有公交车辆	
	环境治理指标	57. 人均当年新增造林面积	60. 工业氮氧化物去除率
		58. 工业二氧化硫去除率	61. 工业废水氨氮去除率
		59. 工业废水化学需氧量去除率	62. 突发环境事件次数

资料来源：北京师范大学经济与资源管理研究院、西南财经大学发展研究院、国家统计局中国经济景气监测中心．2016 中国绿色发展指数报告——区域比较［M］．北京：北京师范大学出版集团，2017.

该指标体系涉及指标较多，较为全面，但有的指标间可能存在矛盾，比如，在“环境压力与气候变化”二级指标下的第30和31个指标，对于面积较小而人口集中的省份，“单位土地面积二氧化碳排放量”较多，而“人均二氧化碳排放量”可能相对较少，出现矛盾。

（二）关于低碳经济评价的指标体系

刘嵘等（2011）构建了包括社会、经济、环境和技术4个层次的低碳经济评价指标体系，见表4－2。

表4－2　刘嵘等低碳经济评价指标体系

一级指标	二级指标	三级指标
社会发展指标	社会发展水平	年城镇人均可支配收入增长率
		年农村人均可支配收入增长率
		城镇人口失业率
		城市居民家庭恩格尔系数
	生活进步指标	机动车总量
		公路运输旅客周转量
		公路运输货物周转量
		户均年碳排放量
经济发展指标	经济结构指标	第一产业产值GDP比重
		第二产业产值GDP比重
		第三产业产值GDP比重
		旅游产值占GDP比重
	经济效益指标	GDP
		人均GDP增长率
		万元投资回报率
环境发展指标	能源利用指标	工业能源消费比重
		居民消费能源比重
	环境治理指标	植被覆盖率
		人均公共绿地面积
	污染物排放指标	二氧化碳排放量
		农药使用减少率
		化肥使用减少率
		万元工业产值二氧化碳排放量

续表

一级指标	二级指标	三级指标
技术发展指标	能源技术指标	低碳技术研发经费占 GDP 比重
		再生能源及新能源技术投入
		清洁煤高效利用技术投入
		高性能电力存储技术投入
		智能节能技术投入
	其他技术指标	重污染行业清洁生产技术投入
		生态产品设计技术投入
		二氧化碳捕获与埋存技术投入
		新型动力汽车相关技术投入

资料来源：刘嵘，徐征，李悦．低碳经济评价指标体系及实证研究［J］．经济论坛，2011（5）：37－41.

在低碳评价的研究中，关于城市的评价较多，准则层一般包括：经济发展、社会发展、资源环境、技术进步这几项，只是指标层各不相同，指标数量差距较大，少则十几个，多则五、六十个指标。

（三）关于循环经济评价的指标体系

刘云忠（2011）构造了包括物质投入、物质排放、物质循环利用、经济社会发展、生态环境 5 个层面的循环经济指标体系，见表 4－3。

表 4－3　刘云忠循环经济评价指标体系

目标层	系统层	控制层	指标层
循环经济评价指标体系	物质投入	资源投入总量	直接物质投入
			物质总投入
		资源利用效率	GDP/直接物质投入
			GDP/物质总投入
			万元 GDP 能耗
			万元 GDP 水耗
			万元 GDP 电耗

续表

目标层	系统层	控制层	指标层
循环经济评价指标体系	物质排放	物质排放总量	国内直接物质排放
			国内总排放
		物质排放强度	国内直接物质排放/GDP
			国内总排放/GDP
			二氧化碳排放强度
			二氧化硫排放强度
	物质循环利用	物质平均使用周期	物质平均使用周期
		资源循环利用总量	再生利用物质总量
		资源循环利用比率	工业固体废弃物处置利用率
			工业用水循环使用率
			工业废气综合利用率
			“三废”综合利用产值占 GDP 比重
	经济社会发展	经济发展	人均 GDP
			第三产业比重
			年人均财政收入
			高新技术产业产值
		社会发展	科技、教育经费占 GDP 比重
			高等教育入学率
			城市化水平
			环境保护宣传教育普及率
			基尼系数
			社会基本保险覆盖率
	生态环境	生态环境治理	森林覆盖率
			城镇人均公共绿地面积
			噪声达标区覆盖率
			空气污染指数
		生态环境管理	环保投资占 GDP 比重
			城镇生活污水集中处理率
			城镇生活垃圾无害化处理率
			清洁能源利用率

资料来源：刘云忠．中国循环经济评价体系构建及实证分析［J］．统计与信息论坛，2011，26（9）：34－40.

二、评价指标体系构建

评价指标的选择合理与否，直接影响评价结果的准确性。一套科学合理的指标体系，必须遵循目的性、客观性、全面性、独立性、可比性、可操作性的原则。在借鉴国内外相关研究的基础上，考虑指标的可获得性等方面，这里构建了包括4个准则层、10个子准则层共38个指标的评价指标体系，见表4-4。准则层包括经济社会发展水平（*XE*）、绿色发展水平（*XG*）、低碳发展水平（*XL*）、循环发展水平（*XC*）4个方面，能够全面反映我国各地区的绿色低碳循环发展水平。

表4-4　绿色低碳循环发展评价指标体系

目标	准则层	子准则层	指标层	指标类型
绿色低碳循环发展评价指标体系	经济社会发展水平 XE	经济发展 XE_1	人均 GDP（元）XE_{11}	正向
			第三产业比重（%）XE_{12}	正向
			人均财政收入（元）XE_{13}	正向
			人均 R&D 经费（元）XE_{14}	正向
		社会发展 XE_2	城镇居民人均可支配收入（元）XE_{21}	正向
			农村居民人均收入（元）XE_{22}	正向
			医疗卫生机构床位数（张）XE_{23}	正向
			人均拥有公共图书馆藏量（册）XE_{24}	正向
			私人汽车拥有量（万辆）XE_{25}	正向
			城镇登记失业率（%）XE_{26}	逆向
	绿色发展水平 XG	能源消费 XG_1	单位 GDP 能耗（万吨/亿元）XG_{11}	逆向
			人均能耗（吨/人）XG_{12}	逆向
			人均煤炭消费量（吨/人）XG_{13}	逆向
		生态环境 XG_2	森林覆盖率（%）XG_{21}	正向
			人均水资源量（立方米/人）XG_{22}	正向
			人均草原面积（公顷/人）XG_{23}	正向
			人均森林面积（公顷/人）XG_{24}	正向
		生态保护 XG_3	城市绿地面积（公顷）XG_{31}	正向
			造林总面积（公顷）XG_{32}	正向
			自然保护区个数（个）XG_{33}	正向

续表

目标	准则层	子准则层	指标层	指标类型
绿色低碳循环发展评价指标体系	低碳发展水平 XL	二氧化碳排放 XL_1	人均二氧化碳排放（吨/人）XL_{11}	逆向
			二氧化碳排放强度（万吨/亿元）XL_{12}	逆向
			工业二氧化碳排放比重（%）XL_{13}	逆向
			二氧化碳排放增长率（%）XL_{14}	逆向
		环境污染 XL_2	废水排放量（万吨）XL_{21}	逆向
			二氧化硫排放量（万吨）XL_{22}	逆向
			烟（粉）尘排放量（万吨）XL_{23}	逆向
			一般工业固体废物产生量（万吨）XL_{24}	逆向
		环境治理 XL_3	工业污染治理完成投资（万元）XL_{31}	正向
			城市生活垃圾清运量（万吨）XL_{32}	正向
			城市建成区绿化覆盖率（%）XL_{33}	正向
			节能环保支出（亿元）XL_{34}	正向
	循环发展水平 XC	循环利用 XC_1	一般工业固体废物综合利用量（万吨）XC_{11}	正向
			危险废物综合利用量（万吨）XC_{12}	正向
			工业用水重复利用率（%）XC_{13}	正向
		循环能力 XC_2	城市污水日处理能力（万立方米）XC_{21}	正向
			城市生活垃圾无害化处理能力（吨/日）XC_{22}	正向
			城市生活垃圾无害化处理率（%）XC_{23}	正向

第二节　数据处理

一、数据说明

这里选择了我国 2010—2015 年的 30 个地区数据（由于西藏数据缺失较多，故本书分析不包括西藏），指标数据来自历年《中国统计年鉴》《中国能源统计年鉴》《中国环境统计年鉴》及统计局网站。由于统计年鉴数据发生了一些变化，2010—2012 年 XE_{22} 为“农村居民人均纯收入”，2013—2015 年该指标改为“农村居民人均可支配收入”；上海 2012—2015 年缺失的“工业用水重复利用率”由 2005—2010 年平均发展速度推算得到；海南 2013 年危险废物综合利用量为 2012 和 2014 年的平均数。各地区 2010 年“危险废物综合利用量”缺失，由下式推算：

XC_{12} = 一般工业固体废物综合利用量 ÷ 一般工业固体废物产生量 × 危险废物产生量　　(4.1)

由于能源活动是最主要的二氧化碳排放源，1994 年我国能源活动的二氧化碳排放量在全国二氧化碳排放总量中占 90.95%。因此，这里的碳排放数据主要计算与能源活动有关的二氧化碳排放。由于目前我国尚未公布二氧化碳排放数据，相关研究多数是采用一定方法进行估算，最主流的计算方法有一次能源消费法和终端能源消费法。一次能源消费法首先将各行业的一次能源（煤炭、石油、天然气）消费实物量折算成标准煤，然后再乘以一次能源的二氧化碳排放系数①，将其折算为二氧化碳排放量，其不包括二次能源消费产生的二氧化碳排放量；终端能源消费法是基于能源平衡表终端能源消费量来估算终端的二氧化碳排放量，计算时先将终端能源消费实物量折算成标准煤，然后再乘以碳排放系数（通常采用联合国政府间气候变化专门委员会（IPCC）提供的 2006《国家温室气体排放清单指南》中的碳排放系数），从而得到二氧化碳排放量，其不包括在加工转换过程中能源投入产生的二氧化碳排放量，故上述两种方法在计算二氧化碳时均存在一定程度的低估。我们在计算时以终端能源消费法计算公式 (4.2) 为基础，具体计算时对数据进行修正。

$$C = \sum_i \sum_j E_{ij} \cdot \alpha_j \cdot \beta_j \cdot (44/12) \tag{4.2}$$

式中，C 为某地区二氧化碳排放总量；下标 i 代表行业（$i=1, 2, \cdots\cdots 6$，分别代表农业、工业、建筑业、交通运输仓储和邮政业、批发零售和住宿餐饮业、其他行业）；下标 j 代表能源种类（分别为煤炭、焦炭、原油等，各年能源统计年鉴中能源种类的分类不尽一致）；E_{ij} 为 i 行业消耗 j 种能源的实物量；α_j 为 j 种能源的折标准煤系数，β_j 为 j 种能源的碳排放系数，44/12 为碳转化为二氧化碳的折算系数。

数据方面，若直接利用“地区能源平衡表”中分行业的终端能源消费

---

①　目前有多家研究机构对一次能源的碳排放系数进行了公布，如美国能源信息署（EIA）、日本能源经济研究所、中国国家发改委能源研究所等。

数据作为 E_{ij}，不考虑能源加工转换过程中的投入量，则会造成对工业部门二氧化碳排放量的低估。① 故在历年“地区能源平衡表”分行业终端能源消费数据的基础上，将能源加工转换过程中火力发电、供热等的能源投入计入工业部门，得到历年各地区分行业各类能源消费实物量数据。利用《中国能源统计年鉴》中的折标准煤系数将其折算为标准煤。关于碳排放系数，鉴于各种能源在不同年份碳排放系数变化率较小以及测度碳排放系数的技术困难，这里假定每一种燃料都是充分燃烧的，故其碳排放系数是不变的，采用 IPCC（2006）提供的《国家温室气体排放清单指南》中的碳排放系数（见表 4－5）。

表 4－5　IPCC 提供的碳排放系数

单位：万吨碳/万吨标准煤

能源	系数	能源	系数	能源	系数	能源	系数
原煤	0.7559	原油	0.5857	燃料油	0.6185	焦炉煤气	0.3548
洗精煤	0.7559	汽油	0.5538	其他石油制品	0.5857	炼厂干气	0.4602
焦炭	0.8550	煤油	0.5714	液化石油气	0.5042	其他煤气	0.3548
其他焦化产品	0.6449	柴油	0.5921	天然气	0.4483	水电、核电	0.0

资料来源：IPCC：2006《国家温室气体排放清单指南》

二、指标一致化及去量纲

因为指标有正、逆之分，正指标是指标值越大越好，如第三产业比重、森林覆盖率、工业污染治理完成投资等。逆指标则是指标值越小越好，如二氧化碳排放强度、单位 GDP 能耗、一般工业固体废物产生量等。因此，在评价之前，需要首先对指标进行一致化处理，将逆指标转换成正指标（38 个指标的正逆性见表 4－4）。然后，还要对指标进行去量纲化处理，常用方法有标准化法、功效系数法及极值处理法。在这里，正向指标采用极值法去量纲，公式如下：

$$X_{ij}^{*} = \frac{X_{ij} - \min\limits_{1\leqslant j\leqslant n}(X_{ij})}{\max\limits_{1\leqslant j\leqslant n}(X_{ij}) - \min\limits_{1\leqslant j\leqslant n}(X_{ij})} \tag{4.3}$$

① 终端能源消费中热力、电力的消耗不计算碳排放，但实际用煤供热或发电时有大量碳排放，应将此计入工业部门。

式中，X_{ij}为第j个评价对象第i个指标的值，n为被评价对象的个数（$n=1, 2, \cdots, 30$）。以正向指标人均GDP为例，2010年30个地区人均GDP的最大值为76074.49元，最小值为13119.0元，北京市2010年的人均GDP为75943元，将上述3个数据代入式（4.3）即可得到北京市2010年的人均GDP得分为：(75943 − 13119.0) ÷ (76074.49 − 13119.0) = 0.9979。

同理，对各地区2010—2015年其他正向指标均按式（4.3）计算相应得分。

对极值法稍做改进，逆向指标采用如下公式同时进行一致化和去量纲处理：

$$X_{ij}^* = \frac{\max\limits_{1 \leq j \leq n}(X_{ij}) - X_{ij}}{\max\limits_{1 \leq j \leq n}(X_{ij}) - \min\limits_{1 \leq j \leq n}(X_{ij})} \tag{4.4}$$

以逆向指标单位GDP能耗为例，2010年30个地区单位GDP能耗的最大值为2.1786万吨/亿元，最小值为0.4927万吨/亿元，北京市2010年的单位GDP能耗为0.4927万吨/亿元，将上述3个数据代入式（4.4）即可得到北京市2010年的单位GDP能耗得分为：(2.1786 − 0.4927) ÷ (2.1786 − 0.4927) = 1。

同理，对各地区2010—2015年其他逆向指标均按式（4.4）计算相应得分。

第三节　主观权数的计算及结果

权重的确定是综合评价中的一个重要环节，我们将采用主观、客观和组合赋权三种方法分别对地区绿色低碳循环发展进行评价，并就评价结果进行比较。本节介绍主观赋权方法及结果。我们选择了主观赋权中常用的层次分析法（AHP）构权，在充分听取专家意见的基础上，本节选择5/5 − 9/1标度，对评价指标共构建了15个判断矩阵。

一、准则层对目标层的权数计算

首先，根据专家意见，对4个准则层的重要程度排序，如下：

绿色发展水平 = 低碳发展水平 ≥ 循环发展水平 ≥ 经济社会发展水平

然后对 4 个准则层两两比较构造判断矩阵 A_1，见表 4－6。

表 4－6　4 个准则层对目标层的判断矩阵 A_1

	XE	XG	XL	XC
XE	1	4/6	4/6	1
XG	6/4	1	1	5.5/4.5
XL	6/4	1	1	5.5/4.5
XC	1	4.5/5.5	4.5/5.5	1

利用 Matlab 软件计算出矩阵的最大特征值为 4.0052，将其代入一致性指标 CI 的计算公式：

$$CI = \frac{\lambda_{\max} - n}{n-1} = \frac{4.0052 - 4}{4-1} = 0.0017$$

进一步计算一致性比率 $CR = CI/RI$，因为不同标度值下的 RI 是有差异的，因此，与本书 5/5－9/1 标度相对应，这里选择郭鹏等（1995）基于 5/5～9/1标度值之下的 RI（4 阶矩阵对应值为 0.2598）。得到 $CR = CI/RI = 0.0065$，小于 0.1，故认为该判断矩阵具有可接受的不一致性，即矩阵的一致性较好。

判断矩阵通过一致性检验后，即可求解权数 w，方法有很多，这里采用较为简单且常用的几何平均法。由式（3.13）和（3.14）计算得到 4 个准则层的权数，分别为 0.2017、0.2874、0.2874、0.2234，符合上面重要程度的排序，将各权数列入表 4－19 中。

二、子准则层对准则层的权数计算

（一）经济社会发展水平准则下子准则层权数的计算

根据专家意见，认为经济发展水平的重要程度高于社会发展水平，简化起见，这里设经济发展水平权数为 0.6，社会发展水平权数为 0.4。

（二）绿色发展水平准则下子准则层权数的计算

首先，根据专家意见，对 3 个子准则层的重要程度排序，如下：

能源消费≥生态环境≥生态保护

然后，对3个子准则层两两比较构造判断矩阵A_2，见表4－7。

表4－7　绿色发展水平子准则层判断矩阵A_2

	XG_1	XG_2	XG_3
XG_1	1	7/3	3
XG_2	3/7	1	6/4
XG_3	1/3	4/6	1

利用Matlab软件计算出矩阵的最大特征值为3.0026，将其代入一致性指标CI的计算公式：

$$CI=\frac{\lambda_{\max}-n}{n-1}=\frac{3.0026-3}{3-1}=0.0013$$

进一步计算一致性比率$CR=CI/RI=0.0077$（3阶矩阵对应的RI值为0.1690），小于0.1，故认为该判断矩阵具有可接受的不一致性，即矩阵的一致性较好。

最后，采用几何平均法由式（3.13）和（3.14）计算得到3个准则层的权数分别为0.5657、0.2552、0.1791，符合上面重要程度的排序，将各权数列入表4－19中。

（三）低碳发展水平准则下子准则层权数的计算

首先，根据专家意见，对3个子准则层的重要程度排序，如下：

二氧化碳排放≥环境污染≥环境治理

然后，对3个子准则层两两比较构造判断矩阵A_3，见表4－8。

表4－8　低碳发展水平子准则层判断矩阵A_3

	XL_1	XL_2	XL_3
XL_1	1	4	8.5/1.5
XL_2	1/4	1	7/3
XL_3	1.5/8.5	3/7	1

利用Matlab软件计算出矩阵的最大特征值为3.0277，将其代入一致性指标CI的计算公式：

$$CI=\frac{\lambda_{\max}-n}{n-1}=\frac{3.0277-3}{3-1}=0.01385$$

进一步，计算一致性比率 $CR=CI/RI=0.0820$，小于0.1，故认为该判断矩阵具有可接受的不一致性，即矩阵的一致性较好。

最后，采用几何平均法由式（3.13）和（3.14）计算得到3个准则层的权数分别为0.6922、0.2044、0.1034，符合上面重要程度的排序，将各权数列入表4－19中。

（四）循环发展水平准则下子准则层权数的计算

根据专家意见，认为循环利用和循环能力的重要程度相同，故两者的权数均为0.5。

三、指标层对子准则层的权数计算

（一）经济发展子准则下各指标权数的计算

首先，根据专家意见，对4个指标的重要程度排序，如下：

人均GDP＝第三产业比重≥人均财政收入≥人均R&D经费

然后，对4个指标两两比较构造判断矩阵 A_4，见表4－9。

表4－9　经济发展指标层判断矩阵 A_4

	XE_{11}	XE_{12}	XE_{13}	XE_{14}
XE_{11}	1	1	6/4	7/3
XE_{12}	1	1	6/4	7/3
XE_{13}	4/6	4/6	1	6/4
XE_{14}	3/7	3/7	4/6	1

利用Matlab软件计算出矩阵的最大特征值为4.0002，将其代入一致性指标 CI 的计算公式：

$$CI=\frac{\lambda_{\max}-n}{n-1}=\frac{4.0002-4}{4-1}=0.000067$$

进一步，计算一致性比率 $CR=CI/RI=0.00026$，小于0.1，故认为该判断矩阵具有可接受的不一致性，即矩阵的一致性较好。

最后，采用几何平均法由式（3.13）和（3.14）计算得到4个指标的权数分别为0.3233、0.3233、0.2136、0.1398，符合上面重要程度的排序，将各权数列入表4-19中。

（二）社会发展子准则下各指标权数的计算

首先，根据专家意见，对6个指标的重要程度排序，如下：

城镇居民人均可支配收入≥农村居民人均可支配收入≥私人汽车拥有量≥城镇登记失业率≥医疗卫生机构床位数≥人均拥有公共图书馆藏量

然后，对6个指标两两比较构造判断矩阵 A_5，见表4-10。

表4-10　社会发展指标层判断矩阵 A_5

	XE_{21}	XE_{22}	XE_{23}	XE_{24}	XE_{25}	XE_{26}
XE_{21}	1	6.5/3.5	6/4	7/3	6.5/3.5	6/4
XE_{22}	3.5/6.5	1	6/4	7/3	6/4	6/4
XE_{23}	4/6	4/6	1	6.5/3.5	4/6	3.5/6.5
XE_{24}	3/7	3/7	3.5/6.5	1	4/6	4/6
XE_{25}	3.5/6.5	4/6	6/4	6/4	1	6.5/3.5
XE_{26}	4/6	4/6	6.5/3.5	6/4	3.5/6.5	1

利用Matlab软件计算出矩阵的最大特征值为6.1681，将其代入一致性指标 CI 的计算公式：

$$CI=\frac{\lambda_{\max}-n}{n-1}=\frac{6.1681-6}{6-1}=0.0336$$

进一步，计算一致性比率 $CR=CI/RI=0.0910$（6阶矩阵对应的 RI 值为0.3694），小于0.1，故认为该判断矩阵具有可接受的不一致性，即矩阵的一致性较好。

最后，采用几何平均法由式（3.13）和（3.14）计算得到6个指标的权数分别为0.2522、0.1980、0.1454、0.0924、0.1665、0.1454，基本符合上面重要程度的排序，将各权数列入表4-19中。

（三）能源消费子准则下各指标权数的计算

首先，根据专家意见，对3个指标的重要程度排序，如下：

单位GDP能耗≥人均煤炭消费量≥人均能耗

然后，对 3 个指标两两比较构造判断矩阵 A_6，见表 4－11。

表 4－11　能源消费指标层判断矩阵 A_6

	XG_{11}	XG_{12}	XG_{13}
XG_{11}	1	7/3	6/4
XG_{12}	3/7	1	3.5/6.5
XG_{13}	4/6	6.5/3.5	1

利用 Matlab 软件计算出矩阵的最大特征值为 3.0035，将其代入一致性指标 CI 的计算公式：

$$CI = \frac{\lambda_{max} - n}{n - 1} = \frac{3.0035 - 3}{3 - 1} = 0.00175$$

进一步，计算一致性比率 $CR = CI/RI = 0.0104$，小于 0.1，故认为该判断矩阵具有可接受的不一致性，即矩阵的一致性较好。

最后，采用几何平均法由式（3.13）和（3.14）计算得到 3 个指标的权数分别为 0.4737、0.1914、0.3350，符合上面重要程度的排序，将各权数列入表 4－19 中。

（四）生态环境子准则下各指标权数的计算

首先，根据专家意见，对 4 个指标的重要程度排序，如下：

森林覆盖率≥人均森林面积≥人均草原面积≥人均水资源量

然后，对 4 个指标两两比较构造判断矩阵 A_7，见表 4－12。

表 4－12　生态环境指标层判断矩阵 A_7

	XG_{21}	XG_{22}	XG_{23}	XG_{24}
XG_{21}	1	7/3	6.5/3.5	5.5/4.5
XG_{22}	3/7	1	4/6	3.5/6.5
XG_{23}	3.5/6.5	6/4	1	4/6
XG_{24}	4.5/5.5	6.5/3.5	6/4	1

利用 Matlab 软件计算出矩阵的最大特征值为 4.0043，将其代入一致性指标 CI 的计算公式：

$$CI = \frac{\lambda_{max} - n}{n - 1} = \frac{4.0043 - 4}{4 - 1} = 0.0014$$

进一步，计算一致性比率 $CR=CI/RI=0.0055$，小于0.1，故认为该判断矩阵具有可接受的不一致性，即矩阵的一致性较好。

最后，采用几何平均法由式（3.13）和（3.14）计算得到4个指标的权数分别为0.3588、0.1481、0.2026、0.2906，符合上面重要程度的排序，将各权数列入表4－19中。

（五）生态保护子准则下各指标权数的计算

首先，根据专家意见，对3个指标的重要程度排序，如下：

造林总面积≥城市绿地面积≥自然保护区个数

然后，对3个指标两两比较构造判断矩阵 A_8，见表4－13。

表4－13 生态保护指标层判断矩阵 A_8

	XG_{31}	XG_{32}	XG_{33}
XG_{31}	1	4/6	7/3
XG_{32}	6/4	1	4
XG_{33}	3/7	1/4	1

利用Matlab软件计算出矩阵的最大特征值为3.002，将其代入一致性指标 CI 的计算公式：

$$CI=\frac{\lambda_{max}-n}{n-1}=\frac{3.002-3}{3-1}=0.001$$

进一步，计算一致性比率 $CR=CI/RI=0.0059$，小于0.1，故认为该判断矩阵具有可接受的不一致性，即矩阵的一致性较好。

最后，采用几何平均法由式（3.13）和（3.14）计算得到3个指标的权数分别为0.3358、0.5266、0.1376，符合上面重要程度的排序，将各权数列入表4－19中。

（六）二氧化碳排放子准则下各指标权数的计算

首先，根据专家意见，对4个指标的重要程度排序，如下：

二氧化碳排放强度≥人均二氧化碳排放≥二氧化碳排放增长率≥工业二氧化碳排放比重

然后，对4个指标两两比较构造判断矩阵 A_9，见表4－14。

表 4-14　二氧化碳排放指标层判断矩阵 A_9

	XL_{11}	XL_{12}	XL_{13}	XL_{14}
XL_{11}	1	4/6	7/3	6.5/3.5
XL_{12}	6/4	1	3	7/3
XL_{13}	3/7	1/3	1	5.5/4.5
XL_{14}	3.5/6.5	3/7	4.5/5.5	1

利用 Matlab 软件计算出矩阵的最大特征值为 4.0278，将其代入一致性指标 CI 的计算公式：

$$CI=\frac{\lambda_{max}-n}{n-1}=\frac{4.0278-4}{4-1}=0.0093$$

进一步，计算一致性比率 $CR=CI/RI=0.0358$，小于 0.1，故认为该判断矩阵具有可接受的不一致性，即矩阵的一致性较好。

最后，采用几何平均法由式（3.13）和（3.14）计算得到 4 个指标的权数分别为 0.2957、0.4082、0.1466、0.1495，符合上面重要程度的排序，将各权数列入表 4-19 中。

（七）环境污染子准则下各指标权数的计算

首先，根据专家意见，对 4 个指标的重要程度排序，如下：

二氧化硫排放量≥废水排放量≥烟（粉）尘排放量≥一般工业固体废物产生量

然后，对 4 个指标两两比较构造判断矩阵 A_{10}，见表 4-15。

表 4-15　环境污染指标层判断矩阵 A_{10}

	XL_{21}	XL_{22}	XL_{23}	XL_{24}
XL_{21}	1	3/7	6/4	6.5/3.5
XL_{22}	7/3	1	3	4
XL_{23}	4/6	1/3	1	6/4
XL_{24}	3.5/6.5	1/4	4/6	1

利用 Matlab 软件计算出矩阵的最大特征值为 4.0051，将其代入一致性指标 CI 的计算公式：

$$CI=\frac{\lambda_{max}-n}{n-1}=\frac{4.0051-4}{4-1}=0.0017$$

进一步，计算一致性比率 $CR = CI/RI = 0.0065$，小于0.1，故认为该判断矩阵具有可接受的不一致性，即矩阵的一致性较好。

最后，采用几何平均法由式（3.13）和（3.14）计算得到4个指标的权数分别为0.2247、0.4944、0.1633、0.1176，符合上面重要程度的排序，将各权数列入表4－19中。

（八）环境治理子准则下各指标权数的计算

首先，根据专家意见，对4个指标的重要程度排序，如下：

工业污染治理完成投资≥节能环保支出≥城市建成区绿化覆盖率≥城市生活垃圾清运量

然后，对4个指标两两比较构造判断矩阵 A_{11}，见表4－16。

表4－16　环境治理指标层判断矩阵 A_{11}

	XL_{31}	XL_{32}	XL_{33}	XL_{34}
XL_{31}	1	3/7	6/4	6.5/3.5
XL_{32}	7/3	1	3	4
XL_{33}	4/6	1/3	1	6/4
XL_{34}	3.5/6.5	1/4	4/6	1

利用Matlab软件计算出矩阵的最大特征值为4.0177，将其代入一致性指标 CI 的计算公式：

$$CI = \frac{\lambda_{\max} - n}{n - 1} = \frac{4.0177 - 4}{4 - 1} = 0.0059$$

进一步，计算一致性比率 $CR = CI/RI = 0.0227$，小于0.1，故认为该判断矩阵具有可接受的不一致性，即矩阵的一致性较好。

最后，采用几何平均法由式（3.13）和（3.14）计算得到4个指标的权数分别为0.4376、0.0978、0.1525、0.3122，符合上面重要程度的排序，将各权数列入表4－19中。

（九）循环利用子准则下各指标权数的计算

首先，根据专家意见，对3个指标的重要程度排序，如下：

工业用水重复利用率≥一般工业固体废物综合利用量≥危险废物综合利用量

然后，对 3 个指标两两比较构造判断矩阵 A_{12}，见表 4－17。

表 4－17 循环利用指标层判断矩阵 A_{12}

	XC_{11}	XC_{12}	XC_{13}
XC_{11}	1	7/3	4/6
XC_{12}	3/7	1	1/3
XC_{13}	6/4	3	1

利用 Matlab 软件计算出矩阵的最大特征值为 3.0026，将其代入一致性指标 CI 的计算公式：

$$CI=\frac{\lambda_{\max}-n}{n-1}=\frac{3.0026-3}{3-1}=0.0013$$

进一步，计算一致性比率 $CR=CI/RI=0.0077$，小于 0.1，故认为该判断矩阵具有可接受的不一致性，即矩阵的一致性较好。

最后，采用几何平均法由式（3.13）和（3.14）计算得到 3 个指标的权数分别为 0.3477、0.1569、0.4954，符合上面重要程度的排序，将各权数列入表 4－19 中。

（十）循环能力子准则下各指标权数的计算

首先，根据专家意见，对 3 个指标的重要程度排序，如下：

城市污水日处理能力≥城市生活垃圾无害化处理率≥城市生活垃圾无害化处理能力

然后，对 3 个指标两两比较构造判断矩阵 A_{13}，见表 4－18。

表 4－18 循环利用指标层判断矩阵 A_{13}

	XC_{11}	XC_{12}	XC_{13}
XC_{11}	1	7/3	4/6
XC_{12}	3/7	1	1/3
XC_{13}	6/4	3	1

利用 Matlab 软件计算出矩阵的最大特征值为 3.0045，将其代入一致性指标 CI 的计算公式：

$$CI=\frac{\lambda_{\max}-n}{n-1}=\frac{3.0045-3}{3-1}=0.00225$$

进一步，计算一致性比率 $CR = CI/RI = 0.0133$，小于0.1，故认为该判断矩阵具有可接受的不一致性，即矩阵的一致性较好。

最后，采用几何平均法由式（3.13）和（3.14）计算得到3个指标的权数分别为0.4003、0.3501、0.2496，符合上面重要程度的排序，将各权数列入表4－19中。

表4－19　各层指标权数（主观赋权）

目标	准则层	子准则层	指标层
绿色低碳循环发展评价指标体系	XE（0.2017）	XE_1（0.6）	XE_{11}（0.3233）
			XE_{12}（0.3233）
			XE_{13}（0.2136）
			XE_{14}（0.1398）
		XE_2（0.4）	XE_{21}（0.2522）
			XE_{22}（0.1980）
			XE_{23}（0.1454）
			XE_{24}（0.0924）
			XE_{25}（0.1665）
			XE_{26}（0.1454）
	XG（0.2874）	XG_1（0.5657）	XG_{11}（0.4737）
			XG_{12}（0.1914）
			XG_{13}（0.3350）
		XG_2（0.2552）	XG_{21}（0.3588）
			XG_{22}（0.1481）
			XG_{23}（0.2026）
			XG_{24}（0.2906）
		XG_3（0.1791）	XG_{31}（0.3358）
			XG_{32}（0.5266）
			XG_{33}（0.1376）
	XL（0.2874）	XL_1（0.6922）	XL_{11}（0.2957）
			XL_{12}（0.4082）
			XL_{13}（0.1466）
			XL_{14}（0.1495）

续表

目标	准则层	子准则层	指标层
绿色低碳循环发展评价指标体系	XL（0.2874）	XL_2（0.2044）	XL_{21}（0.2247）
			XL_{22}（0.4944）
			XL_{23}（0.1633）
			XL_{24}（0.1176）
		XL_3（0.1034）	XL_{31}（0.4376）
			XL_{32}（0.0978）
			XL_{33}（0.1525）
			XL_{34}（0.3122）
	XC（0.2234）	XC_1（0.5）	XC_{11}（0.3477）
			XC_{12}（0.1569）
			XC_{13}（0.4954）
		XC_2（0.5）	XC_{21}（0.4003）
			XC_{22}（0.2496）
			XC_{23}（0.3501）

四、指标权数分析

由表4－19可以看出，在四个准则层中，首先是绿色发展水平和低碳发展水平对于评价各地区绿色低碳循环经济发展水平具有同等重要性，且高于其他两个准则层，权数均为28.74%。其次是循环经济发展水平较为重要，权数为22.34%，最后是经济社会发展水平，权数为20.17%。四个准则层间虽有差异，但差异不大。

从各个子准则层来看：经济和社会发展两个子准则层的权数分别为60%和40%，当前阶段经济发展的重要程度仍然高于社会发展；在绿色发展中，能源消费最为重要，其权数最高，为56.57%。其次是生态环境，重要程度不及能源消费的一半，为25.52%。生态保护的权数最低，仅有17.91%；在低碳发展中，二氧化碳排放的重要程度远远高于其余两者，其权数达到了69.22%。环境污染的重要程度远远小于二氧化碳排放，权数为20.44%，而环境治理仅占了10.34%。在循环发展中，循环利用和循环能力的重要程度相同，各占50%。

从各个指标层来看：

（1）在经济发展子准则层中，人均GDP和第三产业比重的重要程度相同，权数为32.33%，人均R&D经费最不受重视，权数仅为13.98%。

（2）在社会发展子准则层中，城镇人均可支配收入最能体现地区差距，其权数为25.22%。其次是农村居民人均可支配收入，权数为19.80%。人均拥有公共图书馆藏量的重要程度最低，权数为9.24%。

（3）在能源消费子准则层中，单位GDP能耗最为重要，权数为47.37%，接近50%。其次是人均煤炭消费量，权数为33.50%。人均能耗的重要性最低，权数为19.14%。

（4）在生态环境子准则层中，森林覆盖率最为重要，权数为35.88%。其次是人均森林面积和人均草原面积，人均水资源量的重要程度最低，权数仅为14.81%。

（5）在生态保护子准则层中，植树造林是生态保护的最好方法。所以，在三个指标中，造林总面积最为重要，权数高达52.66%。城市绿地面积居中，权数为33.58%。自然保护区个数权数最小，为13.76%。

（6）在二氧化碳排放子准则层中，最能体现地区低碳发展的是二氧化碳排放强度，其权数为40.82%。其次是人均二氧化碳排放，权数为29.57%。二氧化碳排放增长率和工业二氧化碳排放比重的重要程度大致相同，分别占14.95%和14.66%。

（7）在环境污染子准则层中，废气对环境污染最为严重，其重要程度最高，二氧化硫排放量的权数为49.44%。其次是废水排放量，权数为22.47%。一般工业固体废物产生量的重要性最低，权数为11.76%。

（8）在环境治理子准则层中，工业污染治理完成投资最为重要，权数为43.76%。其次是节能环保支出，权数为31.22%。城市建成区绿化覆盖率的重要性较之于节能环保支出降低一半，权数为15.25%。最后是城市生活垃圾清运量，权数仅有9.78%。

（9）在循环利用子准则层中，工业用水重复利用率的重要程度最高，权数为49.54%。一般工业固体废物综合利用量和危险废物综合利用量的权数分别为34.77%和15.69%。

（10）在循环能力子准则层中，城市污水日处理能力的重要程度最高，权数为40.03%。城市生活垃圾无害化处理率和城市生活垃圾无害化处理能力的权数分别为35.01%和24.96%，三者的权重差距不是很大。

第四节　客观权数的确定及结果

本节介绍客观赋权方法及结果。本着指标值差异越大的指标越重要的原则，我们选择了客观赋权中的变异系数法。因为在指标的量纲及数值大小等不同的情况下，不宜直接采用标准差来衡量指标间的差异程度，而应该采用变异系数这一相对指标，其客观权数的计算公式如下：

$$w_i = \frac{v_i}{\sum_{i=1}^{n} v_i} \tag{4.5}$$

一、指标层权数的计算结果

首先，计算2010—2015年每年38个指标的标准差和均值，然后由标准差除以均值得到各指标的变异系数，再根据式（4.5）计算得到每年各指标的权数，最后将2010—2015年各指标的平均权数作为最终统一的指标层权数，计算结果见表4-20。

表4-20　各年指标层权数的计算结果

指标层	2010	2011	2012	2013	2014	2015	平均
人均GDP（元）XE_{11}	0.2069	0.1931	0.2011	0.2071	0.2116	0.1951	0.2025
第三产业比重（%）XE_{12}	0.1895	0.2194	0.2260	0.2325	0.2429	0.2502	0.2267
人均财政收入（元）XE_{13}	0.3425	0.3070	0.2913	0.2849	0.2804	0.2972	0.3006
人均R&D经费（元）XE_{14}	0.2611	0.2805	0.2816	0.2755	0.2651	0.2574	0.2702
合计	1	1	1	1	1	1	1
城镇居民人均可支配收入（元）XE_{21}	0.1690	0.1731	0.1787	0.2141	0.2217	0.2253	0.1970
农村居民人均收入（元）XE_{22}	0.1576	0.1544	0.1563	0.1443	0.1464	0.1487	0.1513
医疗卫生机构床位数（张）XE_{23}	0.1159	0.1257	0.1319	0.1276	0.1298	0.1292	0.1267
人均拥有公共图书馆藏量（册）XE_{24}	0.2602	0.2530	0.2293	0.2451	0.2389	0.2356	0.2437

续表

指标层	2010	2011	2012	2013	2014	2015	平均
私人汽车拥有量（万辆）XE_{25}	0.1560	0.1637	0.1675	0.1600	0.1612	0.1588	0.1612
城镇登记失业率（%）XE_{26}	0.1413	0.1301	0.1362	0.1089	0.1019	0.1025	0.1201
合计	1	1	1	1	1	1	1
单位 GDP 能耗（万吨/亿元）XG_{11}	0.3637	0.3658	0.3751	0.3462	0.3490	0.3516	0.3586
人均能耗（吨/人）XG_{12}	0.3559	0.3570	0.3550	0.3783	0.3783	0.3617	0.3644
人均煤炭消费量（吨/人）XG_{13}	0.2804	0.2772	0.2699	0.2754	0.2727	0.2866	0.2770
合计	1	1	1	1	1	1	1
森林覆盖率（%）XG_{21}	0.1225	0.1173	0.1182	0.1174	0.1140	0.1179	0.1179
人均水资源量（立方米/人）XG_{22}	0.2077	0.2421	0.2365	0.2075	0.2310	0.2040	0.2215
人均草原面积（公顷/人）XG_{23}	0.4690	0.4484	0.4514	0.4720	0.4578	0.4736	0.4620
人均森林面积（公顷/人）XG_{24}	0.2008	0.1922	0.1939	0.2031	0.1973	0.2045	0.1986
合计	1	1	1	1	1	1	1
城市绿地面积（公顷）XG_{31}	0.3911	0.3798	0.3582	0.3731	0.3798	0.3820	0.3773
造林总面积（公顷）XG_{32}	0.2856	0.2890	0.3137	0.2872	0.2690	0.2617	0.2844
自然保护区个数（个）XG_{33}	0.3232	0.3312	0.3281	0.3396	0.3512	0.3563	0.3383
合计	1	1	1	1	1	1	1
人均二氧化碳排放（吨/人）XL_{11}	0.2097	0.2025	0.1971	0.1846	0.1689	0.1770	0.1899
二氧化碳排放强度（万吨/亿元）XL_{12}	0.1749	0.1888	0.1704	0.1581	0.1410	0.1861	0.1699
工业二氧化碳排放比重（%）XL_{13}	0.3881	0.3956	0.3741	0.4845	0.4280	0.4829	0.4255
二氧化碳排放增长率（%）XL_{14}	0.2273	0.2132	0.2584	0.1728	0.2621	0.1540	0.2146
合计	1	1	1	1	1	1	1
废水排放量（万吨）XL_{21}	0.2360	0.2291	0.2203	0.2175	0.2101	0.2026	0.2193
二氧化硫排放量（万吨）XL_{22}	0.3147	0.3057	0.3007	0.3128	0.3062	0.2790	0.3032
烟（粉）尘排放量（万吨）XL_{23}	0.2756	0.2508	0.2668	0.2507	0.2559	0.2481	0.2580
一般工业固体废物产生量（万吨）XL_{24}	0.1737	0.2144	0.2121	0.2190	0.2278	0.2702	0.2195
合计	1	1	1	1	1	1	1
工业污染治理完成投资（万元）XL_{31}	0.2954	0.3160	0.3311	0.2838	0.3511	0.3041	0.3136
城市生活垃圾清运量（万吨）XL_{32}	0.3117	0.2985	0.2951	0.2930	0.2857	0.3097	0.2990
城市建成区绿化覆盖率（%）XL_{33}	0.1552	0.1372	0.1528	0.1769	0.1518	0.1449	0.1531
节能环保支出（亿元）XL_{34}	0.2378	0.2482	0.2210	0.2463	0.2114	0.2414	0.2343
合计	1	1	1	1	1	1	1

续表

指标层	2010	2011	2012	2013	2014	2015	平均
一般工业固体废物综合利用量（万吨）XC_{11}	0.3161	0.2489	0.2374	0.2859	0.2750	0.2885	0.2753
危险废物综合利用量（万吨）XC_{12}	0.5428	0.6412	0.6466	0.5779	0.6065	0.5881	0.6005
工业用水重复利用率（%）XC_{13}	0.1411	0.1098	0.1160	0.1362	0.1185	0.1234	0.1242
合计	1	1	1	1	1	1	1
城市污水日处理能力（万立方米）XC_{21}	0.4419	0.4190	0.4286	0.4328	0.4108	0.4296	0.4271
城市生活垃圾无害化处理能力（吨/日）XC_{22}	0.3723	0.3996	0.4026	0.4210	0.4290	0.4291	0.4089
城市生活垃圾无害化处理率（%）XC_{23}	0.1859	0.1813	0.1688	0.1462	0.1602	0.1413	0.1640
合计	1	1	1	1	1	1	1

从表4-20中可以看出，指标在各年的权数各不相同，有的甚至差异较大。且与AHP主观构权的结果相比，也存在较大差距。

1. 在经济发展子准则层中，第三产业比重的权数呈现上升趋势，其他三个指标的权数起伏不大。从2010—2015年的平均权数来看，人均财政收入的权重最高，为0.3006，表明各地区人均财政收入的差异程度最大。人均GDP的权重最小，为0.2025，即相对来说，各地区的人均GDP差异较小。而在层次分析法赋权中，认为该指标非常重要，其权数为0.3233。人均R&D经费和第三产业比重的权数分别为0.2702和0.2267。

2. 在社会发展子准则层中，城镇居民人均可支配收入的权数自2010—2015年呈现上升态势，而人均拥有公共图书馆藏量、城镇登记失业率的权数则略有下降，其余几个指标权数的变化不大。从各年平均值来看，人均拥有公共图书馆藏量的权数最高，为0.2437，而这一指标在主观AHP赋权中的权数最小，仅有0.0924，两者相差较大。在主观赋权中权数最高的城镇居民人均可支配收入，在这里的客观赋权中的权数排在第二位，为0.1970。城镇登记失业率的权数最低（0.1201），表明该指标在各地区间的相对差异最小。

3. 在能源消费子准则层中，各指标各年的权数变化不大。从2010—2015年的平均权数来看，人均能耗的权数最大，为0.3644，这一结果又恰巧与主观赋权的结果相反，在层次分析法赋权中，该指标的权数最小，为0.1914。单位GDP能耗的权数0.3586低于层次分析法赋权的0.4737。可见，主、客观赋权的权数差异较大。

4. 在生态环境子准则层中，各指标各年的权数变化不太大。从2010—2015年的平均权数来看，人均草原面积的权数最大，为0.4620，比最低的森林覆盖率的权数0.1179高30多个百分点。同时发现，客观赋权中权数最低的森林覆盖率在主观赋权中的权数最高，表明依据客观数据的变异程度来进行重要程度的度量与专家意愿之间常常存在较大差距。

5. 在生态保护子准则层中，各指标各年的权数变化不太大。从2010—2015年的平均权数来看，城市绿地面积的权重最高，为0.3773，其次是自然保护区个数（权数为0.3383）和造林总面积（权数为0.2844）。其中，造林总面积在变异系数赋权中的权数最小，而在主观AHP赋权中的权数则最大。

6. 在二氧化碳排放子准则层中，工业二氧化碳排放比重的权数自2010年的0.3881上升到2015年的0.4829，而二氧化碳排放增长率的权数则由2010年的0.2273下降到2015年的0.1540，其余两个指标的权数变化不大。从2010—2015年的平均权数来看，工业二氧化碳排放比重的权数最大，为0.4255，而这一指标在主观AHP赋权中的权数恰恰最小，仅有0.1466。在主观AHP赋权中认为最为重要的二氧化碳排放强度（主观权重0.4082），通过变异系数法计算的客观权重反而最小，为0.1699。主观、客观权重的大小顺序发生了完全性地颠倒。

7. 在环境污染子准则层中，一般工业固体废物产生量的权数由2010年的0.1737上升到2015年的0.2702，表明地区之间的差异程度在不断扩大。其余指标的权数变化幅度不是太大。从2010—2015年的平均权数来看，二氧化硫排放量的权数最大，为0.3032，这一指标在主观AHP赋权方法下的权数也是最大的，但其数值大小有一定差异，主观权重为0.4944，高于客观权重。其余三个指标的权数相差不大。

8. 在环境治理子准则层中，各指标各年的权数变化不大。从2010—2015年的平均权数来看，工业污染治理完成投资的权数最大，为0.3136，在主观AHP赋权方法下，这一指标也是最为重要，其权数为0.4376，高于客观权数十个百分点以上。城市建成区绿化覆盖率的权数最小，为0.1531。从表4-20和4-19可以看出，主观赋权方法下的权数差异程度明显高于客观权数，受人为因素影响较大。

9. 在循环利用子准则层中，各指标各年的权数变化也不是太大。从2010—2015年的平均权数来看，危险废物综合利用量的权数最大，为0.6005，而这一指标在主观AHP赋权方法下的权数则最小，仅有0.1569，两者相差悬殊。工业用水重复利用率的权数最小，仅有0.1242，但这一指标在主观AHP赋权方法下的权数则为最大。

10. 在循环能力子准则层中，各指标各年的权数变化也不是特别大。从2010—2015年的平均权数来看，城市污水日处理能力的权数最大，为0.4271，这一结果和主观AHP赋权方法下的权数趋于一致。城市生活垃圾无害化处理率的权数最小，仅有0.1640，和主观AHP赋权方法下的权数0.3501有一定差距。

二、子准则层权数的计算结果

利用指标数值及上面计算的各年指标权数，可以加权平均得到10个子准则层的各年得分，再计算2010—2015年每年10个子准则层的标准差和均值，然后由标准差除以均值得到各子准则层的变异系数，再根据式(4.5)计算得到每年各子准则层的权数，最后将2010—2015年各子准则层的平均权数作为最终统一的子准则层权数，计算结果见表4-21。

表4-21 各年子准则层权数的计算结果

子准则层	2010	2011	2012	2013	2014	2015	平均
经济发展 XE_1	0.5973	0.6150	0.6138	0.6099	0.6210	0.6262	0.6139
社会发展 XE_2	0.4027	0.3850	0.3862	0.3901	0.3790	0.3738	0.3861
合计	1	1	1	1	1	1	1
能源消费 XG_1	0.1597	0.1570	0.1611	0.1742	0.1768	0.1712	0.1667
生态环境 XG_2	0.4847	0.5005	0.4982	0.4847	0.4968	0.4835	0.4914
生态保护 XG_3	0.3557	0.3424	0.3407	0.3411	0.3265	0.3453	0.3420
合计	1	1	1	1	1	1	1
二氧化碳排放 XL_1	0.2708	0.2862	0.2822	0.2770	0.2611	0.2359	0.2689
环境污染 XL_2	0.2856	0.2429	0.2415	0.2444	0.2470	0.2618	0.2539
环境治理 XL_3	0.4436	0.4709	0.4763	0.4786	0.4918	0.5023	0.4773

续表

子准则层	2010	2011	2012	2013	2014	2015	平均
合计	1	1	1	1	1	1	1
循环利用 XC_1	0.5019	0.5452	0.5366	0.5123	0.5305	0.5222	0.5248
循环能力 XC_2	0.4981	0.4548	0.4634	0.4877	0.4695	0.4778	0.4752
合计	1	1	1	1	1	1	1

从表4－21中可以看出，各子准则层的权数在2010—2015年间的变动幅度不是很大。

1. 在经济社会发展水平准则层来看，经济发展子准则层的权数平均为0.6139，社会发展子准则层的权数平均为0.3861，表明地区间经济发展水平的差异程度高于社会发展的差异程度。这一结果与主观AHP赋权法中的权数（经济发展水平权数为0.6，社会发展水平权数为0.4）大体一致。

2. 在绿色发展水平准则层中，生态环境子准则层的平均权数最高，为0.4914，比权数最低的能源消费子准则层（权数0.1667）高30多个百分点。生态保护的平均权数为0.3420。而在主观AHP赋权法中，能源消费最重要，其权数最高为0.5657，与这里的变异系数客观赋权下的结果形成鲜明对比。

3. 在低碳发展水平准则层中，环境治理子准则层的平均权数最高，为0.4773，二氧化碳排放和环境污染的平均权数接近，分别为0.2689和0.2539。这一结果也与主观AHP赋权中的权数存在较大差异，在主观AHP赋权法中，二氧化碳排放最为重要，其权数高达0.6922，而环境治理仅为0.1034。

4. 在循环发展准则层中，循环利用和循环能力的平均权数分别为0.5248和0.4752，与主观AHP赋权法中的基本一致。

三、准则层权数的计算结果

利用各子准则层的各年得分及上面计算的各年指标权数，可以加权平均得到4个准则层的各年得分，再计算2010—2015年每年4个准则层的标准差和均值，然后由标准差除以均值得到各准则层的变异系数，再根据式

(4.5）计算得到每年各准则层的权数，最后将2010—2015年各准则层的平均权数作为最终统一的准则层权数，计算结果见表4－22。

表4－22　各年准则层权数的计算结果

准则层	2010	2011	2012	2013	2014	2015	平均
经济社会发展水平 XE	0.4165	0.4100	0.4041	0.4251	0.4257	0.4204	0.4169
绿色发展水平 XG	0.1920	0.1925	0.1900	0.1929	0.1836	0.1867	0.1896
低碳发展水平 XL	0.1028	0.0989	0.1101	0.1036	0.1018	0.1103	0.1046
循环发展水平 XC	0.2888	0.2987	0.2958	0.2784	0.2890	0.2827	0.2889
合计	1	1	1	1	1	1	1

从表4－22中可以看出，四个准则层的各年权数变化不大，从2010—2015年的平均值来看，经济社会发展水平的权数最大，为0.4169，表明各地区间经济社会发展水平的差异程度远高于其绿色、低碳、循环发展水平。而在主观AHP赋权法中，认为经济社会发展水平在综合评价中的重要程度最低，权数仅为0.2017。循环发展水平的权数处于第二位，为0.2889。在主观AHP赋权中权数最高的绿色、低碳发展水平，其客观权数的均值较低，分别为0.1896和0.1046，表明地区间绿色、低碳发展水平的差异较小。

第七章将采用本节所计算的各个权数的均值作为最终权数，见表4－23。

表4－23　各层指标权数（客观赋权）

目标	准则层	子准则层	指标层
绿色低碳循环发展评价指标体系	XE（0.4169）	XE_1（0.6139）	XE_{11}（0.2025）
			XE_{12}（0.2267）
			XE_{13}（0.3006）
			XE_{14}（0.2702）
		XE_2（0.3861）	XE_{21}（0.1970）
			XE_{22}（0.1513）
			XE_{23}（0.1267）
			XE_{24}（0.2437）
			XE_{25}（0.1612）
			XE_{26}（0.1201）

续表

目标	准则层	子准则层	指标层
绿色低碳循环发展评价指标体系	XG（0.1896）	XG_1（0.1667）	XG_{11}（0.3586）
			XG_{12}（0.3644）
			XG_{13}（0.2770）
		XG_2（0.4914）	XG_{21}（0.1179）
			XG_{22}（0.2215）
			XG_{23}（0.4620）
			XG_{24}（0.1986）
		XG_3（0.3420）	XG_{31}（0.3773）
			XG_{32}（0.2844）
			XG_{33}（0.3383）
	XL（0.1046）	XL_1（0.2689）	XL_{11}（0.1899）
			XL_{12}（0.1699）
			XL_{13}（0.4255）
			XL_{14}（0.2146）
		XL_2（0.2539）	XL_{21}（0.2193）
			XL_{22}（0.3032）
			XL_{23}（0.2580）
			XL_{24}（0.2195）
		XL_3（0.4773）	XL_{31}（0.3136）
			XL_{32}（0.2990）
			XL_{33}（0.1531）
			XL_{34}（0.2343）
	XC（0.2889）	XC_1（0.5248）	XC_{11}（0.2753）
			XC_{12}（0.6005）
			XC_{13}（0.1242）
		XC_2（0.4752）	XC_{21}（0.4271）
			XC_{22}（0.4089）
			XC_{23}（0.1640）

第五节　主客观组合赋权方法及结果

由前两节的主、客观赋权结果可以看出，两者在多数指标层和子准则层中的权数存在显著差异。客观权数完全根据指标数据进行计算，仅能够反映指标的数据信息，而主观权数根据专家意见生成，虽能够体现评价者对指标的重视程度，但又完全忽略了指标的客观事实。因此，为了克服主、客观赋权的缺陷，这里将主观、客观赋权方法组合在一起，形成组合权重，以将主观、客观权数进行折中。

本书的主客观组合权重采用第三章介绍的加法合成法，公式如下：

$$w_j = \sum_{i=1}^{n} b_i a_{ij} \tag{4.6}$$

a_{ij}为第 i 种方法下（这里只有两种方法，即 AHP 层次分析法和变异系数法）的第 j 个指标的权数，b_i 为第 i 种方法的权数的系数。为简化起见，这里两种方法下的系数均取 0.5，即对两种方法下的权数进行简单算数平均，来进行折中。将第三节和第四节中的权数按式（4.6）进行合成后的结果见表 4－24。

表 4－24　各层指标权数（组合赋权）

目标	准则层	子准则层	指标层
绿色低碳循环发展评价指标体系	XE（0.3093）	XE_1（0.6069）	XE_{11}（0.2629）
			XE_{12}（0.2750）
			XE_{13}（0.2571）
			XE_{14}（0.2050）
		XE_2（0.3931）	XE_{21}（0.2246）
			XE_{22}（0.1746）
			XE_{23}（0.1361）
			XE_{24}（0.1681）
			XE_{25}（0.1639）
			XE_{26}（0.1328）

续表

目标	准则层	子准则层	指标层
绿色低碳循环发展评价指标体系	XG（0.2385）	XG_1（0.3662）	XG_{11}（0.4161）
			XG_{12}（0.2779）
			XG_{13}（0.3060）
		XG_2（0.3733）	XG_{21}（0.2383）
			XG_{22}（0.1848）
			XG_{23}（0.3323）
			XG_{24}（0.2446）
		XG_3（0.2605）	XG_{31}（0.3566）
			XG_{32}（0.4055）
			XG_{33}（0.2380）
	XL（0.1960）	XL_1（0.4805）	XL_{11}（0.2428）
			XL_{12}（0.2891）
			XL_{13}（0.2861）
			XL_{14}（0.1821）
		XL_2（0.2291）	XL_{21}（0.2220）
			XL_{22}（0.3988）
			XL_{23}（0.2107）
			XL_{24}（0.1686）
		XL_3（0.2903）	XL_{31}（0.3756）
			XL_{32}（0.1984）
			XL_{33}（0.1528）
			XL_{34}（0.2733）
	XC（0.2562）	XC_1（0.5124）	XC_{11}（0.3115）
			XC_{12}（0.3787）
			XC_{13}（0.3098）
		XC_2（0.4876）	XC_{21}（0.4137）
			XC_{22}（0.3293）
			XC_{23}（0.2571）

第六节　本章小结

在回顾已有相关研究中评价指标体系的基础上，构建了包括 4 个准则层（经济社会发展水平、绿色发展水平、低碳发展水平、循环发展水平），10 个子准则层（经济发展、社会发展、能源消费、生态环境、生态保护、二氧化碳排放、环境污染、环境治理、循环利用、循环能力），共 38 个指标的评价指标体系，以全面反映我国各地区的绿色低碳循环经济发展水平，然后，对指标数据进行了去量纲和一致化处理。

在确定指标权数时，首先，采用主观赋权中常用的层次分析法（AHP）构权。选择 5/5 – 9/1 标度，对评价指标共构建了 15 个判断矩阵，在对其进行一致性检验的基础上，计算了各层的指标权数；然后，采用客观赋权中的变异系数法计算了各年各指标的权数，并对比分析了客观赋权和主观赋权的差异；最后，采用加法合成法对主客观权数进行组合，以克服主客观赋权各自的缺陷。通过指标权重的大小，可以看出各指标在地区间绿色低碳循环发展综合评价中的重要程度。

第五章 主要评价指标的时空分析

第一节　经济社会发展水平主要指标分析

一、地区人均 GDP 比较分析

由表 5－1 和图 5－1 可见，天津人均 GDP 只有在 2010 年低于北京、上海，其余年份均排在全国首位，年均排名位居全国第一，这完全得益于天津这几年飞速的经济增长；北京和上海紧随其后，年均值分别位居全国第 2 和第 3 位，远远超过了排在第 4 位的江苏；浙江、广东、内蒙古、辽宁、广东、福建、山东年均人均 GDP 依次排在第 5—10 位，除内蒙古外，这些地区均为东部发达地区，人均 GDP 较高；吉林排在第 11 位，均值明显低于排在前 10 位的地区；年均值排在最后 10 位的地区分别为：贵州、甘肃、云南、广西、安徽、江西、四川、河南、山西、海南，这些地区经济发展水平较低。排在全国最末位的贵州和排在第 1 位的天津，两者人均 GDP 相差 72667 元，天津人均 GDP 是贵州的 3 倍多。可见，各地区 2010—2015 年经济发展水平差异较大。

从各年地区人均 GDP 极差和变异系数来看，2010—2015 年地区间极差呈逐年递增态势，表明经济发展地区间两极分化较为严重。变异系数各年之间变动幅度不是很大，2010—2014 年逐年下降，2015 年略有上升，表明地区间经济发展水平差异基本不变。

表 5－1　各地区 2010—2015 年人均 GDP　　单位：元

省份	2010	2011	2012	2013	2014	2015	平均	排名
北京	75943	81658	87475	94648	99995	106497	91036	2
天津	72994	85213	93173	100105	105231	107960	94113	1
河北	28668	33969	36584	38909	39984	40255	36395	16
山西	26283	31357	33628	34984	35070	34919	32707	22
内蒙古	47347	57974	63886	67836	71046	71101	63198	6
辽宁	42355	50760	56649	61996	65201	65354	57053	7
吉林	31599	38460	43415	47428	50160	51086	43691	11
黑龙江	27076	32819	35711	37697	39226	39462	35332	17
上海	76074	82560	85373	90993	97370	103796	89361	3
江苏	52840	62290	68347	75354	81874	87995	71450	4
浙江	51711	59249	63374	68805	73002	77644	65631	5
安徽	20888	25659	28792	32001	34425	35997	29627	26
福建	40025	47377	52763	58145	63472	67966	54958	9
江西	21253	26150	28800	31930	34674	36724	29922	25
山东	41106	47335	51768	56885	60879	64168	53690	10
河南	24446	28661	31499	34211	37072	39123	32502	23
湖北	27906	34197	38572	42826	47145	50654	40217	13
湖南	24719	29880	33480	36943	40271	42754	34674	18
广东	44736	50807	54095	58833	63469	67503	56574	8
广西	20219	25326	27952	30741	33090	35190	28753	27
海南	23831	28898	32377	35663	38924	40818	33418	21
重庆	27596	34500	38914	43223	47850	52321	40734	12
四川	21182	26133	29608	32617	35128	36775	30241	24
贵州	13119	16413	19710	23151	26437	29847	21446	30
云南	15752	19265	22195	25322	27264	28806	23101	28
陕西	27133	33464	38564	43117	46929	47626	39472	14
甘肃	16113	19595	21978	24539	26433	26165	22471	29
青海	24115	29522	33181	36875	39671	41252	34103	20
宁夏	26860	33043	36394	39613	41834	43805	36925	15
新疆	25034	30087	33796	37553	40648	40036	34526	19
级差	62955	68800	73463	76954	78798	81795	72667	
变异系数	0.5106	0.4681	0.4471	0.4358	0.4292	0.4345	0.4492	

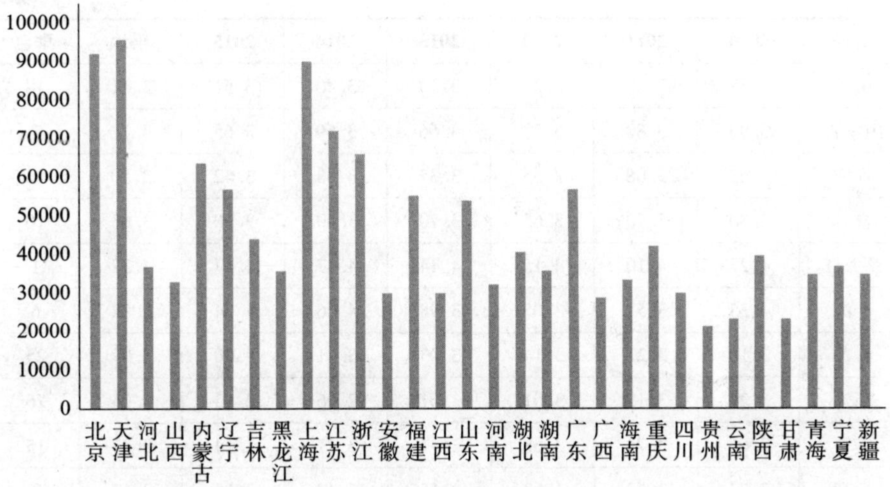

图 5-1 各地区 2010—2015 年人均 GDP 年均值（单位：元）

二、地区城镇登记失业率比较分析

地区城镇登记失业率是一个逆指标，其值越小越好。由表 5-2 可见，北京城镇登记失业率最低，远远低于其他地区，年均只有 1.32%；其次是海南和广东，城镇登记失业率也较低；甘肃虽然经济不发达，但其城镇登记失业率较低；而黑龙江、湖南、宁夏、四川各年城镇登记失业率均超过了 4%，比北京约高出 3 个百分点；云南虽然在 2013—2015 年城镇登记失业率低于 4%，但六年平均来看仍在 4% 以上；其余地区年均城镇登记失业率都在 3%—4% 之间，相对差距不大。

从各年地区城镇登记失业率极差和变异系数来看，2010—2015 年地区间极差均较大，尤其是 2013 年，极差为 3.2300，两极分化也非常严重。但变异系数较人均 GDP 要小很多，表明地区间差异不是很大。

表 5-2 各地区 2010—2015 年城镇登记失业率 （%）

省份	2010	2011	2012	2013	2014	2015	平均	排名
北京	1.37	1.39	1.27	1.21	1.31	1.39	1.32	30
天津	3.60	3.60	3.60	3.60	3.50	3.50	3.57	11
河北	3.86	3.75	3.69	3.68	3.59	3.60	3.70	8

续表

省份	2010	2011	2012	2013	2014	2015	平均	排名
山西	3.58	3.48	3.33	3.13	3.40	3.51	3.41	18
内蒙古	3.90	3.80	3.73	3.66	3.59	3.65	3.72	7
辽宁	3.63	3.68	3.55	3.35	3.38	3.42	3.50	14
吉林	3.80	3.70	3.65	3.70	3.40	3.50	3.63	10
黑龙江	4.27	4.10	4.15	4.44	4.47	4.47	4.32	1
上海	4.35	3.54	3.05	3.98	4.06	4.04	3.84	6
江苏	3.16	3.22	3.14	3.03	3.01	3.00	3.09	25
浙江	3.20	3.12	3.01	3.01	2.96	2.93	3.04	26
安徽	3.66	3.74	3.68	3.41	3.21	3.14	3.47	15
福建	3.77	3.69	3.63	3.55	3.47	3.66	3.63	9
江西	3.31	2.98	3.00	3.17	3.27	3.35	3.18	23
山东	3.36	3.35	3.33	3.24	3.30	3.35	3.32	20
河南	3.38	3.35	3.08	3.09	2.97	2.96	3.14	24
湖北	4.18	4.10	3.83	3.49	3.10	2.64	3.56	12
湖南	4.16	4.21	4.23	4.20	4.14	4.09	4.17	2
广东	2.52	2.46	2.48	2.43	2.44	2.45	2.46	28
广西	3.66	3.46	3.41	3.30	3.15	2.92	3.32	21
海南	3.00	1.73	2.01	2.17	2.26	2.29	2.24	29
重庆	3.90	3.50	3.30	3.40	3.46	3.58	3.52	13
四川	4.14	4.16	4.02	4.11	4.15	4.12	4.12	4
贵州	3.64	3.63	3.29	3.26	3.27	3.29	3.40	19
云南	4.21	4.05	4.03	3.98	3.98	3.96	4.04	5
陕西	3.85	3.59	3.22	3.32	3.34	3.36	3.45	16
甘肃	3.21	3.11	2.68	2.30	2.19	2.14	2.61	27
青海	3.80	3.76	3.37	3.31	3.15	3.17	3.43	17
宁夏	4.35	4.40	4.18	4.06	4.02	4.02	4.17	3
新疆	3.23	3.22	3.39	3.36	3.17	2.86	3.21	22
级差	2.9800	3.0100	2.9600	3.2300	3.1600	3.0800	2.9933	
变异系数	0.1682	0.1903	0.1898	0.1974	0.1961	0.2012	0.1825	

第二节　绿色发展水平主要指标分析

一、地区单位 GDP 能耗比较分析

单位 GDP 能耗也是一个逆指标，其值越小越好。由表 5－3 和图 5－2 可见，宁夏、青海、山西、新疆 4 个地区单位 GDP 能耗非常高，平均都在 1.5 万吨/亿元以上；甘肃、贵州、内蒙古、河北的单位 GDP 能耗也较高，年均都在 1.0 万吨/亿元以上；这些省份多数为内陆能源富裕区域，尤其是山西，充足的煤炭储量决定了其能源消费结构长期以煤炭为主，能源利用效率极低。北京、广东、江苏、浙江、上海、福建等东部发达地区的单位 GDP 能耗很低，能源利用效率较高。单位 GDP 能耗最低的北京比最高的宁夏平均低 1.57 万吨/亿元，差距较大。

从各年地区单位 GDP 能耗极差和变异系数来看，2010—2015 年地区间极差均较大。虽然在 2010—2014 年间极差呈缩小态势，但 2015 年又有所提升，地区间能源利用效率两极分化非常严重。变异系数也相对较高，且呈上升趋势，表明地区间单位 GDP 能耗差异越来越大。

表 5－3　各地区 2010—2015 年单位 GDP 能耗　单位：万吨/亿元

省份	2010	2011	2012	2013	2014	2015	平均	排名
北京	0.49	0.43	0.40	0.34	0.32	0.30	0.38	30
天津	0.74	0.67	0.64	0.55	0.52	0.50	0.60	22
河北	1.35	1.20	1.14	1.05	1.00	0.99	1.12	8
山西	1.83	1.63	1.60	1.57	1.56	1.52	1.62	3
内蒙古	1.44	1.30	1.25	1.05	1.03	1.06	1.19	7
辽宁	1.13	1.02	0.95	0.80	0.76	0.76	0.90	10
吉林	0.96	0.86	0.79	0.67	0.62	0.58	0.75	15
黑龙江	1.08	0.96	0.93	0.82	0.79	0.80	0.90	11
上海	0.65	0.59	0.56	0.53	0.47	0.45	0.54	26
江苏	0.62	0.56	0.53	0.49	0.46	0.43	0.52	28
浙江	0.61	0.55	0.52	0.50	0.47	0.46	0.52	27
安徽	0.79	0.69	0.66	0.61	0.58	0.56	0.65	21

续表

省份	2010	2011	2012	2013	2014	2015	平均	排名
福建	0.67	0.61	0.57	0.51	0.50	0.47	0.55	25
江西	0.67	0.59	0.56	0.53	0.51	0.50	0.56	24
山东	0.89	0.82	0.78	0.65	0.61	0.60	0.72	17
河南	0.93	0.86	0.80	0.68	0.66	0.63	0.76	13
湖北	0.95	0.84	0.79	0.64	0.60	0.56	0.73	16
湖南	0.93	0.82	0.76	0.61	0.57	0.54	0.70	19
广东	0.58	0.54	0.51	0.46	0.44	0.41	0.49	29
广西	0.83	0.73	0.70	0.63	0.61	0.58	0.68	20
海南	0.66	0.63	0.59	0.55	0.52	0.52	0.58	23
重庆	0.99	0.88	0.81	0.64	0.60	0.57	0.75	14
四川	1.04	0.94	0.86	0.73	0.70	0.66	0.82	12
贵州	1.78	1.59	1.44	1.16	1.05	0.95	1.33	5
云南	1.20	1.07	1.01	0.86	0.82	0.76	0.95	9
陕西	0.88	0.78	0.74	0.66	0.63	0.65	0.72	18
甘肃	1.44	1.29	1.24	1.16	1.10	1.11	1.22	6
青海	1.90	1.91	1.86	1.79	1.73	1.71	1.82	2
宁夏	2.18	2.05	1.95	1.86	1.80	1.86	1.95	1
新疆	1.52	1.50	1.58	1.63	1.61	1.68	1.59	4
级差	1.6859	1.6228	1.5472	1.5191	1.4770	1.5585	1.5684	
变异系数	0.4159	0.4370	0.4502	0.4971	0.5117	0.5390	0.4655	

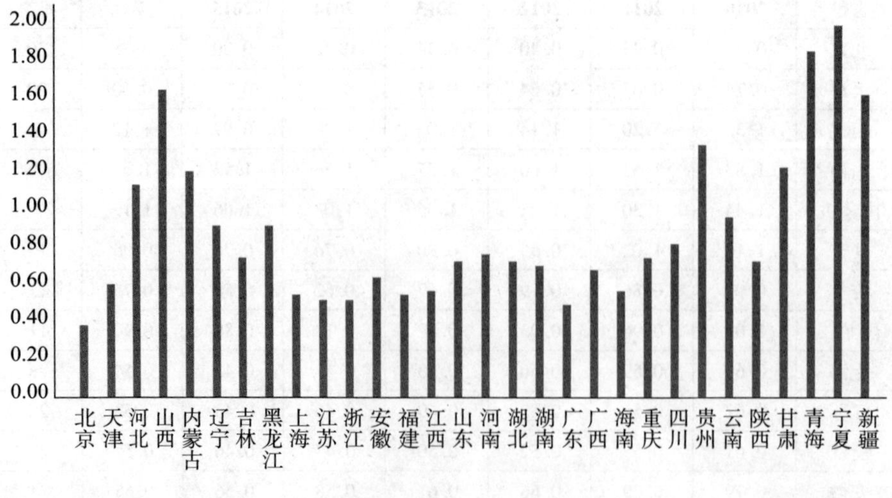

图 5－2　各地区 2010—2015 年单位 GDP 能耗年均值（单位：万吨/亿元）

二、地区森林覆盖率比较分析

由表5-4和图5-3可见，地区间森林覆盖率的差异也非常大。福建森林覆盖率最高，各年均在60%以上，生态环境很好；江西、浙江紧随其后，分别排在第2位、第3位，两者相差不大；广西、海南的森林覆盖率也较高，各年均在50%以上。排在第6位—第10位的分别是：广东、云南、湖南、黑龙江、吉林；而新疆、青海、天津森林覆盖率则非常低，各年均在10%以下，与福建相差50多个百分点。此外，上海、甘肃、宁夏、江苏等地区的森林覆盖率也较低。

从各年地区森林覆盖率极差和变异系数来看，2010—2015年地区间极差均在60%左右，两极分化极为严重。各年变异系数均在0.5以上，表明地区间差距较大。这一方面与各地区的自然地理位置有关，另一方面也与政府对生态环境的重视程度有关。

表5-4　各地区2010—2015年森林覆盖率　　(%)

省份	2010	2011	2012	2013	2014	2015	平均	排名
北京	31.72	31.72	31.72	35.84	35.84	35.84	33.78	17
天津	8.24	8.24	8.24	9.87	9.87	9.87	9.06	28
河北	22.29	22.29	22.29	23.41	23.41	23.41	22.85	19
山西	14.12	14.12	14.12	18.03	18.03	18.03	16.08	23
内蒙古	20.00	20.00	20.00	21.03	21.03	21.03	20.52	21
辽宁	35.13	35.13	35.13	38.24	38.24	38.24	36.69	12
吉林	38.93	38.93	38.93	40.38	40.38	40.38	39.66	10
黑龙江	42.39	42.39	42.39	43.16	43.16	43.16	42.78	9
上海	9.41	9.41	9.41	10.74	10.74	10.74	10.08	27
江苏	10.48	10.48	10.48	15.80	15.80	15.80	13.14	24
浙江	57.41	57.41	57.41	59.07	59.07	59.07	58.24	3
安徽	26.06	26.06	26.06	27.53	27.53	27.53	26.80	18
福建	63.10	63.10	63.10	65.95	65.95	65.95	64.53	1
江西	58.32	58.32	58.32	60.01	60.01	60.01	59.17	2
山东	16.72	16.72	16.72	16.73	16.73	16.73	16.73	22
河南	20.16	20.16	20.16	21.50	21.50	21.50	20.83	20

续表

省份	2010	2011	2012	2013	2014	2015	平均	排名
湖北	31.14	31.14	31.14	38.40	38.40	38.40	34.77	14
湖南	44.76	44.76	44.76	47.77	47.77	47.77	46.27	8
广东	49.44	49.44	49.44	51.26	51.26	51.26	50.35	6
广西	52.71	52.71	52.71	56.51	56.51	56.51	54.61	4
海南	51.98	51.98	51.98	55.38	55.38	55.38	53.68	5
重庆	34.85	34.85	34.85	38.43	38.43	38.43	36.64	13
四川	34.31	34.31	34.31	35.22	35.22	35.22	34.77	15
贵州	31.61	31.61	31.61	37.09	37.09	37.09	34.35	16
云南	47.50	47.50	47.50	50.03	50.03	50.03	48.77	7
陕西	37.26	37.26	37.26	41.42	41.42	41.42	39.34	11
甘肃	10.42	10.42	10.42	11.28	11.28	11.28	10.85	26
青海	4.57	4.57	4.57	5.63	5.63	5.63	5.10	29
宁夏	9.84	9.84	9.84	11.89	11.89	11.89	10.87	25
新疆	4.02	4.02	4.02	4.24	4.24	4.24	4.13	30
级差	59.0800	59.0800	59.0800	61.7100	61.7100	61.7100	60.3950	
变异系数	0.5748	0.5748	0.5748	0.5457	0.5457	0.5457	0.5591	

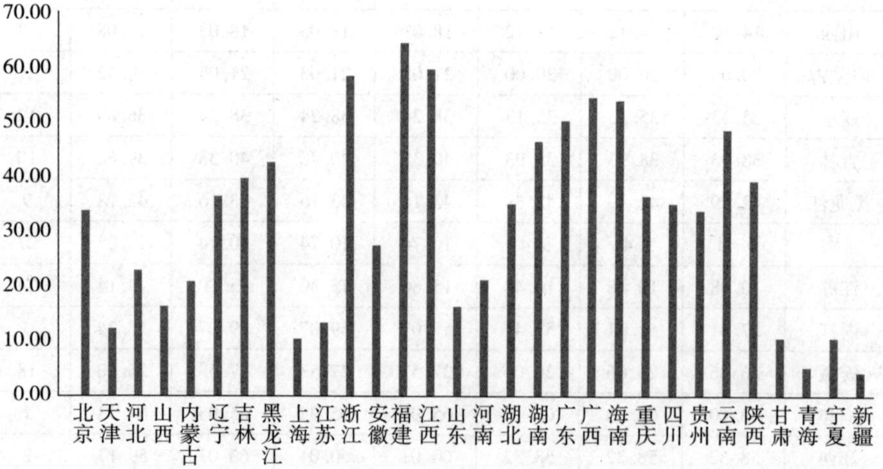

图5-3 各地区2010—2015年森林覆盖率年均值（%）

第三节　低碳发展水平主要指标分析

一、地区碳排放强度比较分析

碳排放强度是一个逆指标，其值越低，表明地区低碳化程度越高。从表5－5可以看出，2010—2014年，作为煤炭大省的山西，其碳排放强度均位列全国之首，只有2015年被宁夏超过；宁夏由于其较高的能源强度，导致其碳排放强度也非常高，各年平均12.04万吨/亿元，仅次于山西；排在第3位的内蒙古，其碳排放强度与前两个地区相差较大，年平均为6.51万吨/亿元，还不到山西的一半；此外，贵州、青海、新疆、河北、黑龙江碳排放强度也较高；而北京、广东、浙江、福建、上海等东部沿海发达地区的碳排放强度较低，尤其是北京，其碳排放强度年平均仅为0.82万吨/亿元，与山西相差很大。

从各年地区碳排放强度极差和变异系数也可以看出，我国地区间碳排放强度差异巨大。2010—2014年，碳排放强度的极差呈现先下降后上升趋势，而变异系数则一直呈现上升态势，表明我国地区间碳排放强度的差异呈扩大趋势。

表5－5　各地区2010—2015年碳排放强度　　单位：万吨/亿元

省份	2010	2011	2012	2013	2014	2015	平均	排名
北京	1.16	0.93	0.85	0.71	0.67	0.61	0.82	30
天津	2.39	2.21	1.96	1.79	1.59	1.50	1.91	22
河北	5.25	4.93	4.66	4.45	4.07	4.04	4.56	7
山西	12.92	11.89	11.81	16.64	16.85	15.92	14.34	1
内蒙古	6.96	7.11	6.58	6.38	6.22	5.84	6.51	3
辽宁	4.40	3.89	3.70	3.29	3.11	3.00	3.57	10
吉林	3.48	3.31	2.92	2.50	2.33	2.08	2.77	15
黑龙江	4.84	4.22	4.14	3.59	3.28	3.15	3.87	8
上海	1.91	1.71	1.61	1.59	1.33	1.29	1.57	26
江苏	1.88	1.80	1.68	1.59	1.45	1.39	1.63	25

续表

省份	2010	2011	2012	2013	2014	2015	平均	排名
浙江	1.70	1.56	1.42	1.33	1.23	1.17	1.40	28
安徽	3.27	2.86	2.70	2.68	2.56	2.40	2.74	16
福建	1.71	1.62	1.44	1.27	1.32	1.19	1.42	27
江西	2.19	1.89	1.73	1.73	1.61	1.55	1.78	23
山东	3.64	3.38	3.21	2.81	2.71	2.70	3.07	12
河南	3.69	3.50	2.96	2.72	2.56	2.35	2.96	14
湖北	2.55	2.36	2.08	1.65	1.53	1.41	1.93	21
湖南	2.15	1.99	1.74	1.55	1.35	1.31	1.68	24
广东	1.47	1.37	1.25	1.13	1.05	1.01	1.21	29
广西	2.00	1.98	1.97	1.78	1.62	2.68	2.00	19
海南	2.79	3.15	2.46	2.43	2.22	3.07	2.69	17
重庆	2.73	2.39	2.01	1.61	1.54	1.38	1.94	20
四川	2.53	2.08	2.07	1.94	1.89	1.62	2.02	18
贵州	6.74	6.06	5.50	5.23	4.52	3.99	5.34	4
云南	4.08	3.47	3.28	2.91	2.32	2.03	3.01	13
陕西	3.93	3.69	3.78	3.97	3.75	1.31	3.41	11
甘肃	4.66	4.34	4.02	3.87	3.61	1.00	3.58	9
青海	3.69	3.97	4.08	4.37	3.43	10.96	5.08	5
宁夏	11.66	11.55	10.56	10.06	9.58	18.82	12.04	2
新疆	5.60	5.52	5.61	5.79	5.82	0.00	4.72	6
级差	11.7637	10.9533	10.9592	15.9283	16.1734	18.8198	13.5154	
变异系数	0.6931	0.7112	0.7331	0.9196	0.9818	1.2864	0.8456	

二、地区工业污染治理完成投资比较分析

从表5-6可以看出，山东省工业污染治理完成投资最多，年均82.63亿元，远远超过排在第2位的江苏（年均43.11亿元）；河北、内蒙古、浙江分别排在全国第3、4、5位，年均值都在40亿元以上；山西、陕西、河南、广东四省年均值在30亿元以上。以上地区多为能源富裕省份或经济发达地区，比较重视环境污染治理。海南工业污染治理完成投资最少，年均仅有3.08亿元，这是因为其主要发展旅游业，工业所占比重较少，相应

工业污染治理完成投资也非常少；青海、北京、重庆也都属于这种情况，排名比较靠后；天津作为直辖市，其工业比重高于北京，故其工业污染治理完成投资也明显高于北京。

从各年地区工业污染治理完成投资级差来看，2010—2014 年呈现递增趋势，2014 年级差达到 136.62 亿元，主要是由于山东在这一年的工业污染治理完成投资远高于其他年份。工业污染治理完成投资的变异系数在 0.8 上下波动，表明各年地区间差异变化不大。

表 5－6　各地区 2010—2015 年工业污染治理完成投资　　单位：亿元

省份	2010	2011	2012	2013	2014	2015	平均	排名
北京	1.93	1.09	3.28	4.28	7.57	10.00	4.69	28
天津	16.47	15.28	12.56	14.84	22.09	24.01	17.54	15
河北	10.86	24.34	23.63	51.18	88.95	54.16	42.19	3
山西	27.96	27.95	32.33	55.56	31.15	27.87	33.80	6
内蒙古	13.24	31.02	18.97	62.67	77.54	43.89	41.22	4
辽宁	14.77	11.60	11.94	27.69	38.22	19.00	20.54	11
吉林	6.34	6.56	5.73	9.37	16.37	12.12	9.41	26
黑龙江	4.95	10.09	3.93	20.70	17.76	19.34	12.79	22
上海	9.41	6.36	11.59	5.21	17.79	21.17	11.92	23
江苏	18.60	31.01	39.01	59.38	48.51	62.17	43.11	2
浙江	11.96	17.84	28.30	57.66	67.59	58.60	40.33	5
安徽	5.89	9.28	12.73	41.32	17.62	17.95	17.47	16
福建	15.33	14.26	23.76	38.40	42.38	44.69	29.80	10
江西	6.38	6.62	3.95	15.52	12.35	14.78	9.93	25
山东	45.68	62.45	67.06	84.35	141.65	94.59	82.63	1
河南	12.51	21.37	14.83	43.97	55.46	33.01	30.19	8
湖北	27.74	9.29	14.90	25.17	26.29	15.80	19.86	12
湖南	13.79	9.70	17.96	23.37	17.34	26.14	18.05	14
广东	31.06	16.64	28.10	32.46	37.86	34.71	30.14	9
广西	9.28	8.62	8.56	18.32	17.89	24.72	14.57	19
海南	0.44	2.75	4.83	3.51	5.62	1.32	3.08	30
重庆	7.75	4.94	3.82	7.89	5.03	5.99	5.90	27
四川	7.16	16.65	11.06	18.84	23.25	11.83	14.80	18

续表

省份	2010	2011	2012	2013	2014	2015	平均	排名
贵州	6.81	13.20	12.47	19.56	18.48	10.70	13.53	21
云南	10.63	13.73	19.73	23.89	24.40	21.59	18.99	13
陕西	33.65	23.72	27.13	41.76	33.45	27.99	31.28	7
甘肃	14.65	10.53	21.10	18.21	17.62	4.05	14.36	20
青海	0.97	2.79	2.19	3.05	7.45	4.93	3.56	29
宁夏	4.09	3.87	6.92	16.55	27.30	10.43	11.53	24
新疆	6.68	10.63	7.91	22.01	31.65	15.83	15.78	17
级差	45.24	61.35	64.88	81.30	136.62	93.28	79.55	
变异系数	0.7940	0.8220	0.8111	0.7118	0.8754	0.7979	0.7448	

第四节　循环发展水平主要指标分析

一、地区工业用水重复利用率比较分析

从表 5－7 可以看出，安徽省工业用水重复利用率最多，年均 95.28%；天津、河北、山西、辽宁、甘肃、广西、河南、山东、宁夏、陕西 10 个地区的工业用水重复利用率年均值也都在 90% 以上；而新疆、重庆、北京、湖南、青海等地区的工业用水重复利用率较低；作为首都的北京，其年均值比毗邻的天津低 60.6%，且其 2015 年的工业用水重复利用率仅有 8.20%；上海、江苏、浙江、广东等发达地区的工业用水重复利用率相对来说不高。

各年地区工业用水重复利用率级差较高，虽然 2010 年达到 91.72%，但其在 2011—2015 年均只有 80% 多。云南、内蒙古、江西、北京、黑龙江、重庆、贵州、海南几个地区各年间数值差异较大，级差均在 20% 以上。尤其是云南，2012 年工业用水重复利用率仅有 28.4%，而 2014 年高为 85.9%。其余地区级差较小，均在 10% 以下。工业用水重复利用率变异系数在 0.3 上下波动，与前述指标相比，相对较低，表明各年地区间工业用水重复利用率差异较小。

表5－7　各地区2010—2015年工业用水重复利用率　（%）

省份	2010	2011	2012	2013	2014	2015	平均	排名
北京	32.48	47	39.1	42.20	38.40	8.20	34.56	28
天津	95.86	96.3	96.7	94.40	93.60	94.10	95.16	2
河北	94.64	93.7	94.3	93.70	92.70	94.00	93.84	3
山西	94.66	94.1	94.4	92.50	90.90	89.40	92.66	4
内蒙古	84.7	40.5	85.3	87.80	85.60	85.70	78.27	17
辽宁	92.37	92.7	92.5	90.30	93.60	94.00	92.58	5
吉林	74.51	78.1	76.7	77.00	77.80	79.10	77.20	20
黑龙江	42.65	76.4	58.5	58.20	59.80	76.00	61.93	25
上海	82.4	82.6	83.01	83.31	83.62	83.93	83.14	16
江苏	79.82	85.6	85.8	86.40	87.80	88.10	85.59	15
浙江	75.49	76.5	77.5	78.40	80.20	80.30	78.07	18
安徽	94	95.6	95.8	95.50	95.00	95.80	95.28	1
福建	80.5	90	86.1	86.80	87.30	87.50	86.37	13
江西	86.76	67.8	91.3	50.10	55.70	57.50	68.19	22
山东	92.1	93.3	92.5	91.00	91.00	90.90	91.80	9
河南	87.09	92.8	93.3	93.50	93.60	94.80	92.52	8
湖北	82.57	85.7	87	87.10	87.30	87.40	86.18	14
湖南	42.48	42.3	35.3	41.90	44.50	43.20	41.61	27
广东	83.64	86.2	90.1	90.10	91.40	92.30	88.96	12
广西	89.19	92.4	93.2	93.20	93.50	93.60	92.52	7
海南	73.17	66.9	81.2	60.30	60.00	60.00	66.93	23
重庆	4.14	30.8	30.8	30.80	30.80	31.10	26.41	29
四川	71.79	80.2	81	81.60	73.50	76.80	77.48	19
贵州	59.34	85	81.8	80.70	77.00	78.20	77.01	21
云南	64.65	82	28.4	38.30	85.90	85.20	64.08	24
陕西	91.06	92.8	91.9	89.40	90.00	90.10	90.88	11
甘肃	87.09	92.2	92.8	94.80	94.60	93.80	92.55	6
青海	44.62	46.8	48.1	48.20	48.20	50.20	47.69	26
宁夏	91.18	91	91.8	91.80	92.10	92.40	91.71	10
新疆	11.96	12.5	11	9.90	10.90	19.10	12.56	30
级差	91.72	83.80	85.70	85.60	84.10	87.60	82.72	
变异系数	0.3390	0.2911	0.3178	0.3148	0.2926	0.3107	0.2947	

二、地区城市生活垃圾无害化处理率比较分析

从表5－8可以看出，地区间城市生活垃圾无害化处理率差异相对较小，且数值较高，年均值在90%以上的有16个地区。重庆各年均值最高，为99.15%，其次是浙江、天津、山东、江苏、福建、北京等发达地区，其城市生活垃圾无害化处理率较高；甘肃年均值最低，为48.41%；此外，黑龙江、吉林年均值也较低，均在50%—60%之间；湖北、新疆、广东等地区虽然排名较为靠后，但其城市生活垃圾无害化处理率的年均值也都在70%以上，与排名第1的重庆差异不是太大。

2010—2015年，地区间城市生活垃圾无害化处理率的级差和变异系数均呈现缩小态势，表明地区间差异在逐渐缩小。且其变异系数非常小，2015年仅为0.0904，是所分析的8个指标中最低的一个。

表5－8　各地区2010—2015年城市生活垃圾无害化处理率　（%）

省份	2010	2011	2012	2013	2014	2015	平均	排名
北京	96.95	98.24	99.12	99.3	99.59	78.75	95.33	8
天津	100	100	99.81	96.8	96.67	92.74	97.67	3
河北	69.82	72.56	81.39	83.28	86.61	96.01	81.61	24
山西	73.58	77.5	80.25	87.9	92.07	97.17	84.75	21
内蒙古	82.8	83.47	91.22	93.55	96.07	97.72	90.81	14
辽宁	70.88	80.45	87.16	87.61	91.59	95.23	85.49	20
吉林	44.51	49.21	45.79	60.85	61.91	84.7	57.83	28
黑龙江	40.36	43.69	47.58	54.41	58.86	78.24	53.86	29
上海	81.86	61.04	83.59	90.58	100	100	86.18	18
江苏	93.58	93.77	95.93	97.36	98.11	100	96.46	5
浙江	98.3	96.43	98.97	99.44	100	99.22	98.73	2
安徽	64.56	86.99	91.14	98.82	99.51	99.55	90.10	16
福建	91.96	94.55	96.42	98.16	97.86	99.19	96.36	6
江西	85.89	88.27	89.05	93.28	93.09	94.46	90.67	15
山东	91.9	92.54	98.06	99.47	100	100	97.00	4
河南	82.59	84.42	86.4	90.04	92.84	95.99	88.71	17
湖北	61.43	61.02	71.51	85.4	90.16	91.51	76.84	27

续表

省份	2010	2011	2012	2013	2014	2015	平均	排名
湖南	78.99	86.35	95.01	96.03	99.7	99.8	92.65	10
广东	72.12	72.12	79.11	84.62	86.38	91.56	80.99	25
广西	91.14	95.49	98	96.44	95.4	98.65	95.85	7
海南	67.97	91.35	99.91	99.9	99.83	99.84	93.13	9
重庆	98.82	99.55	99.28	99.43	99.2	98.6	99.15	1
四川	86.86	88.43	88.29	94.98	95.37	96.79	91.79	11
贵州	90.64	88.56	91.92	92.23	93.26	93.81	91.74	12
云南	88.28	74.13	82.7	87.62	92.47	90.03	85.87	19
陕西	79.84	90.27	88.49	96.44	95.78	98.02	91.47	13
甘肃	37.95	41.7	41.68	42.29	62.6	64.24	48.41	30
青海	67.28	89.46	89.21	77.83	86.27	87.18	82.87	23
宁夏	92.53	66.95	70.64	92.5	93.25	89.92	84.30	22
新疆	70.58	79.48	78.74	78.09	81.87	80.88	78.27	26
级差	62.05	58.30	58.23	57.61	41.14	35.76	50.74	
变异系数	0.2144	0.2000	0.1861	0.1571	0.1235	0.0904	0.1477	

第五节　本章小结

总体来看，2010—2015 年地区间经济发展水平两极分化较为严重，城镇登记失业率地区间差异较小；低碳发展两个评价指标（碳排放强度、工业污染治理完成投资）的变异系数较高，地区间差异较大；绿色发展两个评价指标（单位 GDP 能耗、森林覆盖率）的变异系数也相对较高；而循环发展能力的地区间差异较小。

第六章 基于主观赋权的综合评价结果分析

第一节　各地区绿色低碳循环发展水平综合评价

根据前一章4.2节的指标数据和4.3节的主观权数的计算结果，采用线性加权算术平均方法，计算得到2010—2015年各地区绿色低碳循环经济发展水平的综合得分，计算结果及排名见表6－1。本节将对各地区的综合得分进行空间上的横向对比与时间上的纵向比较。

一、各地区综合得分的空间差异分析

从表6－1来看，广东、北京、上海这些发达地区综合得分远远高于宁夏、山西、新疆等地区。由于各年各地区的得分和排名不尽一致，为了更好地进行地区间的横向比较，我们计算了2010—2015年各地区综合得分的年均值，结果见图6－1。

表6－1　2010—2015年各地区绿色低碳循环发展水平综合得分及排名

省份	2010年		2011年		2012年		2013年		2014年		2015年	
	得分	排名	得分	排名	得分	排名	得分	排名	得分	排名	得分	排名
北京	0.6567	2	0.6721	1	0.6587	2	0.6777	2	0.6612	2	0.6320	4
天津	0.5129	10	0.5379	8	0.5432	8	0.5532	9	0.5508	7	0.5665	8
河北	0.4342	21	0.4399	21	0.4417	21	0.4656	23	0.4747	21	0.4949	21
山西	0.2607	29	0.2869	29	0.2852	29	0.2662	30	0.2741	29	0.3255	29
内蒙古	0.3535	27	0.3335	27	0.3683	26	0.4199	25	0.4102	25	0.4366	25
辽宁	0.4609	19	0.4859	17	0.4881	17	0.5248	14	0.5118	15	0.5153	16
吉林	0.4363	20	0.4339	23	0.4393	22	0.4770	21	0.4597	22	0.4953	20
黑龙江	0.4083	23	0.4397	22	0.4201	23	0.4666	22	0.4511	23	0.4884	23

续表

省份	2010年		2011年		2012年		2013年		2014年		2015年	
	得分	排名	得分	排名	得分	排名	得分	排名	得分	排名	得分	排名
上海	0.6028	3	0.5968	5	0.6122	5	0.6187	5	0.6394	3	0.6385	2
江苏	0.6010	4	0.6152	3	0.6201	4	0.6299	3	0.6264	4	0.6367	3
浙江	0.6009	5	0.6093	4	0.6201	3	0.6267	4	0.6241	5	0.6315	5
安徽	0.4852	16	0.5088	12	0.5045	14	0.5324	12	0.5218	13	0.5402	12
福建	0.5573	6	0.5653	7	0.5772	6	0.5866	7	0.5460	9	0.5784	7
江西	0.5260	8	0.5223	11	0.5360	10	0.5125	17	0.5048	18	0.5175	15
山东	0.5544	7	0.5732	6	0.5712	7	0.5904	6	0.5788	6	0.5850	6
河南	0.4650	18	0.4846	19	0.5010	15	0.5156	16	0.5119	14	0.5214	14
湖北	0.4947	15	0.4958	15	0.5092	13	0.5553	8	0.5446	10	0.5540	9
湖南	0.4970	14	0.5067	13	0.5188	12	0.5403	11	0.5461	8	0.5525	10
广东	0.6629	1	0.6653	2	0.6735	1	0.6806	1	0.6696	1	0.6889	1
广西	0.5259	9	0.5317	9	0.5307	11	0.5487	10	0.5380	11	0.5121	18
海南	0.5082	12	0.4886	16	0.5414	9	0.5262	13	0.5084	17	0.4933	22
重庆	0.4331	22	0.4678	20	0.4851	18	0.5035	18	0.4804	19	0.4986	19
四川	0.5128	11	0.5246	10	0.5006	16	0.5245	15	0.5093	16	0.5426	11
贵州	0.3898	25	0.4047	24	0.4008	24	0.4410	24	0.4426	24	0.4657	24
云南	0.5005	13	0.5060	14	0.4581	20	0.4926	19	0.5340	12	0.5335	13
陕西	0.4723	17	0.4852	18	0.4591	19	0.4831	20	0.4803	20	0.5142	17
甘肃	0.3894	26	0.3931	25	0.3936	25	0.4083	26	0.4091	26	0.4360	26
青海	0.3960	24	0.3743	26	0.3583	27	0.3717	27	0.3969	27	0.3619	27
宁夏	0.2214	30	0.1961	30	0.2149	30	0.2675	29	0.2615	30	0.2071	30
新疆	0.3356	28	0.3260	28	0.2968	28	0.3071	28	0.2831	28	0.3594	28

从图6-1中30个地区2010—2015年平均得分的空间差异上来看，地区间绿色低碳循环经济发展水平差距较大。广东综合得分的年均值最高，为0.6735，其余排在前10的地区依次为：北京、江苏、浙江、上海、山东、福建、天津、广西、湖南。除广西和湖南外，其余均为东部地区，经济等各方面发展水平均较高，处于全国领先水平。综合得分年均值排在第11—20位的依次为湖北、江西、四川、安徽、海南、云南、河南、辽宁、陕西、重庆。除海南外，其余均为中西部地区。综合得分年均值排在第

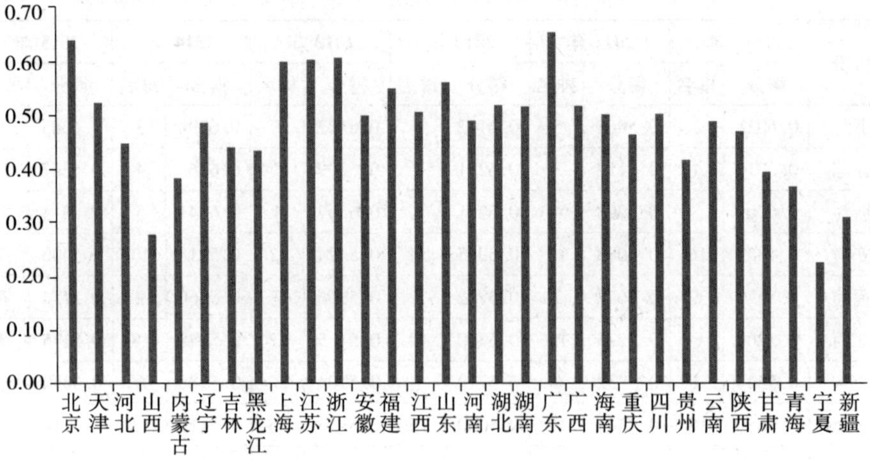

图 6－1　各地区综合得分的年均值（2010—2015）

21—30 位的依次为河北、吉林、黑龙江、贵州、甘肃、内蒙古、青海、新疆、山西、宁夏。可以看出，得分较低的基本都是能源消费大省或西部地区，发展相对落后。宁夏综合得分的年均值最低，仅有 0. 2281，比广东低 0. 4454，约为广东的三分之一，差距较大。这主要是因为宁夏绿色、低碳水平均较低，能源强度从而碳排放强度都明显高于其他地区。山西排名倒数第二，综合得分的年均值为 0. 2831，在预料之中，其较高的煤炭消费量致使其绿色、低碳化水平均较低。

二、各地区综合得分的时间差异分析

（1）从各年排名上来看，2010—2015 年各地区综合得分的排名相对较为稳定。由表 6－1 可见，广东仅在 2011 年排名第二，其余年份均处于领先地位；北京多数年份处于第二位，只有 2015 年水平有所下降，排名第 4；宁夏和山西一直处于最后两名的位置。其余地区排名变动相对较大的有江西（2010 年排名第 8，2014 年名次下降到第 18 位）、广西（2010 年排名第 9，2015 年名次下降到第 18 位）、海南（2012 年排名第 9，2015 年名次下降到第 22 位）。

（2）从各地区综合得分的累计变动幅度（2010—2015 年累计增长率）来看（见图 6－2），有 24 个地区 2015 年综合得分累计增长率为正值，表明其绿色低碳循环经济发展水平较 2010 年有所提高。其中山西 2010—2015 年综合得分的变动幅度最大，累计增长率为 24. 85%，绿色低碳循环发展水平提升较大，有望追赶先进地区。此外，内蒙古、黑龙江、贵州、重庆等地区综合发展水平的上升幅度也较大，有很好的发展潜力。这些地区基本都是能源消耗大省或西部省份，表明随着各项节能减排政策的实施，这些地区的经济发展模式、产业结构等都在逐渐优化。然而，北京、江西、广西、海南、青海、宁夏 6 个地区综合得分出现一定程度的下降，增长率为负值。尤其是作为首都的北京，2015 年得分明显下降，致使名次跌到第 4 位，究其原因，主要是受其循环发展水平下降的影响。

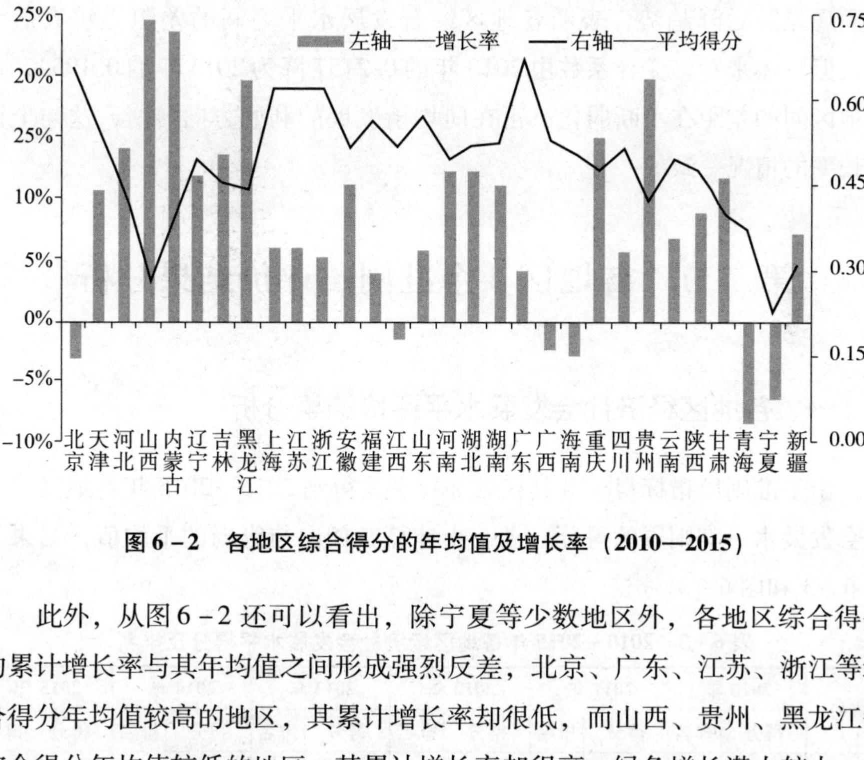

图 6 - 2　各地区综合得分的年均值及增长率（2010—2015）

此外，从图 6 - 2 还可以看出，除宁夏等少数地区外，各地区综合得分的累计增长率与其年均值之间形成强烈反差，北京、广东、江苏、浙江等综合得分年均值较高的地区，其累计增长率却很低，而山西、贵州、黑龙江等综合得分年均值较低的地区，其累计增长率却很高，绿色增长潜力较大。这也是事物发展的基本规律，即高增长下隐含的是低水平，而低增长下对应的是高水平。随着绿色低碳循环发展理念的不断深入，综合发展水平较低的地区通过较高的增长率表现出较强的后发优势，将会逐渐追赶水平较高的地区，从而有利于缩小地区之间的发展差距，实现地区均衡发展。

（3）从全国范围来看，我们计算了各年30个地区综合得分的均值及其变异系数（反映时间和空间上的差距），见表6-2。

表6-2 2010—2015年各地区综合得分均值及变异系数

	2010	2011	2012	2013	2014	2015
均值	0.4752	0.4824	0.4843	0.5038	0.4984	0.5108
变异系数	0.2157	0.2210	0.2234	0.2061	0.2055	0.1954

可以看出，30个地区的平均综合得分由2010年的0.4752上升到2015年的0.5108，表明在资源和环境日益受到重视的近几年，我国绿色低碳循环发展水平不断提升，取得了令人欣慰的成绩。各地区综合得分的变异系数呈现先升后降趋势，表明各地区综合发展水平之间的差距先扩大后缩小，但总体来看，变异系数由2010年的0.2157降为2015年的0.1954，说明地区间的差距在不断弱化，正在向均衡发展的利好方向转变，这与上面增长率的情况一致。

第二节 各地区4个准则层评价结果分析

一、各地区经济社会发展水平评价结果分析

由子准则层指标得分及其权数加权平均得到2010—2015年各地区经济社会发展水平准则层的得分，进一步计算其横向与纵向的平均值，结果见表6-3和图6-3。

表6-3 2010—2015年各地区经济社会发展水平得分及排名

省份	2010年		2011年		2012年		2013年		2014年		2015年	
	得分	排名	得分	排名	得分	排名	得分	排名	得分	排名	得分	排名
北京	0.8297	1	0.8158	1	0.8061	1	0.8108	1	0.8100	1	0.8104	1
天津	0.5721	3	0.5885	3	0.5925	3	0.5839	3	0.5833	3	0.5682	3
河北	0.2144	11	0.2149	11	0.2070	13	0.1950	14	0.1855	16	0.1845	16
山西	0.1852	14	0.1752	19	0.1814	15	0.1801	16	0.1711	17	0.1815	18
内蒙古	0.2605	10	0.2710	10	0.2702	10	0.2720	10	0.2703	10	0.2484	10

续表

省份	2010年		2011年		2012年		2013年		2014年		2015年	
	得分	排名	得分	排名	得分	排名	得分	排名	得分	排名	得分	排名
辽宁	0.3144	8	0.3225	8	0.3252	8	0.3278	8	0.3165	8	0.2849	9
吉林	0.1785	17	0.1826	16	0.1794	16	0.1707	18	0.1611	20	0.1500	22
黑龙江	0.1634	21	0.1608	21	0.1639	21	0.1537	21	0.1519	22	0.1521	21
上海	0.7618	2	0.7621	2	0.7540	2	0.7379	2	0.7511	2	0.7639	2
江苏	0.4790	6	0.5023	5	0.5096	4	0.5161	4	0.5295	4	0.5324	4
浙江	0.4944	4	0.5045	4	0.5041	5	0.5105	5	0.5135	5	0.5207	5
安徽	0.1450	23	0.1418	23	0.1387	24	0.1407	24	0.1409	23	0.1497	23
福建	0.2924	9	0.3013	9	0.3031	9	0.2944	9	0.2924	9	0.2877	8
江西	0.1327	24	0.1406	24	0.1398	23	0.1353	25	0.1304	25	0.1317	24
山东	0.3821	7	0.3897	7	0.3956	7	0.3935	7	0.3930	7	0.3897	7
河南	0.1754	18	0.1787	17	0.1781	18	0.1768	17	0.1960	14	0.1986	14
湖北	0.1892	12	0.1939	14	0.1944	14	0.2106	11	0.2307	11	0.2447	11
湖南	0.1877	13	0.1838	15	0.1787	17	0.1876	15	0.1904	15	0.1958	15
广东	0.4875	5	0.4851	6	0.4775	6	0.4592	6	0.4629	6	0.4653	6
广西	0.1323	25	0.1272	28	0.1239	28	0.1229	28	0.1185	26	0.1143	27
海南	0.1829	16	0.2125	12	0.2142	12	0.2010	13	0.2078	13	0.2028	13
重庆	0.1831	15	0.2057	13	0.2205	11	0.2077	12	0.2275	12	0.2274	12
四川	0.1684	19	0.1644	20	0.1667	20	0.1649	20	0.1678	19	0.1817	17
贵州	0.1237	28	0.1315	27	0.1319	26	0.1249	27	0.1081	28	0.1051	29
云南	0.1272	27	0.1359	25	0.1270	27	0.1254	26	0.1150	27	0.1136	28
陕西	0.1653	20	0.1755	18	0.1759	19	0.1701	19	0.1679	18	0.1683	19
甘肃	0.0901	30	0.0927	29	0.0967	29	0.1021	29	0.1038	29	0.1165	26
青海	0.0969	29	0.0867	30	0.0879	30	0.0865	30	0.0929	30	0.0969	30
宁夏	0.1457	22	0.1489	22	0.1485	22	0.1472	23	0.1385	24	0.1293	25
新疆	0.1273	26	0.1354	26	0.1374	25	0.1477	22	0.1543	21	0.1587	20
均值	0.2663		0.2711		0.2710		0.2686		0.2694		0.2691	
变异系数	0.7141		0.7013		0.6970		0.6997		0.7057		0.7064	

（一）地区间差异比较

为了更好地进行地区间的横向比较，我们将各地区2010—2015年的年均值按高低顺序绘制在图6－3中。可以看出，我国30个地区间经济社会发展水平差距较大。北京各年得分的均值最高，为0.8138，其余排在前10的地区依次为：上海、天津、江苏、浙江、广东、山东、辽宁、福建、内蒙古。除内蒙古外，其余均为东部地区省市，经济社会发展水平处于全国领先水平。北京、上海、天津三个直辖市各年均位列前3名，而同样作为直辖市的重庆则排名比较靠后，得分远远低于北京，处于全国中等水平。得分年均值排在后10位的依次为青海、甘肃、贵州、广西、云南、江西、安徽、宁夏、新疆、黑龙江，均为中西部地区。青海得分的年均值最低，仅有0.0913，远远低于北京，两者相差0.7225分，差距非常悬殊。表明在经济和社会发展方面，我国地区间的发展极不平衡。

从表6－3中各年得分的变异系数大小来看，我国地区间经济社会发展水平差距较大。虽然2010—2012年变异系数呈现一定程度下降，但之后又出现上升，2015年30个地区间的变异系数仍高达0.7064，表明2010—2015年我国地区间经济社会发展水平差异没有明显缩小趋势。可见，要实现我国东西部地区经济社会发展水平的均衡发展，还需要很长一段时间。

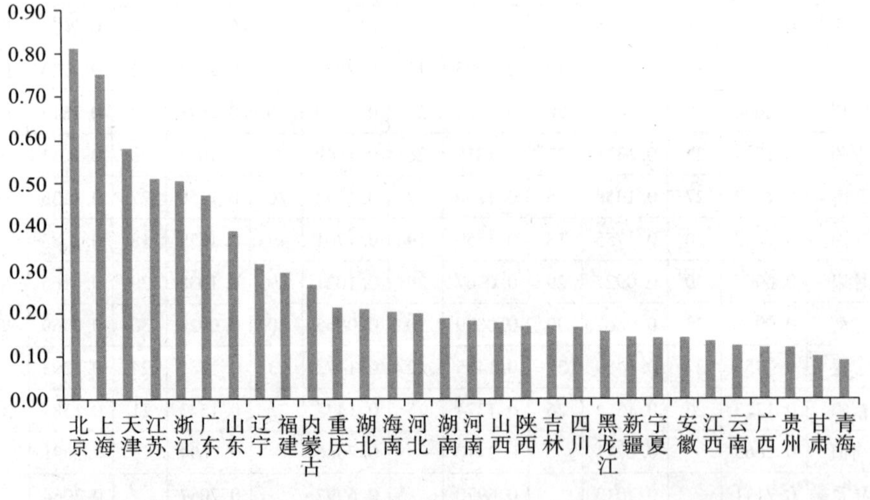

图6－3　各地区经济社会发展水平的年均值（2010—2015）

（二）纵向比较

从各年排名上来看，各地区的名次相对较为稳定，变动不大。由表

6-3可见，北京、上海、天津的经济社会发展水平一直稳居前三名。江苏、浙江紧随其后，并交替变化。其余地区排名变动上下都没有超过10个名次，但是各年得分却发生了不同程度的变化。由图6-4各地区2010—2015年经济社会发展水平得分的累计变动幅度可见，湖北省经济社会发展水平提升最大，累计增长29.29%。其次是甘肃省，其增长率为29.27%，有望追赶东部发达地区。此外，新疆、重庆、河南、江苏、海南、四川等地区的上升幅度也较大，有很好的发展潜力。然而，北京、天津、河北等15个地区的经济社会发展水平变动为负值，即出现不同程度的倒退，这与我国当前所处的发展阶段及经济发展方式转型有直接关系。其中，吉林的下降幅度最大，累计下降15.95%，其次是贵州，累计下降15.00%。此外，河北、广西、宁夏、云南等地区的下降幅度也较大，需要及时采取各项政策进行调整。

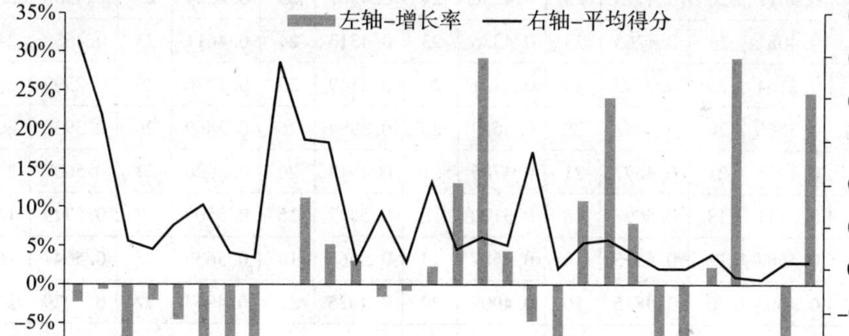

图6-4　各地区经济社会发展水平得分的年均值及增长率（2010—2015）

从图6-4还可以看出，经济社会发展水平得分较高的地区其累计增长率却较低，如北京、天津、上海、广东等，说明这些地区处于经济转型期。而得分较低的地区其累计增长率却有高有低，两者之间没有太大变动规律。

此外，虽然各地区得分有升有降，但从表6-3各年经济社会发展水平的地区均值来看，30个地区的均值在各年间未发生较大变动。2010年30

个地区平均得分最小，为0.2663，2011年最大为0.2711，差距较小，2015年地区平均得分较2010年略有上升，尽管较小，但也反映出我国整体经济社会发展水平仍处于上升态势。

二、各地区绿色发展水平评价结果分析

由于准则层指标得分及其权数加权平均得到2010—2015年各地区绿色发展水平准则层的得分，进一步计算其横向与纵向的平均值，结果见表6－4和图6－5。

表6－4　2010—2015年各地区绿色发展水平得分及排名

省份	2010年		2011年		2012年		2013年		2014年		2015年	
	得分	排名	得分	排名	得分	排名	得分	排名	得分	排名	得分	排名
北京	0.5661	11	0.5841	10	0.5920	9	0.6010	9	0.6016	9	0.6058	10
天津	0.4011	26	0.4175	25	0.4236	24	0.4307	25	0.4384	25	0.4500	25
河北	0.4081	23	0.4265	23	0.4336	23	0.4313	24	0.4611	23	0.4608	24
山西	0.2104	29	0.2493	29	0.2421	29	0.2149	29	0.2276	29	0.2399	29
内蒙古	0.3566	28	0.3648	28	0.3639	26	0.3984	26	0.3869	26	0.3936	26
辽宁	0.4455	21	0.4677	21	0.4785	21	0.4914	20	0.5026	21	0.5007	21
吉林	0.5111	18	0.5097	18	0.5170	18	0.5437	16	0.5509	17	0.5729	14
黑龙江	0.5584	12	0.5575	13	0.5587	13	0.5664	14	0.5636	15	0.5647	15
上海	0.4603	20	0.4815	20	0.4909	20	0.4825	21	0.4963	22	0.4979	22
江苏	0.5253	16	0.5282	16	0.5310	16	0.5297	18	0.5366	18	0.5360	19
浙江	0.5919	8	0.6061	8	0.6166	8	0.6028	8	0.6064	8	0.6111	9
安徽	0.5543	13	0.5625	12	0.5612	11	0.5695	13	0.5783	13	0.5851	13
福建	0.6289	6	0.6462	3	0.6391	5	0.6365	7	0.6242	7	0.6614	6
江西	0.6870	2	0.6783	2	0.6816	2	0.6710	2	0.6703	2	0.6811	2
山东	0.4784	19	0.4949	19	0.4936	19	0.5125	19	0.5234	19	0.5140	20
河南	0.5157	17	0.5199	17	0.5276	17	0.5411	17	0.5549	16	0.5441	18
湖北	0.5350	15	0.5387	15	0.5409	15	0.5857	11	0.5993	10	0.6052	11
湖南	0.5884	9	0.6160	7	0.6242	6	0.6381	5	0.6655	3	0.6796	3
广东	0.6928	1	0.6970	1	0.6974	1	0.7012	1	0.7058	1	0.7369	1
广西	0.6386	5	0.6407	5	0.6412	3	0.6477	3	0.6507	4	0.6644	5
海南	0.6546	3	0.6448	4	0.6401	4	0.6397	4	0.6298	6	0.6202	8

续表

省份	2010 年		2011 年		2012 年		2013 年		2014 年		2015 年	
	得分	排名	得分	排名	得分	排名	得分	排名	得分	排名	得分	排名
重庆	0.5373	14	0.5445	14	0.5449	14	0.5805	12	0.5838	12	0.5875	12
四川	0.5993	7	0.5858	9	0.5737	10	0.5882	10	0.5873	11	0.6350	7
贵州	0.4046	24	0.4176	24	0.4191	25	0.4823	22	0.5135	20	0.5475	17
云南	0.6413	4	0.6379	6	0.6241	7	0.6378	6	0.6458	5	0.6737	4
陕西	0.5720	10	0.5726	11	0.5601	12	0.5591	15	0.5701	14	0.5625	16
甘肃	0.4427	22	0.4453	22	0.4397	22	0.4368	23	0.4529	24	0.4629	23
青海	0.4030	25	0.3816	26	0.3565	27	0.3411	27	0.3477	27	0.3641	27
宁夏	0.0878	30	0.0694	30	0.0787	30	0.0501	30	0.0548	30	0.0514	30
新疆	0.3985	27	0.3747	27	0.3246	28	0.2634	28	0.2427	28	0.2551	28
均值	0.5032		0.5087		0.5072		0.5125		0.5191		0.5288	
变异系数	0.2634		0.2602		0.2643		0.2788		0.2759		0.2772	

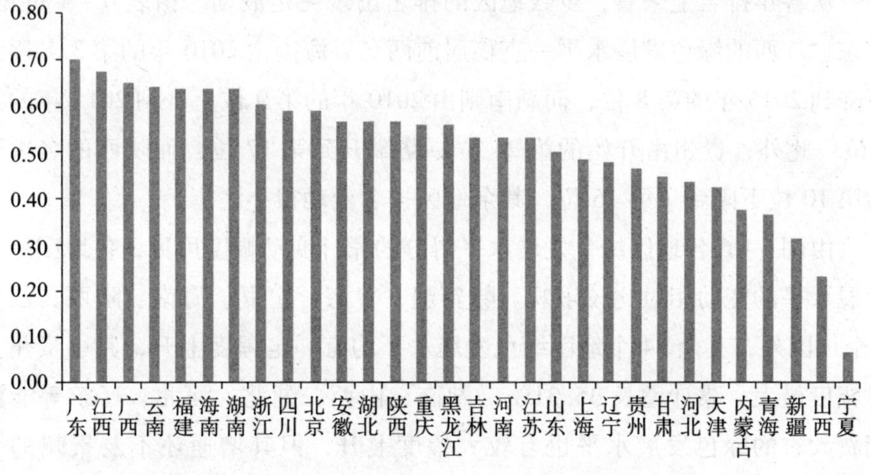

图 6－5　各地区绿色发展水平的年均值（2010—2015）

（一）地区间差异比较

为了更好地进行地区间的横向比较，我们将各地区 2010—2015 年绿色发展水平的年均得分按高低顺序绘制在图 6－5 中。可以看出，相比于经济社会的发展水平，我国 30 个地区间绿色发展水平的差距就小了很多。广东各年得分的均值最高，为 0.7052。各地区的排名情况不再是东部地区高于西部，排在前10位的依次是广东、江西、广西、云南、福建、海南、湖南、浙江、四川、北京，半数为中西部地区。而天津、河北、上海、江苏等东部地区的排名则比较靠后。得分年均值排在后10位的依次为宁夏、山西、新疆、青海、内蒙古、天津、河北、甘肃、贵州、辽宁。其中山西、河北、辽宁均为能源消费大省，绿色发展水平较低。宁夏得分的年均值最低，仅有0.0653，远远低于广东，这主要是因为宁夏能源强度偏高所致。除宁夏外，其余地区间的差异并不是十分明显。

从表6－4中各年得分的变异系数大小来看，我国地区间绿色发展水平差距不大。30个地区间的变异系数在0.26—0.28之间徘徊。如果将宁夏去除掉，则各年变异系数在0.20—0.22之间，有很大幅度下降，表明我国地区间绿色发展相对较为均衡。

（二）纵向比较

从各年排名上来看，少数地区的排名出现一定波动。由表6－4可见，广东、江西的绿色发展水平一直稳居前两名。海南由2010年的第3名逐渐下降到2015年的第8位，而湖南则由2010年的第9位上升到2015年的第3位。此外，贵州由开始的第24位一路攀升到第17位，而陕西的名次则由第10位下降到了第16位，其余地区排名变动很小。

由图6－6各地区绿色发展水平得分的累计变动幅度可见，各地区绿色发展水平的变动相对比较乐观。除新疆、青海、宁夏、海南、陕西、江西6个地区外，其余24个地区绿色发展水平均有一定程度上升，其中贵州上升幅度最大，累计增长35.31%。湖南、山西、湖北、河北、辽宁等能源消费大省的绿色发展水平也有较大幅度上升，但其增速还不及贵州的一半。宁夏、新疆两个地区的绿色发展水平出现较大幅度下降，尤其是宁夏，绿色发展水平本身就较低，还呈现负增长，形势不容乐观，必须采取有效措施提升绿色发展水平。

此外，从表6－4各年绿色发展水平得分的均值来看，30个地区的均值呈现上升趋势。由2010年的0.5032上升到2015年的0.5288，增长了0.0256分，远远超过经济社会的发展水平，反映出我国整体绿色发展水平不断提高。

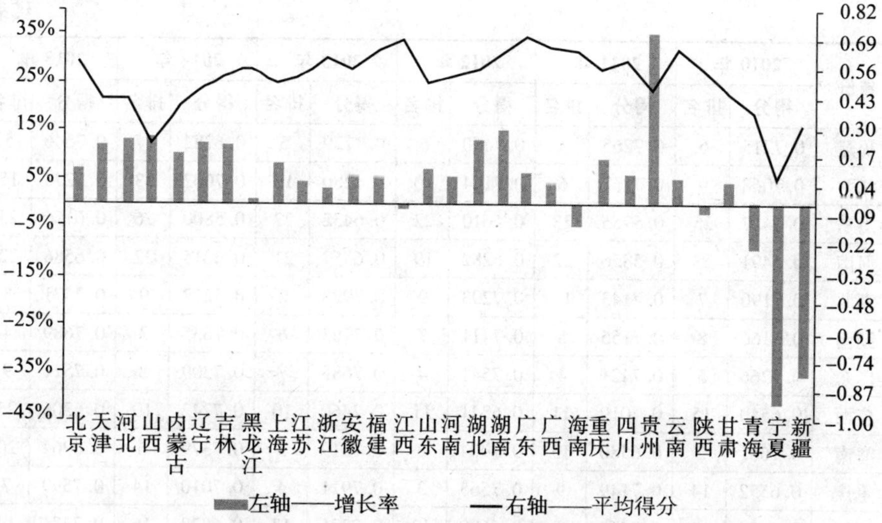

图6－6　各地区绿色发展水平得分的年均值及增长率（2010—2015）

三、各地区低碳发展水平评价结果分析

由子准则层指标得分及其权数加权平均得到2010—2015年各地区低碳发展水平准则层的得分，进一步计算其横向与纵向的平均值，结果见表6－5和图6－7。

表6－5　2010—2015年各地区低碳发展水平得分及排名

省份	2010年		2011年		2012年		2013年		2014年		2015年	
	得分	排名	得分	排名	得分	排名	得分	排名	得分	排名	得分	排名
北京	0.8681	1	0.8973	1	0.8627	1	0.9077	1	0.8632	1	0.9013	1
天津	0.6017	20	0.6638	14	0.6724	12	0.7203	14	0.7128	11	0.7846	3
河北	0.4769	27	0.4833	27	0.4871	26	0.5744	26	0.5893	24	0.6114	26
山西	0.1665	30	0.2031	30	0.1758	30	0.1266	30	0.1481	30	0.3071	29
内蒙古	0.3138	28	0.3116	28	0.3385	28	0.4710	28	0.4354	28	0.5344	28
辽宁	0.5164	26	0.5445	25	0.5148	25	0.6235	25	0.5865	25	0.6204	24
吉林	0.6528	16	0.6411	17	0.6670	14	0.7372	11	0.7107	12	0.7478	12
黑龙江	0.5765	21	0.6287	19	0.5871	20	0.7092	16	0.6902	15	0.7242	16
上海	0.7310	4	0.7593	2	0.7499	5	0.7574	9	0.7920	2	0.7856	2
江苏	0.6210	18	0.6535	16	0.6644	15	0.7041	18	0.6713	18	0.7090	18
浙江	0.6867	11	0.7163	7	0.7316	8	0.7606	8	0.7392	5	0.7609	6
安徽	0.6577	13	0.6770	13	0.6522	16	0.7084	17	0.6640	19	0.7065	19

续表

省份	2010 年		2011 年		2012 年		2013 年		2014 年		2015 年	
	得分	排名	得分	排名	得分	排名	得分	排名	得分	排名	得分	排名
福建	0.7215	6	0.7265	5	0.7470	6	0.7779	5	0.6782	17	0.7646	5
江西	0.7068	9	0.7247	6	0.7174	10	0.7280	12	0.7062	13	0.7274	15
山东	0.5427	25	0.5755	23	0.5610	22	0.6432	22	0.5800	26	0.6166	25
河南	0.5491	23	0.5856	22	0.6282	19	0.6557	21	0.6215	22	0.6586	22
湖北	0.7190	7	0.7143	10	0.7293	9	0.7928	2	0.7277	9	0.7571	8
湖南	0.7166	8	0.7155	8	0.7411	7	0.7763	6	0.7635	3	0.7689	4
广东	0.7266	5	0.7421	4	0.7541	4	0.7685	7	0.7309	8	0.7511	9
广西	0.6540	15	0.7019	11	0.6841	11	0.7460	10	0.7242	10	0.6206	23
海南	0.7681	2	0.6580	15	0.7904	2	0.7919	3	0.7379	6	0.6964	20
重庆	0.6552	14	0.7149	9	0.7565	3	0.7911	4	0.7010	14	0.7599	7
四川	0.6824	12	0.7445	3	0.6699	13	0.7276	13	0.6828	16	0.7371	14
贵州	0.5756	22	0.5753	24	0.5554	23	0.6325	23	0.6404	21	0.6856	21
云南	0.6953	10	0.6930	12	0.6484	17	0.7177	15	0.7578	4	0.7501	10
陕西	0.6083	19	0.6230	20	0.5535	24	0.6243	24	0.6007	23	0.7124	17
甘肃	0.6449	17	0.6369	18	0.6397	18	0.6842	19	0.6585	20	0.7488	11
青海	0.7447	3	0.6164	21	0.5842	21	0.6665	20	0.7311	7	0.5852	27
宁夏	0.2576	29	0.2473	29	0.2984	29	0.4527	29	0.4353	29	0.2760	30
新疆	0.5472	24	0.5242	26	0.4614	27	0.5532	27	0.5018	27	0.7409	13
均值	0.6128		0.6233		0.6208		0.6777		0.6527		0.6850	
变异系数	0.2421		0.2365		0.2408		0.2061		0.2036		0.1859	

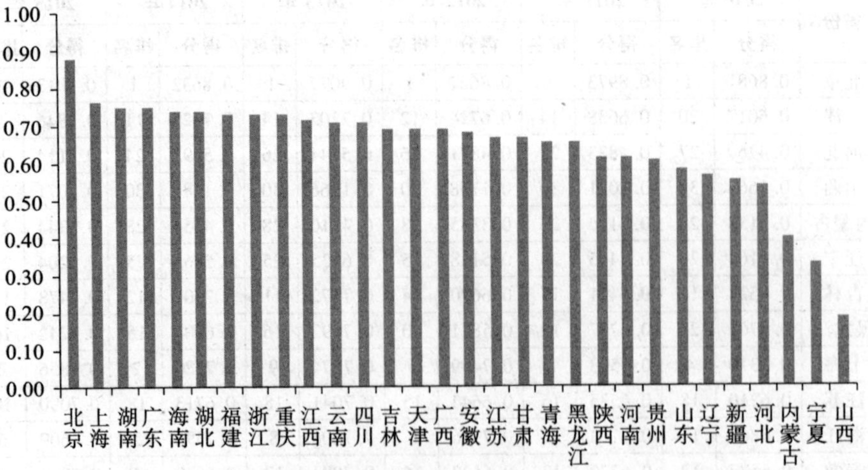

图 6－7　各地区低碳发展水平的年均值（2010—2015）

（一）地区间差异比较

为了更好地进行地区间的横向比较，我们将各地区 2010—2015 年低碳发展水平的年均得分按高低顺序绘制在图 6－7 中。可以看出，北京的低碳发展水平最高，年均 0.8834 分，比排在第 2 位的上海高 0.1209 分。此外，湖南、广东、海南、湖北等中东部地区的低碳化发展水平也较高，但从图中可以看出，从第 2 位的上海，到倒数第 4 位的河北，地区间低碳发展水平的差距很小。只有排在最后 3 位的内蒙古、宁夏、山西的低碳发展水平与其他地区差距悬殊。

从表 6－5 中各年得分的变异系数大小来看，我国地区间低碳发展水平差距不大，且呈缩小态势，变异系数由 2010 年的 0.2421 下降到 2015 年的 0.1859，表明我国地区间低碳发展相对较为均衡。

（二）纵向比较

从表 6－5 各年排名上来看，与经济社会和绿色发展水平不同，低碳发展水平地区间排名变动较大。2010—2015 年地区排名上下浮动超过 10 个名次的地区有：天津、福建、广西、海南、重庆、四川、云南、青海、新疆，其变动没有明显规律。从图 6－8 各地区低碳发展水平得分的累计变动幅度来看，仅有广西、海南、青海 3 个地区得分出现下降，其中青海下降

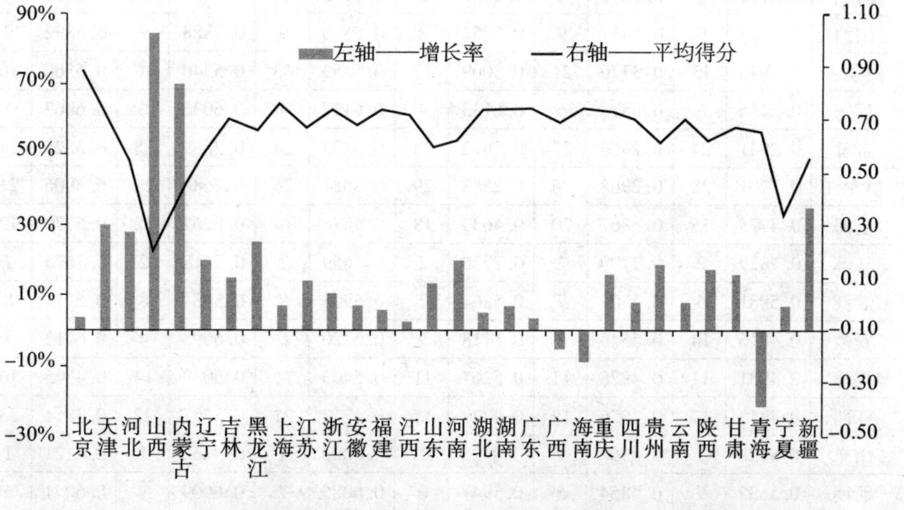

图 6－8　各地区低碳发展水平得分的年均值及增长率（2010—2015）

最多。其余地区低碳发展水平均呈上升态势，其中，平均得分较低的山西（累计增长 84.47%）和内蒙古（累计增长 70.32%）上升幅度尤为明显。其次，新疆、天津、河北、黑龙江等地区的低碳发展水平也有较大幅度上升。虽然我国发改委于 2010 年公布的首批五个低碳试点省份——广东、辽宁、湖北、陕西、云南的低碳发展水平上升趋势不是太明显，但从全国范围来看，30 个地区的均值呈现上升趋势，由 2010 年的 0.6128 上升到 2015 年的 0.6850，表明全国低碳化水平确实有了较大提升，随着各项低碳政策的实施，我国未来低碳化发展空间巨大。

四、各地区循环发展水平评价结果分析

由子准则层指标得分及其权数加权平均得到 2010—2015 年各地区循环发展水平准则层的得分，进一步计算其横向与纵向的平均值，结果见表 6－6 和图 6－9。

表 6－6　2010—2015 年各地区循环发展水平得分及排名

省份	2010 年		2011 年		2012 年		2013 年		2014 年		2015 年	
	得分	排名	得分	排名	得分	排名	得分	排名	得分	排名	得分	排名
北京	0.3451	23	0.3657	22	0.3489	22	0.3602	22	0.3439	23	0.1584	30
天津	0.4889	12	0.4854	13	0.4862	14	0.4683	17	0.4575	18	0.4343	18
河北	0.6114	4	0.6045	4	0.6057	5	0.6143	5	0.6059	5	0.6691	4
山西	0.5148	9	0.5437	9	0.5752	8	0.5896	9	0.5888	9	0.5892	9
内蒙古	0.4846	13	0.3776	21	0.5009	12	0.5153	13	0.5340	10	0.5360	10
辽宁	0.5416	8	0.5813	6	0.6133	4	0.6187	4	0.6036	6	0.6067	7
吉林	0.2941	24	0.2966	27	0.2812	28	0.3333	24	0.2889	28	0.3825	24
黑龙江	0.2201	28	0.2968	26	0.2583	29	0.3087	26	0.2688	29	0.3906	21
上海	0.4775	15	0.3867	20	0.4633	18	0.5078	14	0.5262	12	0.5170	12
江苏	0.7829	2	0.7799	2	0.7776	2	0.7659	2	0.7718	2	0.7675	2
浙江	0.5981	5	0.5705	7	0.5861	7	0.5903	8	0.5984	8	0.5911	8
安徽	0.4816	14	0.5545	8	0.5718	9	0.6120	6	0.6098	4	0.6212	5
福建	0.4931	11	0.4923	11	0.5267	11	0.5403	11	0.5039	14	0.4945	16
江西	0.4413	17	0.4056	18	0.4728	15	0.3717	21	0.3707	22	0.3851	23
山东	0.8228	1	0.8368	1	0.8425	1	0.8006	1	0.8162	1	0.8121	1
河南	0.5532	7	0.5854	5	0.5947	6	0.6085	7	0.6009	7	0.6071	6

续表

省份	2010 年		2011 年		2012 年		2013 年		2014 年		2015 年	
	得分	排名	得分	排名	得分	排名	得分	排名	得分	排名	得分	排名
湖北	0.4300	18	0.4320	15	0.4696	16	0.5216	12	0.5222	13	0.5061	14
湖南	0.3763	21	0.3888	19	0.4045	20	0.4294	18	0.4338	19	0.4325	19
广东	0.7007	3	0.6884	3	0.7161	3	0.7411	3	0.7310	3	0.7490	3
广西	0.5712	6	0.5378	10	0.5585	10	0.5521	10	0.5324	11	0.5354	11
海南	0.2793	25	0.3188	24	0.3895	21	0.3322	25	0.3284	24	0.3309	25
重庆	0.2390	27	0.2878	28	0.2978	26	0.3014	27	0.2919	27	0.2929	27
四川	0.4941	10	0.4879	12	0.4902	13	0.5059	15	0.4942	15	0.4993	15
贵州	0.3720	22	0.4150	17	0.4212	19	0.4267	19	0.3988	21	0.4030	20
云南	0.4060	20	0.4300	16	0.2984	25	0.3477	23	0.4804	17	0.4538	17
陕西	0.4464	16	0.4751	14	0.4634	17	0.4865	16	0.4919	16	0.5094	13
甘肃	0.2625	26	0.2836	29	0.2857	27	0.2931	28	0.3074	25	0.2875	28
青海	0.2082	29	0.3130	25	0.3138	24	0.2892	29	0.3046	26	0.3109	26
宁夏	0.4150	19	0.3360	23	0.3428	23	0.4177	20	0.4148	20	0.3889	22
新疆	0.1703	30	0.1806	30	0.1931	30	0.1907	30	0.1701	30	0.1839	29
均值	0.4507		0.4579		0.4717		0.4814		0.4797		0.4815	
变异系数	0.3521		0.3255		0.3272		0.3114		0.3185		0.3277	

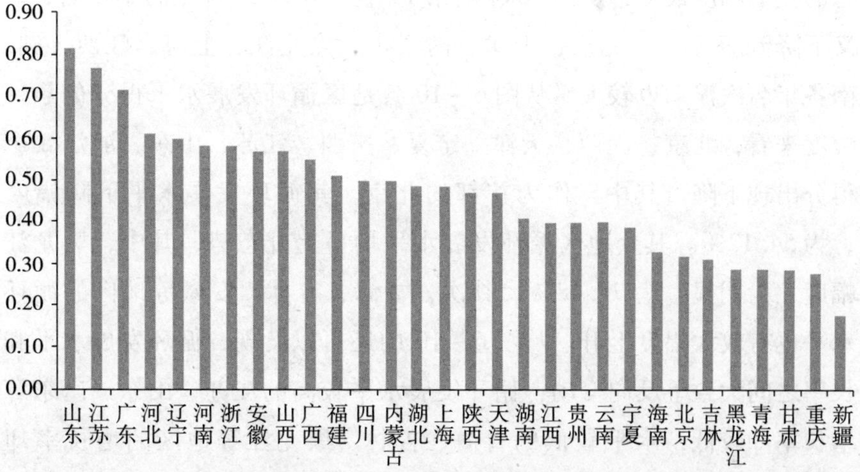

图 6-9　各地区循环发展水平的年均值（2010—2015）

（一）地区间差异比较

为了更好地进行地区间的横向比较，我们将各地区2010—2015年循环发展水平的年均得分按高低顺序绘制在图6-9中。可以看出，山东的循环发展水平最高，年均0.8218分。此外，年均得分排在前10位的还有：江苏、广东、河北、辽宁、河南、浙江、安徽、山西、广西，多数为中东部地区。年均得分排在后10位的依次是：新疆、重庆、甘肃、青海、黑龙江、吉林、北京、海南、宁夏、云南。虽然北京、天津、上海的经济发达，但其循环发展水平却较低，河北、山西、辽宁、山东虽然绿色、低碳发展水平较低，但其循环发展水平相对较高，均排在前10名。新疆的年均得分0.1815，比山东低0.6403，差距非常大。

从表6-6中可以看出，循环发展水平各年的变异系数为0.31—0.36，略高于绿色、低碳发展水平，而低于经济社会发展水平，综合来看，我国循环发展水平地区间变异系数由2010年的0.3521下降到2015年的0.3277，表明地区间差距呈缩小态势。

（二）纵向比较

从表6-6各年排名上来看，循环发展水平地区间排名变动也较大。安徽省的变动幅度最大，从2010年的第14名上升到2014年的第4名，2015年又下降到第5名。北京、天津、内蒙古、黑龙江、上海、江西、湖北、云南各年名次浮动也较大。从图6-10各地区循环发展水平得分的累计变动幅度来看，北京、江西、天津、宁夏、广西、江苏、山东、浙江8个地区得分出现下降。其中，作为首都的北京，其循环发展水平下降幅度最大，为54.12%。其余地区循环发展水平均呈上升态势，其中，黑龙江上升幅度尤为明显，为77.48%。其次，青海、吉林、安徽等地区的循环发展水平也有较大幅度上升。从图6-10中还可以发现，循环发展水平和其增长率之间大致呈反向变动，循环发展水平较高的江苏、山东、广东等地区增长率却较低，水平较低的青海、吉林、黑龙江等地区的增长率却较高。从全国范围来看，30个地区平均得分由2010年的0.4507增长到2015年的0.4815，表明我国循环发展水平有较大上升潜力。

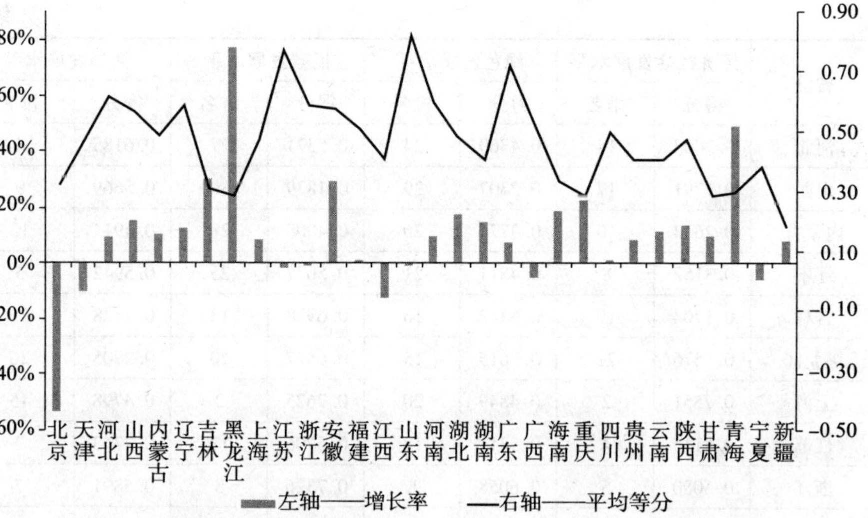

图 6-10　各地区循环发展水平得分的年均值及增长率（2010—2015）

五、四个准则层对比分析

为了对 4 个准则层进行比较，将其得分的年均值及排名等列在表 6-7 中。首先，从变异系数来看，30 个地区间经济社会发展水平的差异最大，远远超过其余 3 个准则层，是造成地区间综合得分差异的主要原因。虽然低碳和绿色发展水平的变异系数较小，但其极差仍然较大，表明地区间发展水平两极分化严重。其次，从准则层的得分和排名可以看出各地区发展中的优劣势：北京、上海经济社会和低碳发展水平处于优势，而绿色和循环发展水平处于相对劣势；山西、河北、辽宁、山东绿色、低碳发展水平虽然处于劣势，但循环发展水平相对占优；江西、广西虽然经济社会发展落后，但绿色发展水平很高；重庆作为直辖市各方面发展欠佳，尤其是循环发展水平低下；一些西部地区在各方面的发展水平都较低，追赶先进地区的难度较大。

表 6-7　2010—2015 年各地区准则层平均得分及排名

省份	经济社会发展水平		绿色发展水平		低碳发展水平		循环发展水平	
	得分	排名	得分	排名	得分	排名	得分	排名
北京	0.8138	1	0.5918	10	0.8834	1	0.3204	24
天津	0.5814	3	0.4269	25	0.6926	14	0.4701	17

续表

省份	经济社会发展水平		绿色发展水平		低碳发展水平		循环发展水平	
	得分	排名	得分	排名	得分	排名	得分	排名
河北	0.2003	14	0.4369	24	0.5371	27	0.6185	4
山西	0.1791	17	0.2307	29	0.1879	30	0.5669	9
内蒙古	0.2654	10	0.3774	26	0.4008	28	0.4914	13
辽宁	0.3152	8	0.4811	21	0.5677	25	0.5942	5
吉林	0.1704	19	0.5342	16	0.6928	13	0.3128	25
黑龙江	0.1576	21	0.5615	15	0.6527	20	0.2905	26
上海	0.7551	2	0.4849	20	0.7625	2	0.4798	15
江苏	0.5115	4	0.5311	18	0.6706	17	0.7743	2
浙江	0.5080	5	0.6058	8	0.7326	8	0.5891	7
安徽	0.1428	24	0.5685	11	0.6777	16	0.5751	8
福建	0.2952	9	0.6394	5	0.7359	7	0.5085	11
江西	0.1351	25	0.6782	2	0.7184	10	0.4079	19
山东	0.3906	7	0.5028	19	0.5865	24	0.8218	1
河南	0.1839	16	0.5339	17	0.6165	22	0.5916	6
湖北	0.2106	12	0.5675	12	0.7400	6	0.4802	14
湖南	0.1873	15	0.6353	7	0.7470	3	0.4109	18
广东	0.4729	6	0.7052	1	0.7455	4	0.7211	3
广西	0.1232	27	0.6472	3	0.6885	15	0.5479	10
海南	0.2035	13	0.6382	6	0.7404	5	0.3299	23
重庆	0.2120	11	0.5631	14	0.7298	9	0.2851	29
四川	0.1690	20	0.5949	9	0.7074	12	0.4953	12
贵州	0.1209	28	0.4641	22	0.6108	23	0.4061	20
云南	0.1240	26	0.6434	4	0.7104	11	0.4027	21
陕西	0.1705	18	0.5661	13	0.6204	21	0.4788	16
甘肃	0.1003	29	0.4467	23	0.6688	18	0.2866	28
青海	0.0913	30	0.3657	27	0.6547	19	0.2899	27
宁夏	0.1430	23	0.0653	30	0.3279	29	0.3859	22
新疆	0.1434	22	0.3098	28	0.5548	26	0.1815	30
变异系数	0.7031		0.2675		0.2109		0.3202	
级差	0.7225		0.6398		0.6955		0.6404	

第三节　各地区 10 个子准则层评价结果分析

一、子准则层地区间差异比较

由各指标得分及其权数加权平均得到 2010—2015 年各地区 10 个子准则层的得分，进一步计算 2010—2015 年 10 个子准则层的年均得分及其排名，结果见表 6-8 和表 6-9。

（一）经济发展

各地区经济发展水平差距较大，北京、上海、天津等东部地区明显高于西部地区，而河南、江西、安徽作为中部地区，其经济发展水平相对落后。30 个地区年均得分的级差（0.8377）和变异系数（0.8653）均较高，尤其是变异系数，是 10 个子准则层中最高的，表明我国地区间经济发展水平非常悬殊。各地区平均得分较低，仅有 0.2555 分，排在 10 个子准则层的倒数第 2 位。

（二）社会发展

与经济发展水平大致相同，社会发展水平仍然呈现东部高西部低的状态。经济发展水平较低的河南、江西、安徽的社会发展水平却相对较高。30 个地区年均得分的级差（0.5929）和变异系数（0.5745）均低于经济发展水平，地区差距相对较小。各地区平均得分也较低，为 0.2898 分，排在 10 个子准则层的倒数第 4 位。

（三）能源消费

东部地区得分普遍较高，而山西、内蒙古、河北、青海、宁夏等西部或能源消费大省的得分则较低。虽然 30 个地区年均得分的级差（0.8865）较高，两极分化严重，但变异系数（0.3130）却很低，总体来说各地区能源消费水平差距较小。且各地区平均得分在 10 个子准则层中最高，为 0.7116 分。

（四）生态环境

青海的生态环境得分排在全国第1位，其次是内蒙古、福建、江西、云南等地区，生态环境保护较好，而天津、上海、江苏、山东等东部发达地区生态环境的得分较低，主要是这些地区人口密集，人均草原、森林面积等均较低。30个地区年均得分的级差和变异系数均不太高，地区差距不算太大。但各地区平均得分较低，为0.2632，排在倒数第3位。

（五）生态保护

内蒙古生态保护得分最高，其次是广东、云南、湖南、山东、河北等地区，而北京、天津、海南、宁夏等地区的得分较低。30个地区年均得分的级差和变异系数稍高于生态环境，地区差距不算太大。但各地区平均得分在10个子准则层最低，为0.2430，表明我国生态保护水平较差，城市绿地面积、造林面积等相对较少。

（六）二氧化碳排放

各地区平均得分（0.6912）仅次于能源消费。除北京、广东、上海等东部发达地区得分较高外，湖南、湖北、陕西、四川这些中西部地区的二氧化碳排放年均得分也较高，而山西、宁夏由于其较高的碳排放强度致使年均得分较低，其次，内蒙古、河北、新疆等地区得分也较低。虽然各地区年均得分的级差（0.8379）较高，但其变异系数（0.2515）却是10个子准则层中最低的，表明二氧化碳排放水平地区间差距很小。

（七）环境污染

海南省的得分最高，其环境污染最少，其次是北京、天津、青海、上海。虽然宁夏的碳排放得分较低，但其环境污染的得分却较高，表明其除二氧化碳排放外，其余废气、废物、废渣排放较少。山东的得分最低，环境污染最为严重。其次，河北、山西、内蒙古、辽宁这些能源消费大省的环境污染也较为严重。从各地区年均得分的级差和变异系数来看，地区间环境污染状况差距不大。30个地区平均得分0.6567，在10个子准则层中排在第3位。

（八）环境治理

环境污染最为严重的山东，其环境治理最好，得分远远高于其他地区，可以看出山东对环境治理的重视程度。广东、江苏、河北、浙江等东部地区及内蒙古、陕西少数西部地区得分也较高，而天津、上海、海南及多数西部地区得分较低。30 个地区年均得分的级差（0. 7101）偏大，变异系数（0. 5108）不太高，地区间差距不算太大。地区平均得分 0. 3165，比较低，表明环境治理水平较差。

（九）循环利用

山东仍然排在第 1 位，得分 0. 9407，循环利用水平较高。河北、山西虽然碳排放、环境污染等较为严重，但其循环利用水平得分较高，分别排在第 2 位、第 3 位。北京虽然经济、社会发展水平较高，但其循环利用水平较差，年均得分排在第 28 位。作为直辖市的重庆，其循环利用得分也较低，排在第 29 位。30 个地区年均得分的级差（0. 8507）较大，但变异系数（0. 3675）较小，表明循环利用水平地区间差距较小。

（十）循环能力

得分排在前 10 位的地区分别为江苏、广东、山东、浙江、广西、辽宁、河南、湖南、上海、北京，基本都是东部地区。西部地区循环能力普遍较差，中部的黑龙江、吉林得分排名也比较靠后。虽然 30 个地区年均得分的级差（0. 8578）较大，两极分化非常严重，但变异系数（0. 4240）不大，总体来说地区间循环能力差距不大。

表 6 - 8　各地区 10 个子准则层年均得分（2010—2015）

省份	经济发展	社会发展	能源消费	生态环境	生态保护	CO_2 排放	环境污染	环境治理	循环利用	循环能力
北京	0. 9093	0. 6706	0. 9389	0. 1842	0. 0762	0. 9437	0. 9464	0. 3551	0. 1571	0. 4836
天津	0. 7307	0. 3574	0. 7339	0. 0310	0. 0215	0. 7051	0. 9147	0. 1703	0. 5198	0. 4204
河北	0. 1217	0. 3181	0. 6145	0. 1314	0. 3112	0. 6210	0. 2687	0. 5055	0. 8233	0. 4136
山西	0. 1631	0. 2031	0. 2804	0. 0972	0. 2640	0. 1058	0. 3694	0. 3788	0. 7933	0. 3404
内蒙古	0. 2999	0. 2137	0. 2358	0. 5150	0. 6282	0. 3975	0. 4039	0. 4166	0. 6142	0. 3687

续表

省份	经济发展	社会发展	能源消费	生态环境	生态保护	CO_2排放	环境污染	环境治理	循环利用	循环能力
辽宁	0.3159	0.3142	0.6490	0.2400	0.2942	0.6372	0.4560	0.3229	0.6784	0.5100
吉林	0.1577	0.1893	0.7648	0.3168	0.1158	0.7301	0.8080	0.2153	0.4605	0.1651
黑龙江	0.1568	0.1588	0.7270	0.4143	0.2486	0.6901	0.7285	0.2520	0.3771	0.2040
上海	0.8463	0.6183	0.8102	0.0361	0.0972	0.8118	0.8731	0.2139	0.4671	0.4925
江苏	0.4900	0.5437	0.8295	0.0628	0.2561	0.7406	0.4517	0.6343	0.6488	0.8997
浙江	0.4378	0.6132	0.8577	0.3792	0.1331	0.8008	0.6523	0.4344	0.4800	0.6981
安徽	0.0868	0.2268	0.8700	0.1667	0.1887	0.7310	0.6964	0.2834	0.6801	0.4702
福建	0.2859	0.3091	0.8706	0.4611	0.1632	0.7872	0.7723	0.3210	0.5353	0.4816
江西	0.0864	0.2081	0.9265	0.4398	0.2337	0.7918	0.7097	0.2450	0.4459	0.3698
山东	0.3052	0.5187	0.7434	0.0844	0.3390	0.6679	0.2181	0.7696	0.9407	0.7030
河南	0.0742	0.3485	0.8132	0.1137	0.2506	0.7221	0.3839	0.3687	0.6846	0.4986
湖北	0.1810	0.2550	0.8184	0.2356	0.2479	0.8193	0.6812	0.3260	0.5493	0.4112
湖南	0.1495	0.2440	0.8571	0.3261	0.3754	0.8406	0.6524	0.3075	0.3235	0.4982
广东	0.4008	0.5810	0.9117	0.3202	0.6014	0.8320	0.4868	0.6779	0.5698	0.8723
广西	0.0716	0.2005	0.8854	0.4359	0.1960	0.7552	0.7055	0.2084	0.5737	0.5221
海南	0.2127	0.1898	0.9274	0.4103	0.0494	0.7595	0.9966	0.1070	0.3290	0.3307
重庆	0.2273	0.1890	0.8140	0.2442	0.2251	0.7901	0.7684	0.2500	0.1483	0.4219
四川	0.0939	0.2816	0.8288	0.2863	0.2960	0.8004	0.5819	0.3324	0.5126	0.4779
贵州	0.1169	0.1269	0.6110	0.2651	0.2836	0.6737	0.6230	0.1660	0.4696	0.3427
云南	0.0918	0.1723	0.7825	0.4377	0.4974	0.7758	0.7033	0.2870	0.4685	0.3369
陕西	0.1596	0.1868	0.7738	0.2891	0.3047	0.6463	0.6474	0.3934	0.5536	0.4039
甘肃	0.0798	0.1310	0.6697	0.1270	0.1979	0.7130	0.7767	0.1599	0.5313	0.0419
青海	0.1004	0.0777	0.3664	0.5469	0.1053	0.6678	0.9114	0.0595	0.3446	0.2353
宁夏	0.1823	0.0840	0.0524	0.0806	0.0844	0.2006	0.8551	0.1379	0.5077	0.2641
新疆	0.1308	0.1625	0.3847	0.2172	0.2053	0.5780	0.6577	0.1958	0.0899	0.2730
均值	0.2555	0.2898	0.7116	0.2632	0.2430	0.6912	0.6567	0.3165	0.5093	0.4317
级差	0.8377	0.5929	0.8865	0.5159	0.6067	0.8379	0.7785	0.7101	0.8507	0.8578
变异系数	0.8653	0.5745	0.3130	0.5635	0.5857	0.2515	0.3016	0.5108	0.3675	0.4240

从表6－9可以看出，各地区在10个子准则层的表现不尽相同。如：北京在经济发展、社会发展、能源消费、二氧化碳排放、环境污染5个层

面的排名比较靠前，而在生态保护、循环利用以及生态环境方面的表现则差强人意；天津虽然经济发展和环境污染得分较高，但生态环境、生态保护得分全国最低；河北、山西、内蒙古的环境治理、循环利用排名比较靠前，而能源消费、二氧化碳排放、环境污染排名比较靠后；上海经济、社会发展水平较高，而生态环境、生态保护、环境治埋、循环利用水平较差，等等。从各地区排名可以清晰看出其在发展中的优劣势，那么，各地区在制定绿色低碳循环发展路径时，应以其在各子准则层的得分及排名情况为参考，合理制定各项发展策略，充分发挥优势，及时纠正劣势，并向其他地区学习先进经验及做法，力求各方面均衡发展。

表6－9　各地区10个子准则层年均得分排名（2010—2015）

省份	经济发展	社会发展	能源消费	生态环境	生态保护	CO_2排放	环境污染	环境治理	循环利用	循环能力
北京	1	1	1	20	28	1	2	10	28	10
天津	3	7	20	30	30	19	3	25	15	15
河北	21	9	24	22	6	26	29	4	2	16
山西	15	18	28	25	11	30	28	8	3	22
内蒙古	9	16	29	2	1	28	26	6	8	20
辽宁	7	10	23	17	9	25	24	13	6	6
吉林	17	21	18	12	24	16	7	21	22	29
黑龙江	18	26	21	7	14	20	11	18	24	28
上海	2	2	15	29	26	5	5	22	21	9
江苏	4	5	10	28	12	14	25	3	7	1
浙江	5	3	8	9	23	6	19	5	18	4
安徽	26	15	7	21	21	15	15	17	5	13
福建	10	11	6	3	22	10	9	14	13	11
江西	27	17	3	4	16	8	12	20	23	19
山东	8	6	19	26	5	22	30	1	1	3
河南	29	8	14	24	13	17	27	9	4	7
湖北	14	13	12	18	15	4	16	12	12	17
湖南	19	14	9	10	4	2	18	15	27	8
广东	6	4	4	11	2	3	23	2	10	2
广西	30	19	5	6	20	13	13	23	9	5

续表

省份	经济发展	社会发展	能源消费	生态环境	生态保护	CO_2排放	环境污染	环境治理	循环利用	循环能力
海南	12	20	2	8	29	12	1	29	26	24
重庆	11	22	13	16	17	9	10	19	29	14
四川	24	12	11	14	8	7	22	11	16	12
贵州	22	28	25	15	10	21	21	26	19	21
云南	25	24	16	5	3	11	14	16	20	23
陕西	16	23	17	13	7	24	20	7	11	18
甘肃	28	27	22	23	19	18	8	27	14	30
青海	23	30	27	1	25	23	4	30	25	27
宁夏	13	29	30	27	27	29	6	28	17	26
新疆	20	25	26	19	18	27	17	24	30	25

二、各地区子准则层纵向变化分析

为考察各地区在各个子准则层的纵向变动情况，我们计算了各地区2010—2015年得分的累计增长率（见表6－10），以反映各地区在各个层面上的发展潜力。

表6－10　各地区10个子准则层累计增长率（2010—2015）　（%）

省份	经济发展	社会发展	能源消费	生态环境	生态保护	CO_2排放	环境污染	环境治理	循环利用	循环能力
北京	－1.25	－4.48	6.55	8.59	21.13	1.24	－0.68	98.56	－95.49	－40.60
天津	3.31	－11.77	12.06	25.39	1.93	45.67	1.66	－1.96	－4.65	－18.98
河北	－38.66	3.89	13.21	0.12	19.39	26.66	12.65	63.36	－0.73	32.46
山西	0.73	－5.63	17.62	26.57	－2.50	297.73	6.75	－35.14	6.15	34.23
内蒙古	－12.67	14.39	25.18	3.37	2.82	89.72	23.02	39.94	7.18	16.95
辽宁	－18.87	5.91	14.78	0.18	11.16	28.24	－0.44	－17.50	0.61	29.75
吉林	－26.42	－1.00	11.88	－3.79	86.75	19.70	1.57	0.01	－0.99	149.89
黑龙江	－4.81	－10.06	4.91	－0.55	－22.44	34.72	2.24	17.15	56.04	120.18
上海	－0.29	1.47	8.23	19.95	0.38	8.17	5.65	5.26	－6.40	23.98
江苏	13.17	8.48	0.73	73.28	－3.45	6.48	46.80	45.33	1.73	－4.60

续表

省份	经济发展	社会发展	能源消费	生态环境	生态保护	CO_2排放	环境污染	环境治理	循环利用	循环能力
浙江	3.26	7.55	0.84	0.38	100.20	4.04	27.01	64.95	0.55	-2.36
安徽	-24.58	24.96	0.40	3.78	118.75	7.18	4.38	30.48	11.63	63.50
福建	-2.74	-0.03	0.34	-0.25	188.95	2.65	12.86	32.36	-3.81	5.14
江西	-16.82	11.06	-1.98	-0.02	9.89	2.98	4.54	-6.18	-25.03	5.82
山东	3.93	0.26	7.59	-7.45	12.23	14.82	10.44	8.35	1.80	-5.33
河南	8.09	15.07	6.81	0.37	-3.99	17.21	41.46	20.61	12.77	5.91
湖北	8.67	55.80	10.44	17.88	36.32	9.58	6.16	-41.93	1.08	45.18
湖南	-11.62	21.39	9.05	4.27	103.00	3.81	26.40	5.09	1.34	25.53
广东	-1.73	-7.44	0.73	0.22	40.91	4.01	21.21	-18.96	-0.51	12.20
广西	-55.85	18.70	1.36	10.05	24.22	-18.57	67.22	15.70	4.86	-16.50
海南	3.02	28.37	-4.34	-6.06	-40.18	-11.87	-0.39	-43.86	-21.43	98.54
重庆	32.62	9.69	10.89	6.80	-2.33	17.50	15.17	-7.48	197.54	-1.90
四川	-2.57	14.35	7.67	-0.07	1.59	3.88	38.13	-4.35	-5.30	8.22
贵州	-42.75	41.10	31.87	19.11	84.98	18.59	21.06	20.36	21.36	-6.12
云南	-31.24	9.33	10.87	2.64	-14.92	12.89	-6.66	-2.80	34.82	-14.84
陕西	-12.10	24.46	-3.65	5.51	4.60	28.38	0.15	-30.53	4.04	30.05
甘肃	4.24	60.77	2.42	3.25	26.34	25.34	-0.37	-58.29	10.31	-1.14
青海	-19.65	61.63	-17.82	5.63	-11.29	-28.04	-4.15	45.79	58.33	35.71
宁夏	-19.18	19.34	-70.42	15.45	-14.29	27.25	1.14	-15.31	2.99	-20.03
新疆	19.64	30.42	-49.41	-0.60	10.26	53.22	-7.01	-3.99	54.29	-8.33

（一）经济发展

从表6-10可以看出，仅有天津、山西、江苏等11个地区为正增长，其余19个地区均为负增长，表明我国多数地区经济增长潜力出现不同程度下降，符合我国当前所处的经济发展阶段。重庆得分的累计增长幅度最大，为32.62%，而广西的下降幅度最大，为-55.85%。北京、上海、广东经济增长潜力稍有下降，下降幅度较大的地区多为西部省份。

（二）社会发展

我国30个地区的社会发展状况好于经济发展，仅有7个地区增长率为负值，分别为北京、天津、山西、吉林、黑龙江、福建、广东。其中，天津社会发展水平的下降幅度最大，为11.77%。青海、甘肃、湖北、贵州、新疆、海南等地区社会发展得分的累计增长率较高，均在25%以上，社会发展潜力较大。

（三）能源消费

能源消费状况优于经济和社会发展。仅有6个地区增长率为负值，分别为江西、海南、陕西、青海、宁夏、新疆。其中，宁夏的能源消费得分下降幅度最大，为70.42%。远远超过其他地区，而且下降幅度也超过了经济、社会发展中的地区最大降幅。贵州省能源消费得分涨幅最大，为31.87%，但相对于其他子准则层的地区最大涨幅，属于最低的。此外，内蒙古、山西、辽宁、河北、天津等地区的增长率也较高。

（四）生态环境

虽然有8个地区生态环境得分出现了下降，但是下降幅度非常小，山东省的降幅最大，仅有7.45%，远远低于其他子准则层的最大降幅。江苏的生态环境得分虽然较低，但增长速度最快，累计增长73.28%，山西、天津的增长率也超过了20%。总体来看，我国生态环境呈现逐渐改善状态。

（五）生态保护

福建省生态保护得分涨幅最大，为188.95%，远远超过了前面几个子准则层的地区最大涨幅，其排名也由2010年的第25名上升到2015年的第15名。其次，安徽、湖南、浙江三省的涨幅也超过了100%，生态保护发展潜力较大。而海南、黑龙江、云南等9个地区的生态保护得分出现了不同程度的下降，需要采取措施积极应对。

（六）二氧化碳排放

30个地区中仅有3个地区二氧化碳排放得分的增长率为负值，分别为：青海下降28.04%，广西下降18.57%，海南下降11.87%。其余地区得分均有不同程度增长，年均得分最低的山西，其增长率反而最高，达到了297.73%，为10个子准则层中地区得分涨幅最大的一个，表明山西省二氧化碳排放状况有所好转，低碳化发展具有一定潜力，但其排名仅从2010年的第30名上升到2015年的第29名。此外，内蒙古、新疆、天津、黑龙江、陕西、辽宁等地区得分的涨幅也较大。

（七）环境污染

广西壮族自治区的环境污染状况有较大改善，2010—2015年得分增长67.22%，排名也从第21位上升到第10位。其次，江苏、河南、四川、浙江等地区的涨幅也较大，环境污染状况得到一定改善。而新疆、云南、青海等7个地区的得分累计增长率为负值，但其下降幅度并不大，表明我国整体环境污染有所减少。

（八）环境治理

北京的环境治理得分增长速度最快，为98.56%，其排名从2010年的第18位上升到2015年的第6位，表明北京市对环境治理的力度比较大。其次，浙江、河北、青海、江苏的涨幅也比较大，均超过了40%。而天津、山西、辽宁等14个地区的环境治理得分出现不同程度下降，其中甘肃省的降幅最大，为58.29%，其排名也由2010年的第22名下降到2015年的第28名。

（九）循环利用

重庆市的循环利用得分增长幅度最大，为197.54%，远远超过其他地区，表现出较大的发展潜力，但其排名仅由2010年的第30名上升到2015年的第28名。青海的涨幅排在第2位，但仅有58.33%，相对重庆要小很多。云南的排名上升较多，从第22位上升到第9位。北京、天津、河北、江西、海南等10个地区循环利用得分出现不同程度的下降，其中，得分较低的北京下降幅度也最大，为95.49%，江西排名下降最多，从第15名下滑到第24名，需要不断提高循环利用水平。

（十）循环能力

吉林、黑龙江循环能力得分的增长率很高，分别为149.89%和

120.18%，但其得分的排名依然比较靠后。此外，海南、安徽、湖北的循环能力发展潜力也较大，尤其是安徽，其排名从2010年的第23名上升到2015年的第8名。而北京、宁夏、天津等12个地区循环能力得分出现下降，其中，北京的降幅最大，为40.60%，排名也由2010年的第6位下降到2015年的第25位，天津由第11位下降到第21位。

第四节　本章小结

本章采用主观AHP构权法，对我国30个地区的绿色低碳循环发展水平进行了综合测评。研究发现：地区间绿色低碳循环发展水平差距较大，中东部地区明显优于西部地区。可喜的是，2010—2015年地区间差距逐渐减弱，且全国综合发展水平不断上升，前景乐观，这与党和国家对绿色低碳发展的高度重视不无关系。低碳发展水平的上升幅度最大，其次是循环发展和绿色发展水平，而经济社会发展水平上升最少，且有一半省份为下降趋势，不容忽视。从各地区优劣势来看：北京、上海经济社会和低碳发展水平处于优势，而绿色和循环发展水平处于相对劣势；山西、河北、辽宁、山东绿色、低碳发展水平虽然处于劣势，但循环发展水平相对占优；西部地区在各方面的发展水平都较低，追赶先进地区的难度较大。各地区应采取有效措施积极应对，要根据当前与以往的发展程度来制定绿色低碳循环发展路径，扬长避短，向其他地区学习先进经验及做法，力求各方面均衡发展。

第七章 基于客观赋权的综合评价结果分析

第一节 各地区绿色低碳循环发展水平综合评价

根据第四章第二节的指标数据和4.4节的客观权数（表4－23）的计算结果，采用线性加权算术平均方法，计算得到2010—2015年各地区绿色低碳循环发展水平的综合得分，计算结果及排名见表7－1。本节将对各地区的综合得分进行空间上的横向对比与时间上的纵向比较，并与主观赋权方法下的结果进行比较。

一、各地区综合得分的空间差异分析

从表7－1来看，广东、上海、江苏、山东、北京这些发达地区的综合得分远远高于宁夏、甘肃、新疆、贵州等欠发达地区，一个主要原因就是在四个准则层中，经济社会发展水平的权数（0.4169）远高于其余三者。由于各年各地区的得分和排名不尽一致，为了更好地进行地区间的横向比较，我们计算了2010—2015年各地区综合得分的年均值，结果见图7－1。

表7－1　2010—2015年各地区绿色低碳循环发展水平综合得分及排名

省份	2010年		2011年		2012年		2013年		2014年		2015年	
	得分	排名	得分	排名	得分	排名	得分	排名	得分	排名	得分	排名
北京	0.4867	5	0.4850	4	0.4811	5	0.4848	5	0.4836	5	0.4679	5
天津	0.3756	7	0.3832	7	0.3867	7	0.3831	7	0.3813	7	0.3805	7
河北	0.2634	12	0.2599	13	0.2555	15	0.2604	15	0.2615	14	0.2771	13
山西	0.2094	25	0.2126	24	0.2192	23	0.2185	23	0.2130	24	0.2156	25
内蒙古	0.2875	10	0.2931	10	0.2970	10	0.3181	9	0.3101	9	0.3132	8

续表

省份	2010 年		2011 年		2012 年		2013 年		2014 年		2015 年	
	得分	排名	得分	排名	得分	排名	得分	排名	得分	排名	得分	排名
辽宁	0.3220	8	0.3278	8	0.3354	8	0.3489	8	0.3242	8	0.3001	11
吉林	0.2128	23	0.2042	26	0.2040	26	0.2131	26	0.2053	26	0.2181	24
黑龙江	0.2196	21	0.2196	22	0.2145	24	0.2294	22	0.2170	23	0.2351	22
上海	0.5107	2	0.4838	5	0.4917	4	0.4935	2	0.5022	2	0.5046	2
江苏	0.4920	3	0.4857	3	0.4936	3	0.4932	3	0.4955	3	0.5024	3
浙江	0.4237	6	0.4164	6	0.4276	6	0.4332	6	0.4373	6	0.4486	6
安徽	0.2225	20	0.2349	18	0.2384	18	0.2607	14	0.2543	16	0.2670	16
福建	0.2961	9	0.2969	9	0.3141	9	0.3143	10	0.2970	10	0.3085	9
江西	0.2266	19	0.2268	20	0.2356	19	0.2304	21	0.2225	22	0.2368	21
山东	0.4912	4	0.4955	2	0.5028	2	0.4886	4	0.4897	4	0.4908	4
河南	0.2462	15	0.2558	14	0.2586	13	0.2650	13	0.2669	13	0.2672	15
湖北	0.2544	14	0.2491	15	0.2587	12	0.2812	12	0.2852	12	0.2888	12
湖南	0.2591	13	0.2706	11	0.2804	11	0.3041	11	0.2961	11	0.3045	10
广东	0.5381	1	0.5122	1	0.5146	1	0.5199	1	0.5153	1	0.5290	1
广西	0.2461	16	0.2322	19	0.2391	17	0.2496	17	0.2378	18	0.2378	20
海南	0.2001	26	0.2122	25	0.2293	21	0.2183	24	0.2102	25	0.2049	26
重庆	0.2160	22	0.2246	21	0.2403	16	0.2365	19	0.2345	20	0.2408	19
四川	0.2813	11	0.2646	12	0.2575	14	0.2565	16	0.2613	15	0.2757	14
贵州	0.1878	27	0.1852	28	0.1866	27	0.1983	27	0.1910	27	0.1997	27
云南	0.2429	17	0.2434	16	0.2295	20	0.2408	18	0.2482	17	0.2470	17
陕西	0.2349	18	0.2364	17	0.2285	22	0.2338	20	0.2354	19	0.2435	18
甘肃	0.1540	29	0.1502	29	0.1526	29	0.1549	29	0.1568	29	0.1645	29
青海	0.2107	24	0.2152	23	0.2098	25	0.2170	25	0.2298	21	0.2317	23
宁夏	0.1467	30	0.1375	30	0.1400	30	0.1546	30	0.1514	30	0.1417	30
新疆	0.1835	28	0.1854	27	0.1849	28	0.1849	28	0.1760	28	0.1910	28

从图 7－1 中 30 个地区 2010—2015 年平均得分的空间差异上来看，绿色低碳循环发展水平的地区间差异程度高于主观 AHP 赋权法下的结果。广东综合得分的年均值仍然最高，为 0.5215，其余排在前 10 的地区依次为：上海、江苏、山东、北京、浙江、天津、辽宁、福建、内蒙古。除内蒙古

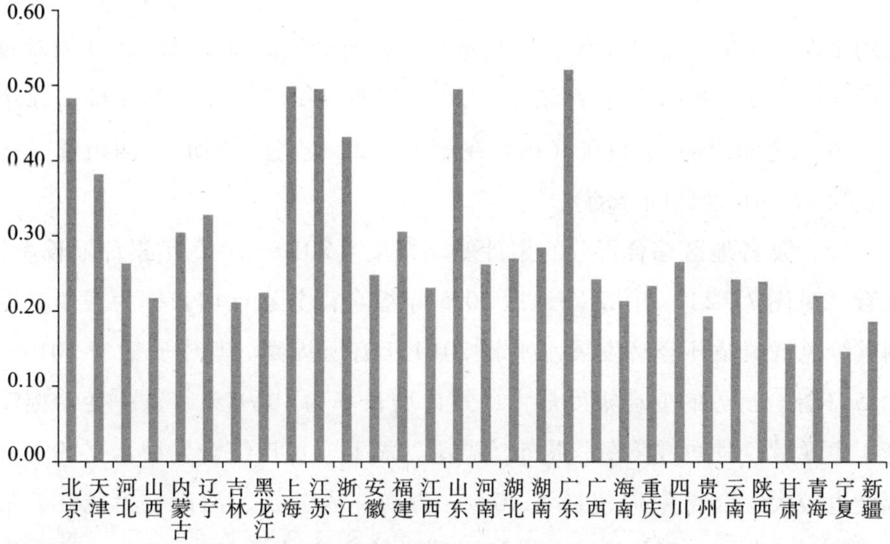

图 7-1 各地区综合得分的年均值（2010—2015）

外，其余均为东部地区，各方面发展水平均较高。内蒙古综合得分处于第10名的位置，主要是因为其绿色发展水平得分较高。综合得分年均值排在第11—20位的依次为湖南、湖北、四川、河北、河南、安徽、云南、广西、陕西、重庆。除河北外，其余均为中西部地区。重庆作为直辖市，综合得分排在第20位，表明其综合发展水平远低于其他三个直辖市，还存在较大差距。综合得分年均值排在第21—30位的依次为江西、黑龙江、青海、山西、海南、吉林、贵州、新疆、甘肃、宁夏。除海南外，其余均为中西部地区。宁夏综合得分的年均值仍然最低，仅有0.1453，比广东低0.3762，还不到广东省得分的三分之一，差距较大。这主要是由于宁夏绿色发展水平极低导致的。

二、各地区综合得分的时间差异分析

（1）从各年排名上来看，2010—2015年各地区综合得分的排名变动幅度不是很大。由表7-1可见，广东省各年均处于第一的位置；上海多数年份处于第2位，只有2011年和2012年降为第5位和第4位；江苏省各年均处于第3位的位置；山东省除2011年和2012年上升到第2位外，其余年份均保持在第 4 位；作为首都的北京，只有 2011 年升到第 4 位，其余年份均排在第 5 位。宁夏和甘肃一直处于最后两名的位置。排名变动相对较大的地区有安徽省（排名在第 14—20 位之间浮动）、海南省（排名在第 21—26 位之间浮动）、重庆（排名在第 16—22 位之间浮动）、四川省（排名在第 11—16 位之间浮动）。

（2）从各地区综合得分的累计变动幅度（2010—2015 年累计增长率）来看（见图 7 -2），有 22 个地区 2015 年综合得分累计增长率为正值，表明其绿色低碳循环经济发展水平较 2010 年有所提高。其中安徽省 2010—2015 年综合得分的变动幅度最大，累计增长率为 19. 98%，这一变动幅度高于主观赋权时的增长率。此外，湖南、湖北、重庆综合发展水平的上升幅度也较大，增长率均超过了 10%。青海、内蒙古、河南、黑龙江、甘肃、贵州、浙江、河北的综合得分累计增长率超过了 5%，这些地区除浙江、河北外，均为中西部地区，表明这些地区具有后发优势，将逐渐缩短与发达地区综合实力的差距。然而，北京、辽宁、上海、山东、广东、广西、四川、宁夏 8 个地区综合得分出现一定程度的下降，增长率为负值。其中，辽宁的下降幅度最大，为 6. 79%。此外，作为首都的北京，其综合得分的下降幅度也较大。

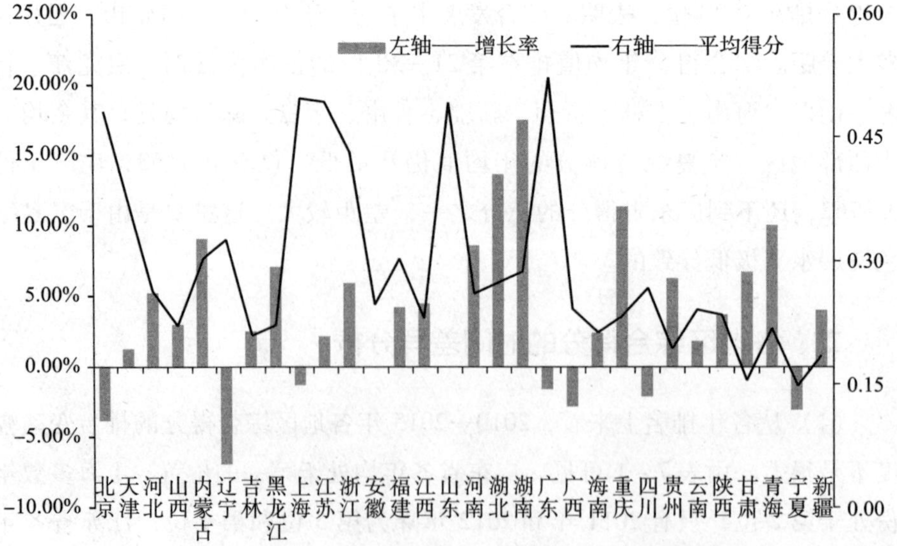

图 7 -2　各地区综合得分的年均值及增长率（2010—2015）

此外，从图7－2还可以看出，除山西、吉林、海南、宁夏等少数地区外，各地区综合得分的累计增长率与其年均值之间形成强烈反差，北京、上海、山东、广东、江苏等综合得分年均值较高的地区，其累计增长率却很低，而安徽、湖南、湖北、重庆等综合得分年均值较低的地区，其累计增长率却很高，这与主观AHP赋权方法下的规律基本一致。同时，这也是事物发展的基本规律，即基数越小，越容易获得较高的增长率，而基数越大，则增长越缓慢，各地区综合发展水平最终将趋于一致。随着国家和地区各项绿色低碳发展政策的出台，一些中西部地区将逐渐转变生产和生活方式，不断向发达地区靠拢，地区间综合得分的差距将会逐渐缩小。

（3）从全国范围来看，我们计算了各年30个地区综合得分的均值及其变异系数（反映时间和空间上的差距），见表7－2。

表7－2　2010—2015年各地区综合得分均值及变异系数

	2010	2011	2012	2013	2014	2015
均值	0.2881	0.2867	0.2903	0.2962	0.2930	0.2978
变异系数	0.3882	0.3770	0.3769	0.3618	0.3705	0.3608

可以看出，30个地区的平均综合得分由2010年的0.2881上升到2015年的0.2978，表明全国绿色低碳循环经济发展水平不断提升，但各年平均得分低于主观赋权方法下的结果，且相差较大，不过这种逐年上升的趋势是一致的。从各地区综合得分的变异系数来看，各地区变异系数整体呈现下降趋势，由2010年的0.3882降为2015年的0.3608，表明各地区综合发展水平之间的差距逐渐缩小，这与上面增长率的趋势一致。不过，在变异系数客观赋权下，由于其基本思想是将地区间差异大的指标赋予了较大权重，差异小的赋予了较小权重，这势必导致地区间综合得分差距的进一步拉大。这一思想从表7－2和6－2对比也可以看出，变异系数赋权下地区间的综合得分的变异系数（均在0.35以上）要高于主观AHP赋权下的变异系数（均在0.23以下）。

第二节　各地区4个准则层评价结果分析

一、各地区经济社会发展水平评价结果分析

由子准则层指标得分及其权数加权平均得到2010—2015年各地区经济社会发展水平准则层的得分，进一步计算其横向与纵向的平均值，结果见表7－3和图7－3。

表7－3　2010—2015年各地区经济社会发展水平得分及排名

省份	2010年		2011年		2012年		2013年		2014年		2015年	
	得分	排名	得分	排名	得分	排名	得分	排名	得分	排名	得分	排名
北京	0.7578	2	0.7524	2	0.7454	2	0.7441	2	0.7448	2	0.7393	2
天津	0.5863	3	0.6036	3	0.6122	3	0.6088	3	0.6112	3	0.5919	3
河北	0.1831	11	0.1821	12	0.1787	14	0.1699	13	0.1647	16	0.1641	16
山西	0.1700	14	0.1588	17	0.1668	15	0.1670	15	0.1587	17	0.1560	19
内蒙古	0.2306	10	0.2386	10	0.2408	10	0.2447	10	0.2443	10	0.2256	11
辽宁	0.3078	8	0.3153	8	0.3173	8	0.3188	8	0.3034	8	0.2528	9
吉林	0.1542	16	0.1580	18	0.1587	17	0.1515	19	0.1451	20	0.1353	22
黑龙江	0.1472	20	0.1406	21	0.1418	21	0.1331	23	0.1289	24	0.1242	24
上海	0.8018	1	0.7982	1	0.7847	1	0.7680	1	0.7845	1	0.7921	1
江苏	0.4599	4	0.4893	4	0.5018	4	0.5072	4	0.5243	4	0.5258	4
浙江	0.4526	6	0.4711	5	0.4773	5	0.4834	5	0.4921	5	0.5009	5
安徽	0.1294	23	0.1274	23	0.1315	23	0.1328	24	0.1347	23	0.1424	20
福建	0.2609	9	0.2738	9	0.2832	9	0.2775	9	0.2804	9	0.2746	8
江西	0.1168	24	0.1208	25	0.1235	25	0.1227	25	0.1223	25	0.1240	25
山东	0.3602	7	0.3635	7	0.3725	7	0.3729	7	0.3764	7	0.3737	7
河南	0.1521	17	0.1530	19	0.1533	19	0.1542	18	0.1717	14	0.1734	14
湖北	0.1708	13	0.1755	14	0.1787	13	0.1947	11	0.2154	11	0.2283	10
湖南	0.1610	15	0.1600	16	0.1580	18	0.1649	16	0.1698	15	0.1754	13
广东	0.4562	5	0.4540	6	0.4514	6	0.4382	6	0.4467	6	0.4498	6
广西	0.1120	26	0.1075	27	0.1064	28	0.1060	27	0.1040	26	0.0993	27

续表

省份	2010 年		2011 年		2012 年		2013 年		2014 年		2015 年	
	得分	排名	得分	排名	得分	排名	得分	排名	得分	排名	得分	排名
海南	0.1493	19	0.1790	13	0.1919	12	0.1694	14	0.1769	13	0.1712	15
重庆	0.1733	12	0.1947	11	0.2105	11	0.1946	12	0.2142	12	0.2152	12
四川	0.1469	21	0.1430	20	0.1472	20	0.1462	20	0.1498	19	0.1602	17
贵州	0.0994	28	0.1061	28	0.1100	26	0.1044	28	0.0939	28	0.0907	29
云南	0.1077	27	0.1130	26	0.1080	27	0.1077	26	0.0999	27	0.0983	28
陕西	0.1508	18	0.1613	15	0.1623	16	0.1581	17	0.1585	18	0.1571	18
甘肃	0.0789	30	0.0780	30	0.0822	30	0.0871	29	0.0900	29	0.0993	26
青海	0.0918	29	0.0830	29	0.0841	29	0.0840	30	0.0888	30	0.0873	30
宁夏	0.1331	22	0.1389	22	0.1403	22	0.1433	21	0.1405	22	0.1316	23
新疆	0.1144	25	0.1209	24	0.1254	24	0.1349	22	0.1410	21	0.1402	21
均值	0.2472		0.2520		0.2549		0.2530		0.2559		0.2533	
变异系数	0.7712		0.7616		0.7479		0.7476		0.7502		0.7560	

（一）地区间差异比较

为了更好地进行地区间的横向比较，我们将各地区 2010—2015 年的年均值按高低顺序绘制在图 7-3 中。可以看出，我国 30 个地区间经济社会发展水平差距巨大。上海各年得分的均值最高，为 0.7882。其次是北京和天津，北京的年均得分和上海相差不大，天津与北京的得分则拉开了一定距离。处于第 4、5、6 位的江苏、浙江、广东的得分差距较小。此外，排在第 7 到 10 名的地区为：山东、辽宁、福建、内蒙古。除内蒙古外，其余均为东部地区，经济社会发展水平处于全国领先水平。而作为直辖市的重庆则排在了第 11 位，经济社会发展水平远低于其他三个直辖市，年均得分仅为 0.2004，几乎为上海的四分之一。得分年均值排在后 10 位的依次为甘肃、青海、贵州、云南、广西、江西、新疆、安徽、黑龙江、宁夏，多数为中西部地区。甘肃年均得分最低，仅有 0.0859，远远低于上海，两者相差 0.7023 分，差距非常悬殊，这与主观 AHP 赋权下的结果类似，表明我国地区间经济社会发展极不平衡。

从表 7-3 中各年得分的变异系数大小来看，2010—2015 年呈现先下降后上升的趋势。2015 年 30 个地区间的变异系数仍高达 0.7560，高于主观 AHP 赋权下的 0.7064。这一方面表明 2010—2015 年我国地区间经济社会发展水平差异仍在逐渐拉大；另一方面也表明，我国地区间经济发展水平的差异程度高于社会发展水平（因为在变异系数赋权下，经济发展水平的权数为 0.6139，社会发展水平的权数为 0.3861；而在主观 AHP 赋权下，经济发展水平的权数为 0.6，社会发展水平的权数为 0.4）。

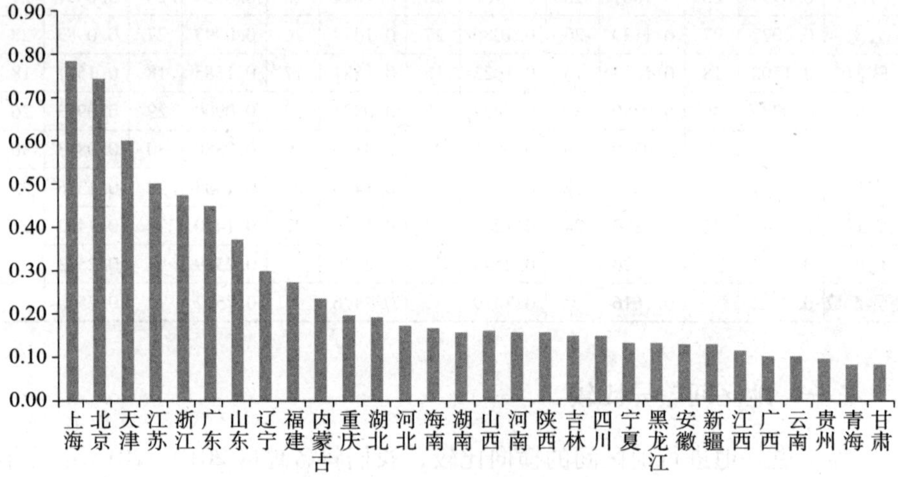

图 7－3　各地区经济社会发展水平的年均值（2010—2015）

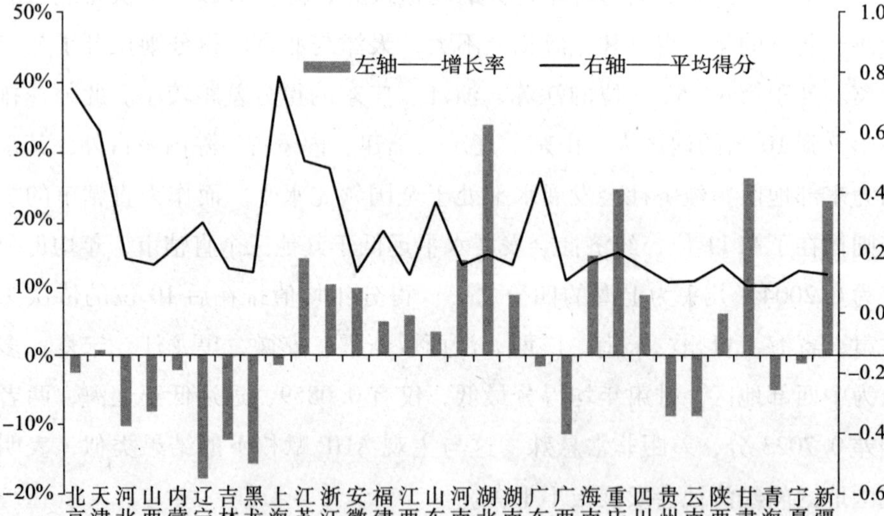

图 7－4　各地区经济社会发展水平得分的年均值及增长率（2010—2015）

（二）纵向比较

从各年排名上来看，各地区的名次相对较为稳定，变动不大。由表7－3可见，北京、上海、天津的经济社会发展水平一直稳居前三名，江苏一直处于第4位的位置。浙江除2010年被广东超过外，其余年份均处于第5位的位置。其余地区排名变动上下都没有超过10个名次，海南的名次变动最大，由2010年的第19位下降到2012年的第12位，之后又回升到2015年的第15位。此外，吉林由2010年的第16位下降到2015年的第22位，河北、山西、河南、湖南的排名上下变动均为5个名次，其余地区的名次变动均小于5。

各地区各年得分发生了不同程度的变化。由图7－4各地区2010—2015年经济社会发展水平得分的累计变动幅度可见，湖北经济社会发展水平提升最大，累计增长33.65%，其排名也由第13位上升到第10位。其次是甘肃、重庆、新疆，其累计增长率均超过了20%，但其得分仍较低，与东部发达地区尚存在巨大差距。此外，海南、江苏、河南、浙江、安徽、四川、湖南、江西、福建、陕西、山东、天津的累计增长率为正值，有一定的发展潜力。然而，辽宁、黑龙江、吉林等14个地区的经济社会发展水平变动为负值，出现不同程度的倒退。其中，辽宁的下降幅度最大，累计下降17.89%，需要及时采取各项政策进行调整。从图7－4还可以看出，经济社会发展水平得分与其累计增长率之间没有太大的变动规律。

此外，虽然各地区得分有升有降，但从表7－3各年经济社会发展水平的地区均值来看，30个地区的均值在各年间未发生较大变动。2014年30个地区平均得分最大，为0.2559，2010年最小，为0.2472，差距较小。

二、各地区绿色发展水平评价结果分析

由子准则层指标得分及其权数加权平均得到2010—2015年各地区绿色发展水平准则层的得分，进一步计算其横向与纵向的平均值，结果见表7－4和图7－5。

表7-4 2010—2015年各地区绿色发展水平得分及排名

省份	2010年		2011年		2012年		2013年		2014年		2015年	
	得分	排名	得分	排名	得分	排名	得分	排名	得分	排名	得分	排名
北京	0.1949	25	0.2031	25	0.2081	25	0.2135	25	0.2126	26	0.2168	26
天津	0.1120	29	0.1178	29	0.1201	29	0.1222	29	0.1257	29	0.1313	29
河北	0.1934	26	0.1968	26	0.2035	26	0.2017	26	0.2255	25	0.2207	25
山西	0.1316	28	0.1415	28	0.1383	28	0.1313	28	0.1485	28	0.1443	28
内蒙古	0.4284	3	0.4329	3	0.4350	3	0.4633	3	0.4439	3	0.4554	3
辽宁	0.2329	21	0.2394	20	0.2516	15	0.2539	19	0.2583	19	0.2536	21
吉林	0.2421	19	0.2265	22	0.2296	22	0.2535	20	0.2516	20	0.2701	16
黑龙江	0.3488	7	0.3377	6	0.3439	6	0.3559	5	0.3500	6	0.3556	9
上海	0.1550	27	0.1644	27	0.1695	27	0.1660	27	0.1712	27	0.1728	27
江苏	0.2323	22	0.2351	21	0.2377	21	0.2410	22	0.2461	21	0.2468	22
浙江	0.2552	14	0.2607	14	0.2758	12	0.2688	14	0.2722	15	0.2868	13
安徽	0.2459	17	0.2459	16	0.2464	16	0.2602	16	0.2698	16	0.2818	14
福建	0.3047	11	0.3104	10	0.3076	10	0.3057	10	0.2956	11	0.3386	10
江西	0.3746	5	0.3516	5	0.3639	5	0.3550	6	0.3578	5	0.3853	5
山东	0.2342	20	0.2421	18	0.2414	18	0.2508	21	0.2644	18	0.2568	20
河南	0.2206	24	0.2193	24	0.2204	23	0.2265	23	0.2421	22	0.2291	24
湖北	0.2518	15	0.2456	17	0.2462	17	0.2708	13	0.2840	12	0.2925	12
湖南	0.3010	12	0.3166	9	0.3248	7	0.3234	8	0.3496	7	0.3694	6
广东	0.4743	2	0.4743	2	0.4735	2	0.4837	1	0.4852	1	0.5215	1
广西	0.3236	8	0.3183	8	0.3243	8	0.3364	7	0.3343	8	0.3617	8
海南	0.3063	9	0.3041	11	0.2872	11	0.3000	11	0.2782	14	0.2672	18
重庆	0.2451	18	0.2486	15	0.2410	19	0.2570	17	0.2644	17	0.2659	19
四川	0.3491	6	0.3279	7	0.3134	9	0.3200	9	0.3154	9	0.3627	7
贵州	0.2473	16	0.2412	19	0.2388	20	0.2728	12	0.2982	10	0.3226	11
云南	0.4161	4	0.3961	4	0.3792	4	0.3842	4	0.3870	4	0.4163	4
陕西	0.2767	13	0.2720	13	0.2613	14	0.2656	15	0.2809	13	0.2816	15
甘肃	0.2278	23	0.2227	23	0.2184	24	0.2192	24	0.2325	24	0.2419	23
青海	0.4898	1	0.4864	1	0.4737	1	0.4748	2	0.4785	2	0.4781	2
宁夏	0.0710	30	0.0636	30	0.0661	30	0.0572	30	0.0600	30	0.0563	30
新疆	0.3048	10	0.2852	12	0.2642	13	0.2557	18	0.2391	23	0.2687	17
均值	0.2730		0.2709		0.2702		0.2763		0.2808		0.2917	
变异系数	0.3582		0.3492		0.3430		0.3465		0.3301		0.3445	

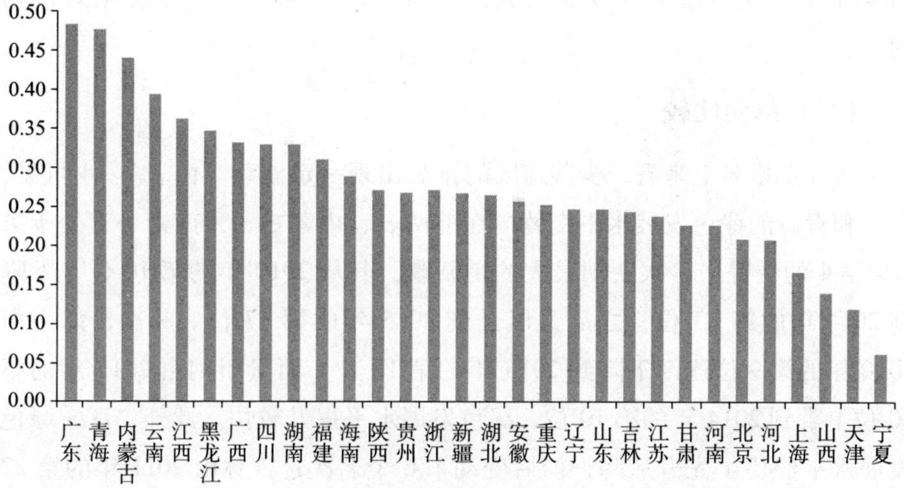

图 7－5　各地区绿色发展水平的年均值（2010—2015）

（一）地区间差异比较

为了更好地进行地区间的横向比较，我们将各地区 2010—2015 年绿色发展水平的年均得分按高低顺序绘制在图 7－5 中。可以看出，相比于经济社会的发展水平，我国 30 个地区间绿色发展水平的差距就小了很多。广东各年得分的均值最高，为 0.4854。各地区的排名情况不再是东部地区高于西部，排在前 10 位的依次是广东、青海、内蒙古、云南、江西、黑龙江、广西、四川、湖南、福建，多数为中西部地区。这些地区与主观 AHP 赋权下的结果差异较大（受权数的影响），主观赋权下排名比较靠前的浙江、北京现在排名比较靠后，而主观赋权下排名比较靠后的青海、内蒙古现在则排名非常靠前，这主要是由于这两个地区的生态环境较好。天津、河北、上海、江苏等东部地区的排名则比较靠后。得分年均值排在后 10 位的依次为宁夏、天津、山西、上海、河北、北京、河南、甘肃、江苏、吉林。其中山西、河北为能源消费大省，绿色发展水平较低。宁夏得分的年均值最低，仅有 0.0624，远远低于广东，这与主观 AHP 赋权下的结果基本一致。

从表 7－4 中各年得分的变异系数大小来看，我国地区间绿色发展水平差距不大。30 个地区间的变异系数在 0.33—0.36 之间徘徊，远低于地区间经济社会发展水平的变异系数，表明我国地区间绿色发展相对较为均衡。

（二）纵向比较

从各年排名上来看，少数地区的排名出现一定波动。由表 7－4 可见，广东和青海的绿色发展水平交替排在前两名，内蒙古、云南则一直处于第 3 和第 4 的位置。名次变动最大的是新疆，其从 2010 年的第 10 位，下降到 2014 年的第 23 位，之后又回升到 2015 年的第 17 位。其次，海南由 2010 年的第 9 位逐渐下降到 2015 年的第 18 位，而贵州则由 2012 年的第 20 位上升到 2014 年的第 10 位，绿色发展水平提升较快。此外，辽宁绿色发展水平经历了先升后降，前后变动了 6 个名次；吉林由 2011 年的第 22 位上升到 2015 年的第 16 位；湖南也由 2010 年的第 12 位上升到 2015 年的第 6 位；湖北由 2011 年的第 17 位上升到 2015 年的第 12 位。其余地区排名变动很小。

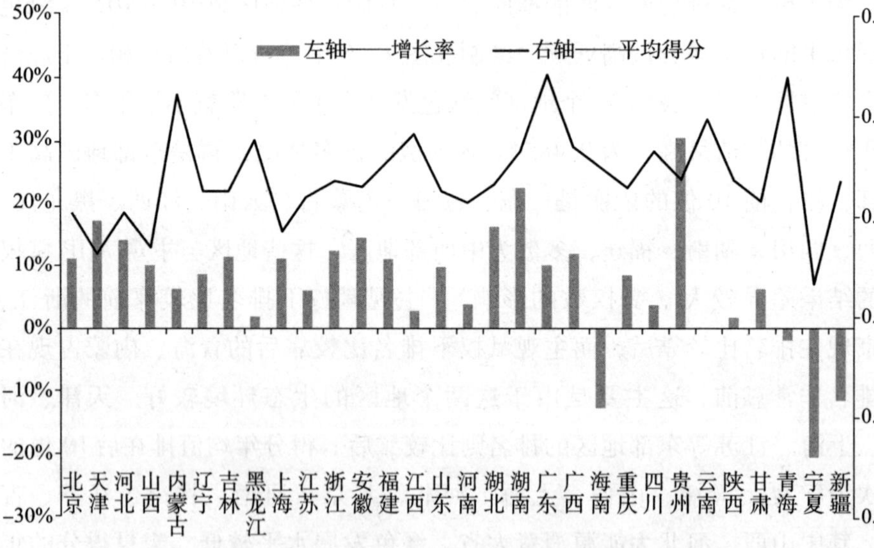

图 7－6　各地区绿色发展水平得分的年均值及增长率（2010—2015）

由图 7－6 各地区绿色发展水平得分的累计变动幅度可见，各地区绿色发展水平的变动非常乐观。除海南、青海、宁夏、新疆 4 个地区外，其余 28 个地区绿色发展水平均有一定程度提升。和主观 AHP 赋权结果一样，仍然是贵州省的上升幅度最大，累计增长30.43%，全国排名也有较大提升。此外，湖南、湖北、天津、河北等地区的绿色发展水平也有较大幅度上升。而宁夏、新疆、海南三个地区的绿色发展水平出现较大幅度的下降，尤其是宁夏，累计下降20.69%，绿色发展一直处于全国最低水平。海南则累计下降12.79%，致使其排名下降了9位。新疆累计下降11.86%，2010—2015年间排名下降了7位。青海的累计下降幅度较小。

此外，从表7-4各年绿色发展水平得分的均值来看，30个地区的均值呈现上升趋势。由2010年的0.2730上升到2015年的0.2917，增加了0.0187分，略高于经济社会的发展水平，但远低于主观AHP赋权下的结果。

三、各地区低碳发展水平评价结果分析

由子准则层指标得分及其权数加权平均得到2010—2015年各地区低碳发展水平准则层的得分，进一步计算其横向与纵向的平均值，结果见表7-5和图7-7。

表7-5　2010—2015年各地区低碳发展水平得分及排名

省份	2010年		2011年		2012年		2013年		2014年		2015年	
	得分	排名	得分	排名	得分	排名	得分	排名	得分	排名	得分	排名
北京	0.6391	2	0.6515	2	0.6458	2	0.6678	2	0.6837	1	0.7348	1
天津	0.4199	20	0.4416	17	0.4349	17	0.4423	22	0.4390	18	0.5262	9
河北	0.3474	27	0.3547	28	0.3519	26	0.4144	25	0.4400	17	0.4605	17
山西	0.3013	30	0.3038	29	0.2920	30	0.2870	30	0.2418	30	0.2886	30
内蒙古	0.3041	28	0.3551	27	0.3439	27	0.4197	24	0.3929	26	0.4117	26
辽宁	0.4025	22	0.4044	23	0.3929	23	0.4481	20	0.4080	25	0.4047	28
吉林	0.4434	16	0.4420	16	0.4530	14	0.4614	17	0.4735	10	0.4838	15
黑龙江	0.4298	19	0.4691	12	0.4223	21	0.4782	14	0.4550	13	0.4958	13
上海	0.5465	4	0.5350	4	0.5358	6	0.5091	10	0.5347	5	0.5532	6
江苏	0.4787	10	0.5435	3	0.5739	3	0.5946	3	0.5467	4	0.6220	3
浙江	0.4875	8	0.5178	7	0.5468	5	0.5942	4	0.5731	3	0.6200	4
安徽	0.4087	21	0.4399	18	0.4302	18	0.4939	13	0.4242	22	0.4604	18
福建	0.4787	9	0.4764	10	0.5104	9	0.5343	7	0.4622	12	0.5459	7
江西	0.4463	15	0.4535	15	0.4531	13	0.4636	16	0.4310	19	0.4581	19

续表

省份	2010 年		2011 年		2012 年		2013 年		2014 年		2015 年	
	得分	排名	得分	排名	得分	排名	得分	排名	得分	排名	得分	排名
山东	0.5128	5	0.5333	5	0.5497	4	0.5740	5	0.5139	6	0.5559	5
河南	0.3672	26	0.4158	21	0.4253	19	0.4559	19	0.4296	20	0.4571	20
湖北	0.5672	3	0.5121	8	0.5180	8	0.5441	6	0.4899	8	0.5201	10
湖南	0.4690	12	0.4687	13	0.5044	10	0.5230	8	0.5078	7	0.5394	8
广东	0.7033	1	0.6617	1	0.6851	1	0.6808	1	0.6417	2	0.6783	2
广西	0.3769	25	0.4277	20	0.4158	22	0.4480	21	0.4417	16	0.4105	27
海南	0.4958	7	0.4340	19	0.5025	11	0.5072	11	0.4493	15	0.4363	22
重庆	0.4434	17	0.4833	9	0.5288	7	0.5147	9	0.4513	14	0.5035	11
四川	0.4591	13	0.5225	6	0.4763	12	0.4978	12	0.4708	11	0.4977	12
贵州	0.3848	23	0.4012	24	0.3842	24	0.4127	26	0.4119	24	0.4430	21
云南	0.4769	11	0.4673	14	0.4528	15	0.4595	18	0.4793	9	0.4876	14
陕西	0.5003	6	0.4713	11	0.4390	16	0.4659	15	0.4255	21	0.4757	16
甘肃	0.4324	18	0.4130	22	0.4248	20	0.4204	23	0.3901	27	0.4176	25
青海	0.4510	14	0.3791	26	0.3564	25	0.3961	27	0.4161	23	0.4345	23
宁夏	0.3023	29	0.3000	30	0.3246	29	0.3641	29	0.3491	29	0.3269	29
新疆	0.3833	24	0.3808	25	0.3292	28	0.3723	28	0.3501	28	0.4253	24
均值	0.4486		0.4553		0.4568		0.4815		0.4575		0.4892	
变异系数	0.1986		0.1812		0.2005		0.1752		0.1827		0.1883	

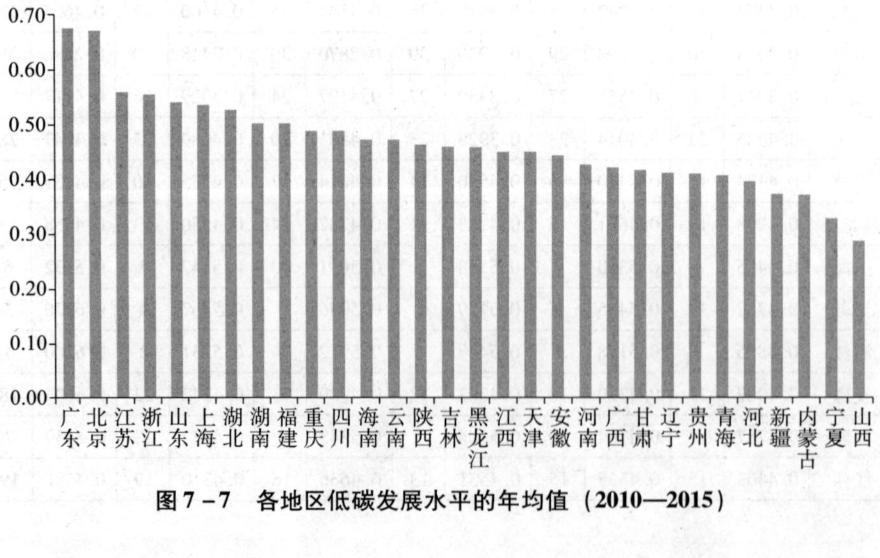

图 7－7　各地区低碳发展水平的年均值（2010—2015）

（一）地区间差异比较

为了更好地进行地区间的横向比较，我们将各地区 2010—2015 年低碳发展水平的年均得分按高低顺序绘制在图 7－7 中。可以看出，广东的低碳发展水平最高，年均 0.6752 分，与排在第 2 位的北京（0.6704 分）相差无几，但是远高于第 3 位的江苏（0.5599 分）。此外，浙江、山东、上海等东部地区的低碳化发展水平也较高。从图中可以看出，除广东和北京外，其余地区间低碳发展水平的差距较小。内蒙古、宁夏、山西仍然是排在最后 3 位，表明无论权数是否发生了变化，这三个地区的低碳发展水平均较低。

从表 7－5 中各年得分的变异系数大小来看，我国地区间低碳发展水平的差距非常小，2015 年变异系数仅为 0.1883，小于绿色发展水平，更小于经济社会发展水平的差异，表明我国地区间低碳发展相对较为均衡。

（二）纵向比较

从表 7－5 各年排名上来看，与主观 AHP 赋权下的结果类似，我国低碳发展水平地区间排名的变动幅度较大。2010—2015 年地区排名上下浮动超过 10 个名次的省区有：天津（2015 年比 2013 年上升了 13 个名次）、河北（2015 年比 2011 年上升了 11 个名次）、广西（2015 年比 2014 年下降了 11 个名次）、海南（2015 年比 2010 年下降了 15 个名次）、陕西（2014 年比 2010 年下降了 15 个名次）、青海（2013 年比 2010 年下降了 13 个名次）。此外，黑龙江、安徽、甘肃、云南等地区的名次变动幅度也较大。从图 7－8 各地区低碳发展水平得分的累计变动幅度来看，有海南、湖北、山西等 7 个地区得分出现下降，其中海南下降最多，为 12.0%，山西的情况与主观 AHP 赋权下的结果出现较大差异，主观 AHP 赋权下山西增长率为最高（84.47%），而这里却是下降了 4.21%。其余地区低碳发展水平均呈上升态势。其中，内蒙古、河北、江苏等地的上升幅度尤为明显。作为低碳试点省份的广东、辽宁、湖北、陕西、云南的低碳发展水平上升趋势不是太明显，有的甚至出现了下降。但从全国范围来看，30 个地区的均值呈现上升趋势，低碳发展水平得分由 2010 年的 0.4486 上升到 2015 年的

0.4892，但是幅度较小。

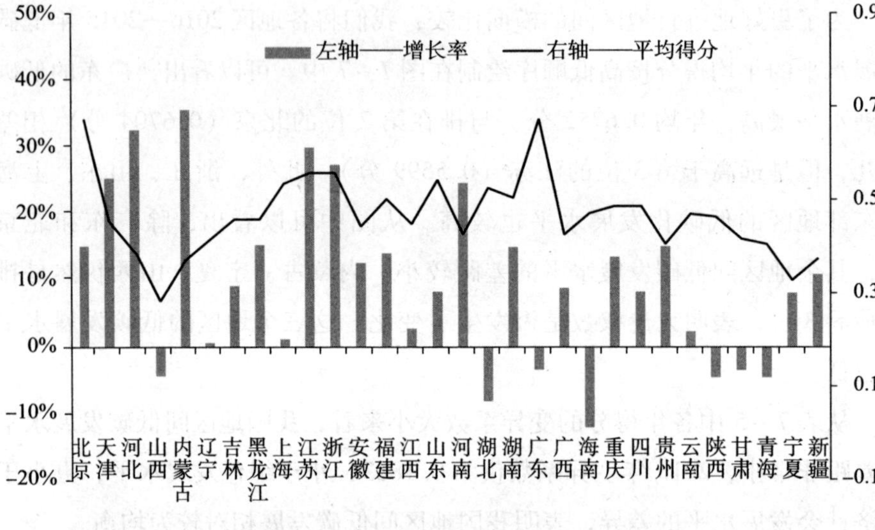

图 7－8　各地区低碳发展水平得分的年均值及增长率（2010—2015）

四、各地区循环发展水平评价结果分析

由子准则层指标得分及其权数加权平均得到 2010—2015 年各地区循环发展水平准则层的得分，进一步计算其横向与纵向的平均值，结果见表 7－6 和图 7－9。

表 7－6　2010—2015 年各地区循环发展水平得分及排名

省份	2010 年		2011 年		2012 年		2013 年		2014 年		2015 年	
	得分	排名	得分	排名	得分	排名	得分	排名	得分	排名	得分	排名
北京	0.2319	19	0.2238	18	0.2193	20	0.2226	19	0.2120	19	0.1443	27
天津	0.2286	20	0.2181	20	0.2186	21	0.2073	22	0.1963	22	0.1860	24
河北	0.3948	5	0.3792	5	0.3657	7	0.3738	8	0.3602	8	0.4108	5
山西	0.2840	12	0.3037	11	0.3215	9	0.3254	11	0.3232	10	0.3221	10
内蒙古	0.2713	15	0.2577	14	0.2707	15	0.2920	15	0.2874	15	0.3106	11
辽宁	0.3718	6	0.3761	6	0.3958	5	0.4187	4	0.3672	5	0.3612	8
吉林	0.1947	23	0.1704	23	0.1626	26	0.1855	24	0.1646	26	0.2074	21
黑龙江	0.1631	25	0.1657	25	0.1591	27	0.1952	23	0.1708	24	0.2215	20
上海	0.3109	10	0.2209	19	0.2642	16	0.3067	13	0.3002	13	0.2898	15

续表

省份	2010 年		2011 年		2012 年		2013 年		2014 年		2015 年	
	得分	排名	得分	排名	得分	排名	得分	排名	得分	排名	得分	排名
江苏	0.7135	2	0.6241	2	0.6206	2	0.6018	3	0.5990	2	0.5929	3
浙江	0.4695	4	0.4030	4	0.4123	4	0.4103	6	0.4176	4	0.4171	4
安徽	0.2742	14	0.3088	9	0.3180	10	0.3611	9	0.3552	9	0.3670	6
福建	0.2751	13	0.2564	15	0.2920	13	0.2936	14	0.2621	17	0.2517	18
江西	0.2085	21	0.2159	21	0.2344	17	0.2197	20	0.2029	20	0.2222	19
山东	0.8413	1	0.8387	1	0.8454	1	0.7810	1	0.7925	1	0.7901	1
河南	0.3551	8	0.3702	7	0.3754	6	0.3809	7	0.3617	7	0.3588	9
湖北	0.2634	16	0.2625	13	0.2885	14	0.3178	12	0.3126	11	0.2899	14
湖南	0.2973	11	0.3284	8	0.3468	8	0.4132	5	0.3666	6	0.3633	7
广东	0.6384	3	0.5670	3	0.5711	3	0.6035	2	0.5884	3	0.5940	2
广西	0.3414	9	0.2849	12	0.3109	11	0.3279	10	0.2936	14	0.2938	13
海南	0.0966	30	0.1197	29	0.1466	28	0.1305	29	0.1271	28	0.1290	28
重庆	0.1762	24	0.1584	26	0.1784	23	0.1828	25	0.1655	25	0.1662	25
四川	0.3666	7	0.3051	10	0.3008	12	0.2867	16	0.3110	12	0.3049	12
贵州	0.2050	22	0.1845	22	0.1915	22	0.2073	21	0.1811	23	0.1884	23
云南	0.2395	17	0.2505	16	0.2257	19	0.2595	17	0.2873	16	0.2634	16
陕西	0.2329	18	0.2363	17	0.2262	18	0.2383	18	0.2477	18	0.2591	17
甘肃	0.1134	28	0.1118	30	0.1127	30	0.1142	30	0.1191	30	0.1159	30
青海	0.1122	29	0.1685	24	0.1648	25	0.1750	26	0.2027	21	0.2049	22
宁夏	0.1598	26	0.1252	28	0.1212	29	0.1589	27	0.1554	27	0.1452	26
新疆	0.1314	27	0.1424	27	0.1667	24	0.1429	28	0.1219	29	0.1284	29
均值	0.2987		0.2859		0.2942		0.3045		0.2951		0.2967	
变异系数	0.5714		0.5477		0.5303		0.4898		0.5075		0.5052	

（一）地区间差异比较

为了更好地进行地区间的横向比较，我们将各地区 2010—2015 年循环发展水平的年均得分按高低顺序绘制在图 7－9 中。可以看出，山东的循环发展水平最高，年均 0.8148 分。此外，年均得分排在前 10 位的还有：江苏、广东、浙江、辽宁、河北、河南、湖南、安徽、山西。虽然江苏、广东、浙江等地区的得分比主观 AHP 赋权下的结果低很多，但这些地区的排

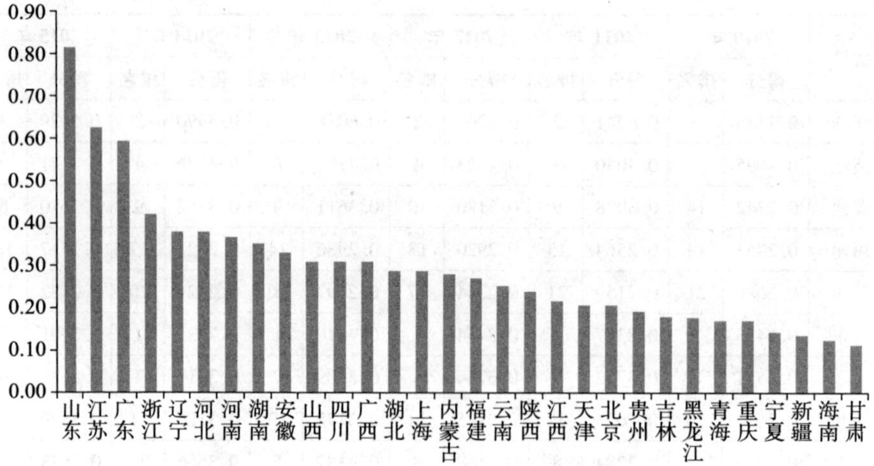

图7－9　各地区循环发展水平的年均值（2010—2015）

名却与之前基本一致，这主要是因为循环利用和循环能力两个子准则层的权数变动较小。年均得分排在后10位的依次是：甘肃、海南、新疆、宁夏、重庆、青海、黑龙江、吉林、贵州、北京，与主观赋权的结果有一定差异。甘肃的年均得分最低，为0.1145，比山东低0.7003，差距很大。

从表7－6中可以看出，循环发展水平各年的变异系数介于0.48—0.58之间，同样是高于绿色、低碳发展水平，而低于经济社会发展水平。综合来看，我国循环发展水平地区间变异系数由2010年的0.5714下降到2015年的0.5052，虽然地区间差距呈缩小态势，但这种差异仍不可忽视。

（二）纵向比较

从表7－6各年排名上来看，循环发展水平地区间排名变动小于低碳发展水平。北京、上海、四川的变动幅度最大，前后均变动了9个名次。其中，北京从2011年的第18位下降到2015年的第27位；上海由2010年的第10位下降到2011年的第19位；四川从2010年的第7位下降到2013年的第16位。其次，黑龙江、安徽、青海的排名前后变动幅度也较大。从图7－10各地区循环发展水平得分的累计变动幅度来看，北京、天津、江苏、四川等15个地区得分出现下降，而主观AHP赋权下只有8个地区得分出现下降。作为首都的北京，在两种赋权方法下其循环发展水平下降幅度均为最大。其余地区循环发展水平均呈上升态势，其中，青海上升幅度尤为明显，为82.72%。其次为黑龙江，但这两个地区的循环发展水平得分均较低。此外，安徽、海南、湖南的循环发展水平也有较大幅度上升。从图中还可以发现，循环发展水平和其增长率之间大致呈反向变动，循环发展水平较高的山东、江苏、广东等地区增长率却较低，而水平较低的青海、黑龙江等地区的增长率却较高。

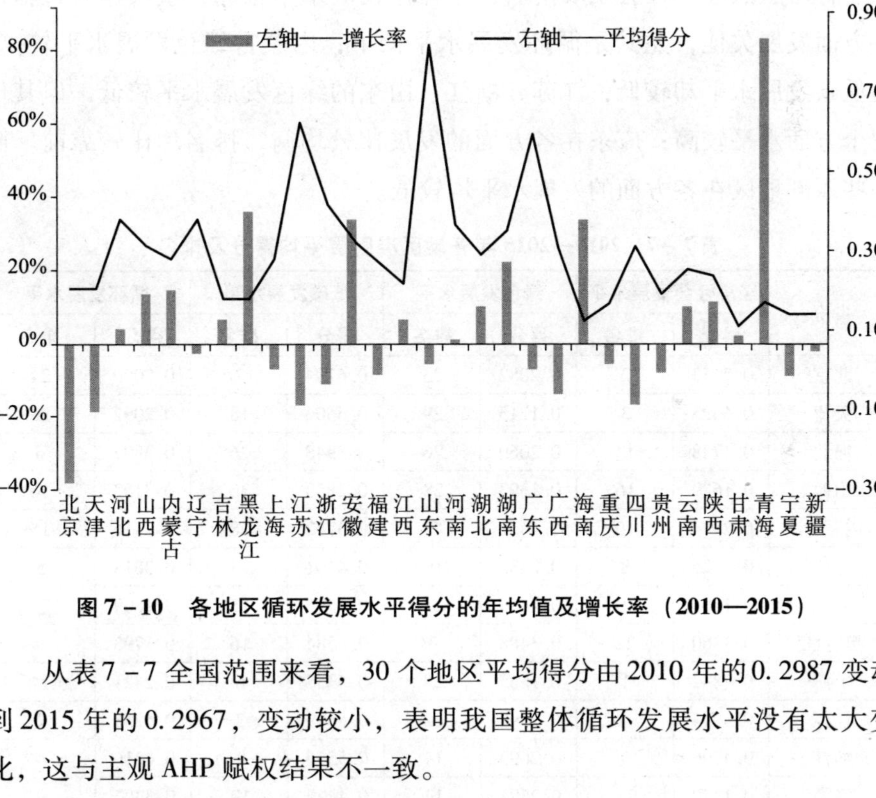

图7－10　各地区循环发展水平得分的年均值及增长率（2010—2015）

从表7－7全国范围来看，30个地区平均得分由2010年的0.2987变动到2015年的0.2967，变动较小，表明我国整体循环发展水平没有太大变化，这与主观AHP赋权结果不一致。

五、四个准则层对比分析

为了对4个准则层进行比较，将其得分的年均值及排名等列在表7－7中。无论从变异系数还是极差上来看，30个地区间经济社会发展水平的差异最大，远远超过其余3个准则层，是造成地区间综合得分差异的主要原因。低碳发展水平的变异系数和极差均较小，表明我国地区间低碳发展水平差异不大。循环发展水平变异系数虽然不是太大，但其极差较大，表明地区间发展水平两极分化严重。

从准则层的得分和排名可以看出各地区发展中的优劣势：与主观 AHP 赋权结果类似，北京、上海经济社会和低碳发展水平处于优势，而绿色和循环发展水平处于相对劣势；作为直辖市，天津虽然经济社会发展水平较高，但绿色、低碳、循环发展水平均较低；山西、河北、辽宁的绿色、低碳发展水平虽然处于劣势，但循环发展水平相对占优；江西、广西、云南、青海虽然经济社会发展落后，但绿色发展水平很高；重庆作为直辖市各方面发展欠佳，尤其是循环发展水平低下；内蒙古绿色发展水平较高，但低碳发展水平却较低；江苏、浙江、山东的绿色发展水平较低，但其他三个方面水平较高；广东在各方面的发展比较均衡，排名均比较靠前。而一些西部地区在各方面的发展水平均较低。

表 7-7　2010—2015 年各地区准则层平均得分及排名

省份	经济社会发展水平		绿色发展水平		低碳发展水平		循环发展水平	
	得分	排名	得分	排名	得分	排名	得分	排名
北京	0.7473	2	0.2082	25	0.6704	2	0.2090	21
天津	0.6023	3	0.1215	29	0.4506	18	0.2092	20
河北	0.1738	13	0.2069	26	0.3948	26	0.3807	6
山西	0.1629	16	0.1393	28	0.2858	30	0.3133	10
内蒙古	0.2374	10	0.4431	3	0.3712	28	0.2816	15
辽宁	0.3025	8	0.2483	19	0.4101	23	0.3818	5
吉林	0.1504	19	0.2456	21	0.4595	15	0.1809	23
黑龙江	0.1360	22	0.3486	6	0.4584	16	0.1793	24
上海	0.7882	1	0.1665	27	0.5357	6	0.2821	14
江苏	0.5014	4	0.2398	22	0.5599	3	0.6253	2
浙江	0.4796	5	0.2699	14	0.5566	4	0.4216	4
安徽	0.1330	23	0.2583	17	0.4429	19	0.3307	9
福建	0.2751	9	0.3104	10	0.5013	9	0.2718	16
江西	0.1217	25	0.3647	5	0.4509	17	0.2172	19
山东	0.3698	7	0.2483	20	0.5399	5	0.8148	1
河南	0.1596	17	0.2263	24	0.4252	20	0.3670	7
湖北	0.1939	12	0.2652	16	0.5252	7	0.2891	13
湖南	0.1648	15	0.3308	9	0.5020	8	0.3526	8
广东	0.4494	6	0.4854	1	0.6752	1	0.5937	3

续表

省份	经济社会发展水平		绿色发展水平		低碳发展水平		循环发展水平	
	得分	排名	得分	排名	得分	排名	得分	排名
广西	0.1059	26	0.3331	7	0.4201	21	0.3087	12
海南	0.1729	14	0.2905	11	0.4708	12	0.1249	29
重庆	0.2004	11	0.2537	18	0.4875	10	0.1712	26
四川	0.1489	20	0.3314	8	0.4874	11	0.3125	11
贵州	0.1007	28	0.2701	13	0.4063	24	0.1930	22
云南	0.1058	27	0.3965	4	0.4706	13	0.2543	17
陕西	0.1580	18	0.2730	12	0.4629	14	0.2401	18
甘肃	0.0859	30	0.2271	23	0.4164	22	0.1145	30
青海	0.0865	29	0.4802	2	0.4055	25	0.1714	25
宁夏	0.1380	21	0.0624	30	0.3278	29	0.1443	27
新疆	0.1295	24	0.2696	15	0.3735	27	0.1389	28
变异系数	0.7546		0.3430		0.1807		0.5209	
级差	0.7023		0.4230		0.3894		0.7003	

第三节　各地区 10 个子准则层评价结果分析

一、子准则层地区间差异比较

由各指标得分及其权数加权平均得到 2010—2015 年各地区 10 个子准则层的得分，进一步计算 2010—2015 年 10 个子准则层的年均得分及其排名，结果见表 7－8 和表 7－9。

（一）经济发展

各地区经济发展水平差距较大，上海、北京、天津、江苏、浙江、广东、山东等东部地区明显高于西部地区，重庆的经济发展水平相对落后。30 个地区年均得分的极差（0.8119，上海和广西的分差）和变异系数（0.9248）均较高，尤其是变异系数，在 10 个子准则层中仅次于生态环境的变异系数，表明我国地区间经济发展水平差距较大。各地区平均得分较低，仅有0.2446分，排在10个子准则层的倒数第3位，略高于生态环境和生态保护。

（二）社会发展

各地区的社会发展水平与经济发展水平相比，发生了一定变化。河北、河南、广西、四川的社会发展水平明显高于经济发展水平，而黑龙江、海南、重庆、陕西等地区的社会发展水平低于经济发展水平。上海的社会发展水平最高，而青海的最低。30个地区年均得分的级差（0.5698）和变异系数（0.5779）均低于经济发展水平，地区差距相对较小。各地区平均得分也较低，为0.2656分，排在10个子准则层的第6位。

（三）能源消费

能源消费水平与经济、社会的发展水平不同，江西、海南、广西的能源消费水平排在前3位，此外，安徽、北京、广东、湖南、福建的排名也比较靠前。而宁夏、内蒙古、山西、青海、新疆、辽宁、河北等西部或能源消费大省的得分较低，与主观AHP赋权方法下的结果不太一致。虽然30个地区年均得分的级差（0.8844）较高，两极分化严重，但变异系数（0.3176）却很低，总体来说各地区能源消费水平差距较小，且各地区平均得分在10个子准则层中最高，为0.7047分，这一点与主观AHP赋权方法下的结果基本一致。

（四）生态环境

青海的生态环境得分排在全国第1位，其次是内蒙古，这与主观AHP赋权方法下的结果一致。其次，新疆、云南、广西、黑龙江等中西部地区，生态环境保护较好，而北京、天津、上海、江苏、山东等东部发达地区生态环境较差。30个地区年均得分的级差（0.8042）和变异系数（0.9415）均较高，尤其是变异系数，为10个子准则层中最高的，表明我国地区间生态环境差距很大，这与主观AHP赋权方法下的结果不太一致。各地区平均得分在10个子准则层中最低，为0.1678。

（五）生态保护

内蒙古和广东的生态保护排名较主观AHP赋权方法发生颠倒，广东的得分最高，其次是内蒙古。此外，云南、山东、黑龙江、湖南等地区的生态保护也较好。而北京、天津、上海、宁夏等地区的得分较低。30个地区年均得分的级差（0.7614）和变异系数（0.6498）均低于生态环境，地区差距不算太大。但各地区平均得分在10个子准则层中较低，为0.2260，排在倒数第2位，表明我国生态保护水平较差，城市绿地面积、造林面积等相对较少。

（六）二氧化碳排放

北京、上海的平均得分排在前两名，其次是湖北、湖南、广东、四川、重庆、云南、海南这些地区的二氧化碳排放年均得分也较高。而河北、山西、内蒙古、辽宁、宁夏、新疆这些能源消费大省年均得分较低，这与主观AHP赋权方法下的结果也大体一致。虽然各地区年均得分的级差（0.8125）较高，但其变异系数（0.2788）是10个子准则层中最低的，表明二氧化碳排放水平地区间差距很小，是导致准则层低碳发展水平差异程度最小的一个主要原因。

（七）环境污染

海南省的得分最高，其环境污染最少，其次是北京、天津、上海，与之前的结果基本一致。此外，青海、宁夏、吉林、重庆等地区的得分也较高。河北的得分最低，此外，山东、山西、内蒙古等能源消费大省的环境污染也较为严重。从各地区年均得分的级差（0.7745）和变异系数（0.2811）来看，地区间环境污染状况差距不大。30个地区平均得分0.6788，在10个子准则层中排在第2位，整体水平较高。

（八）环境治理

广东的环境治理得分最高，其次是山东、江苏、河北、浙江、北京、河南等地区。而天津、海南、甘肃、青海、宁夏等地区的环境治理较差。30个地区年均得分的级差（0.7068）和变异系数（0.5140）不太高，地区间差距不算太大。地区平均得分0.3084，排在10个子准则层的第5位，整体环境治理水平有待提高。

（九）循环利用

山东仍然排在第1位，得分0.9656，循环利用水平较高。其次是河北、江苏、山西、辽宁，虽然这几个省份碳排放、环境污染较为严重，但其循环利用水平得分较高。与主观AHP赋权方法下的结果类似，北京的循环利用水平较差，年均得分排在全国最后一位。海南、重庆、新疆、黑龙江、宁夏、天津等地区的循环利用水平也较差。30个地区年均得分的级差（0.9134）为10个子准则层中最大的，表明地区间循环利用水平两极分化严重。但变异系数（0.0.6411）不算太大。

（十）循环能力

广东的循环能力最强，得分排在第1位。其次是江苏、浙江、山东、辽宁、河南、上海、湖南、广西、北京，基本都是东部地区，这与主观AHP赋权方法下的结果基本一致。西部地区循环能力普遍较差，中部的山西、黑龙江、吉林、江西得分排名也比较靠后。虽然30个地区年均得分的级差（0.8879）较大，两极分化较为严重，但变异系数（0.5867）不算太大。

表7-8　各地区10个子准则层年均得分（2010—2015）

省份	经济发展	社会发展	能源消费	生态环境	生态保护	CO_2排放	环境污染	环境治理	循环利用	循环能力
北京	0.8465	0.5895	0.8889	0.0646	0.0827	0.9377	0.9492	0.3716	0.0522	0.3821
天津	0.7714	0.3335	0.6478	0.0114	0.0234	0.5341	0.9283	0.1495	0.1508	0.2737
河北	0.1070	0.2800	0.6137	0.0547	0.2275	0.4480	0.2223	0.4567	0.4170	0.3407
山西	0.1505	0.1826	0.3050	0.0496	0.1873	0.1252	0.3622	0.3355	0.3819	0.2375
内蒙古	0.2651	0.1934	0.1849	0.5001	0.4872	0.3387	0.4445	0.3505	0.3168	0.2428
辽宁	0.3074	0.2948	0.6023	0.1063	0.2798	0.4724	0.4509	0.3533	0.3250	0.4445
吉林	0.1330	0.1782	0.7602	0.1672	0.1073	0.5569	0.8126	0.2169	0.2052	0.1540
黑龙江	0.1285	0.1479	0.7333	0.2341	0.3258	0.5501	0.7227	0.2661	0.1425	0.2198
上海	0.8697	0.6587	0.7369	0.0129	0.1092	0.7188	0.8875	0.2455	0.1739	0.4016
江苏	0.5094	0.4886	0.7932	0.0284	0.2739	0.5023	0.5022	0.6230	0.3888	0.8865
浙江	0.4354	0.5498	0.8258	0.1677	0.1458	0.6061	0.6920	0.4566	0.2145	0.6503
安徽	0.0944	0.1945	0.8904	0.0786	0.2086	0.5094	0.6907	0.2736	0.3048	0.3593

续表

省份	经济发展	社会发展	能源消费	生态环境	生态保护	CO_2排放	环境污染	环境治理	循环利用	循环能力
福建	0.2736	0.2775	0.8501	0.2221	0.1743	0.5750	0.7797	0.3116	0.1920	0.3600
江西	0.0825	0.1839	0.9430	0.2260	0.2821	0.5668	0.7184	0.2434	0.1952	0.2416
山东	0.3119	0.4620	0.7199	0.0334	0.3271	0.4761	0.3091	0.6987	0.9656	0.6483
河南	0.0699	0.3023	0.8269	0.0471	0.1913	0.5085	0.4452	0.3676	0.3139	0.4257
湖北	0.1723	0.2282	0.8161	0.1167	0.2100	0.6941	0.7064	0.3337	0.2210	0.3644
湖南	0.1337	0.2144	0.8641	0.1629	0.3122	0.6925	0.6792	0.3005	0.3191	0.3896
广东	0.4064	0.5178	0.8916	0.1394	0.7847	0.6572	0.5454	0.7543	0.2844	0.9353
广西	0.0577	0.1824	0.9024	0.2404	0.1888	0.5312	0.7248	0.1954	0.2410	0.3835
海南	0.1738	0.1716	0.9355	0.2236	0.0722	0.6142	0.9967	0.1103	0.0825	0.1718
重庆	0.2218	0.1665	0.8096	0.1175	0.1783	0.6183	0.8123	0.2410	0.0890	0.2620
四川	0.0827	0.2541	0.8411	0.1722	0.3118	0.6226	0.6248	0.3381	0.2507	0.3808
贵州	0.0920	0.1147	0.6625	0.1489	0.2531	0.5877	0.6988	0.1485	0.1840	0.2029
云南	0.0729	0.1580	0.8154	0.2569	0.3930	0.6180	0.7151	0.2574	0.2802	0.2257
陕西	0.1524	0.1670	0.7805	0.1402	0.2165	0.4472	0.6862	0.3530	0.1989	0.2856
甘肃	0.0613	0.1250	0.7079	0.1154	0.1532	0.5363	0.8106	0.1392	0.1753	0.0474
青海	0.0850	0.0889	0.3498	0.8156	0.0618	0.5862	0.8873	0.0475	0.2267	0.1102
宁夏	0.1575	0.1069	0.0587	0.0651	0.0603	0.1731	0.8738	0.1246	0.1507	0.1372
新疆	0.1131	0.1554	0.3828	0.3143	0.1503	0.4065	0.6838	0.1898	0.0947	0.1878
均值	0.2446	0.2656	0.7047	0.1678	0.2260	0.5404	0.6788	0.3084	0.2513	0.3451
级差	0.8119	0.5698	0.8844	0.8042	0.7614	0.8125	0.7745	0.7068	0.9134	0.8879
变异系数	0.9248	0.5779	0.3176	0.9415	0.6498	0.2788	0.2811	0.5240	0.6411	0.5867

从表7－9可以看出，各地区在10个子准则层的表现不尽相同。如：北京在经济发展、社会发展、能源消费、二氧化碳排放、环境污染和环境治理5个层面的排名比较靠前，而在生态环境、生态保护、循环利用方面的表现则差强人意；上海与北京的情况类似；天津的情况较北京更不乐观，其除了生态环境、生态保护得分全国最低外，能源消费、环境治理、循环利用水平均较差；河北、山西除了在环境治理、循环利用方面排名比较靠前外，其余相对靠后。内蒙古的生态环境、生态保护、循环利用排名比较靠前，而能源消费、二氧化碳排放、环境污染排名比较靠后；广东的

各方面的发展相对来说最好，其只有生态环境和环境污染两个子准则层排名在16和20位，其余均在前10；而重庆各方面相对来说较差，只有二氧化碳排放和环境污染排在全国前10位，其余均比较靠后，与其他直辖市的差距较大，等等。各地区在制定绿色低碳循环发展路径时，应以其在各子准则层的得分及排名情况为参考，合理制定各项发展策略，力求各方面均衡发展。

表7-9　各地区10个子准则层年均得分排名（2010—2015）

省份	经济发展	社会发展	能源消费	生态环境	生态保护	CO_2排放	环境污染	环境治理	循环利用	循环能力
北京	2	2	6	23	26	1	2	6	30	10
天津	3	7	23	30	30	18	3	25	24	17
河北	21	10	24	24	12	25	30	4	2	15
山西	16	18	28	25	18	30	28	12	4	21
内蒙古	10	16	29	2	2	28	27	10	7	19
辽宁	8	9	25	20	9	24	25	8	5	5
吉林	18	20	17	12	25	15	7	22	17	27
黑龙江	19	26	19	6	5	16	12	17	26	23
上海	1	1	18	29	24	2	4	19	23	7
江苏	4	5	15	28	10	22	24	3	3	2
浙江	5	3	11	11	23	10	17	5	16	3
安徽	22	15	5	21	15	20	18	16	9	14
福建	9	11	8	9	20	13	10	14	20	13
江西	26	17	1	7	8	14	13	20	19	20
山东	7	6	20	27	4	23	29	2	1	4
河南	28	8	10	26	16	21	26	7	8	6
湖北	13	13	12	18	14	3	15	13	15	12
湖南	17	14	7	13	6	4	21	15	6	8
广东	6	4	4	16	1	5	23	1	10	1
广西	30	19	3	5	17	19	11	23	13	9
海南	12	21	2	8	27	9	1	29	29	26
重庆	11	23	14	17	19	7	8	21	28	18
四川	25	12	9	10	7	6	22	11	12	11

续表

省份	经济发展	社会发展	能源消费	生态环境	生态保护	CO_2排放	环境污染	环境治理	循环利用	循环能力
贵州	23	28	22	14	11	11	16	26	21	24
云南	27	24	13	4	3	8	14	18	11	22
陕西	15	22	16	15	13	26	19	9	18	16
甘肃	29	27	21	19	21	17	9	27	22	30
青海	24	30	27	1	28	12	5	30	14	29
宁夏	14	29	30	22	29	29	6	28	25	28
新疆	20	25	26	3	22	27	20	24	27	25

二、各地区子准则层纵向变化分析

为考察各地区在各个子准则层的纵向变动情况，我们计算了各地区2010—2015年得分的累计增长率（见表7-10），以反映各地区在各个层面上的发展潜力。

表7-10　各地区10个子准则层累计增长率（2010—2015）　（%）

省份	经济发展	社会发展	能源消费	生态环境	生态保护	CO_2排放	环境污染	环境治理	循环利用	循环能力
北京	-1.69	-4.11	10.79	7.71	17.75	1.42	-0.62	65.41	-81.44	-30.35
天津	4.23	-9.97	17.36	21.44	13.12	99.40	1.25	3.57	-17.01	-19.74
河北	-30.95	4.69	14.76	0.04	18.60	30.96	0.45	43.93	-2.44	13.35
山西	-10.51	-4.97	18.70	20.64	-0.80	153.06	-5.53	-28.95	15.18	10.83
内蒙古	-10.41	18.35	38.20	5.56	2.30	60.86	15.83	34.08	23.96	1.71
辽宁	-31.66	7.52	17.78	-9.52	11.34	30.61	-6.93	-14.04	-18.70	11.94
吉林	-22.83	1.91	12.88	-8.88	61.21	28.84	2.56	-4.41	-25.26	76.00
黑龙江	-19.43	-9.75	5.91	2.71	-2.75	60.76	2.15	-4.67	14.55	53.37
上海	-2.20	0.99	13.88	33.94	0.38	4.30	3.52	-6.69	-37.65	15.28
江苏	15.96	11.71	1.60	79.61	3.99	13.30	33.79	37.07	-26.47	-11.05
浙江	10.34	11.10	2.09	5.43	70.77	7.51	23.58	47.44	-19.33	-7.28
安徽	-7.61	26.74	0.46	9.22	54.21	13.98	4.94	22.71	32.86	34.88
福建	5.23	5.29	0.73	-0.16	71.83	1.44	13.75	29.00	-17.86	-2.22

续表

省份	经济发展	社会发展	能源消费	生态环境	生态保护	CO_2排放	环境污染	环境治理	循环利用	循环能力
江西	-3.11	13.64	-1.52	3.21	9.52	8.56	5.17	-7.89	12.56	1.29
山东	6.15	1.21	9.11	-11.50	13.86	9.79	0.98	9.43	1.81	-17.68
河南	8.97	16.04	6.91	-4.53	0.75	30.45	31.60	16.43	13.75	-7.47
湖北	19.43	52.95	10.10	13.21	31.04	9.81	5.26	-33.62	-7.25	23.43
湖南	-2.39	21.38	9.27	8.76	59.03	12.09	28.20	6.33	35.24	12.25
广东	1.79	-5.26	2.34	3.44	16.02	8.09	13.06	-13.47	-36.99	8.58
广西	-56.53	21.01	1.38	22.97	16.56	-35.44	56.17	18.68	17.11	-29.09
海南	7.61	30.01	-3.82	-18.59	-37.32	-19.52	-0.38	-38.75	-21.43	90.27
重庆	30.86	10.74	10.19	8.93	4.60	26.75	12.55	-1.05	-10.08	-3.90
四川	0.53	14.45	7.14	2.97	1.12	3.77	27.79	-2.27	-33.21	-1.04
贵州	-36.80	43.21	21.71	27.49	44.28	10.21	15.88	26.64	-4.55	-11.62
云南	-28.79	8.98	8.84	6.15	-12.26	14.82	-6.03	-1.29	41.72	-20.23
陕西	-7.34	24.53	-3.55	2.59	10.22	23.74	-1.67	-23.86	2.73	18.48
甘肃	0.01	54.32	1.62	2.40	19.78	21.99	0.29	-52.46	4.58	-6.89
青海	-25.03	39.64	-25.37	2.33	-10.68	-2.19	-7.94	29.97	105.70	35.71
宁夏	-12.12	29.37	-80.04	6.97	-7.72	135.69	2.61	-14.39	6.14	-22.56
新疆	20.94	24.28	-51.09	0.94	14.92	43.09	-2.44	-2.62	9.21	-8.56

（一）经济发展

从表7-10可以看出，仅有天津、浙江、江苏等13个地区的得分在2010—2015年间为正增长，其余17个地区均为负增长，表明我国多数地区经济增长潜力出现不同程度下降，符合我国当前所处的经济发展阶段。重庆得分的累计增长幅度最大，为30.86%，而广西的下降幅度最大，为-56.53%，这一结果与主观AHP赋权结果类似。此外，江苏、浙江、湖北、新疆的增幅较大，均超过了10%，经济发展势头良好；而河北、辽宁、贵州、吉林、云南、青海的降幅较大，均超过了20%。

（二）社会发展

我国30个地区的社会发展状况明显好于经济发展，仅有5个地区增长率为负值，分别为北京、天津、山西、黑龙江、广东，这与主观 AHP 赋权结果非常相似。其中，天津社会发展水平的下降幅度最大，为 -9.97%。甘肃和湖北的社会发展水平提高最快，均超过了 50%。此外，安徽、湖南、广西、海南、贵州、陕西、青海、宁夏、新疆的社会发展得分的累计增长率也较高，均在 20% 以上。

（三）能源消费

能源消费得分的增长情况也较为乐观，仅有 6 个地区增长率为负值，分别为江西、海南、陕西、青海、宁夏、新疆，与 AHP 主观赋权下的结果一致。宁夏的能源消费得分下降幅度最大，为 -80.04%，高于 AHP 主观赋权约 10 个百分点，远远超过其他地区。而山西的能源消费得分增长率为正值，表明其能源消费状况有所改善。内蒙古能源消费得分涨幅最大，为 38.20%，此外，贵州、辽宁、河北等能源消费大省的能源消费得分的增长率也较高。

（四）生态环境

生态环境的发展较能源消费更为乐观，虽然也是有 6 个地区（辽宁、吉林、福建、山东、河南、海南）得分为负增长，但是下降幅度较小，海南省的降幅最大，为 -18.59%，低于能源消费和经济发展子准则层的最大降幅，但高于社会发展子准则层的最大降幅。江苏的生态环境得分虽然较低，但增长速度最快，累计增长 79.61%。此外，天津、山西、上海、广西、贵州的增长率均超过了 20%，表明其生态环境提高较快。总体来看，我国生态环境呈现逐渐改善状态。

（五）生态保护

同 AHP 主观赋权结果一致，仍然是福建省生态保护得分涨幅最大，但其涨幅 71.83% 比之前的 188.95% 要低一半多。其次，吉林、浙江、安徽、湖南四省的涨幅均超过了 50%，所表现出的生态保护发展潜力较 AHP 主观赋权结果要小得多。山西、黑龙江、海南、云南、青海、宁夏 6 个地区的生态保护得分出现了不同程度的下降，其中，海南下降幅度最大，为 37.32%，需要采取措施积极应对。

（六）二氧化碳排放

30 个地区中仍然是仅有 3 个地区二氧化碳排放得分的增长率为负值，分别为：广西下降 35.44%，海南下降 19.52%，青海下降 2.19%。其余地区得分均有不同程度增长，年均得分最低的山西，其增长率反而最高，达到了 153.06%，为 10 个子准则层中地区得分涨幅最大的一个，这与主观 AHP 赋权结果基本一致，只是涨幅变小。此外，天津、内蒙古、黑龙江、宁夏的得分涨幅均超过了 50%，二氧化碳排放有较大改善。

（七）环境污染

仍然是广西壮族自治区的环境污染状况的改善最大，2010—2015 年得分累计增长 56.17%。其次，江苏、浙江、河南、湖南、四川 5 个地区的涨幅也较大，均超过了 20%，环境污染状况得到一定改善。而北京、山西、辽宁、海南、云南、陕西、青海、新疆 8 个地区的得分累计增长率为负值，但其下降幅度并不大，青海的降幅最大，为 7.94%，表明我国整体环境污染状况有所改善。

（八）环境治理

北京的环境治理得分增长速度最快，为 65.41%，这与主观 AHP 赋权结果一致，表明北京市对环境治理的力度比较大。其次，河北、内蒙古、江苏、浙江、安徽、福建、贵州、青海的涨幅也比较大，均超过了 20%。而山西、辽宁、湖北等 16 个地区的环境治理得分出现不同程度下降，其中甘肃省的降幅最大，为 52.46%。总体来看，我国地区环境治理状况不容乐观。

（九）循环利用

青海的循环利用得分增长幅度最大，为 105.70%，远远超过其他地区，表现出较大的发展潜力，这与主观 AHP 赋权下的结果不一致。在主观 AHP 赋权下，增幅最大的重庆市，这里的增幅却为负值，为 -10.08%。增幅较大的地区还有内蒙古、安徽、湖南、云南，其增幅均超过 20%。而北京、天津、河北等 15 个地区循环利用得分出现不同程度的下降，其中，得分较低的北京下降幅度也最大，为 81.44%，需要不断提高循环利用水平。

（十）循环能力

海南循环能力得分的增长率最高，为 90.27%。其次是吉林和黑龙江，分别增长 76% 和 53.37%。此外，安徽、湖北、青海的循环能力发展潜力也较大。而北京、天津、江苏等 15 个地区循环能力得分出现下降，其中，北京的降幅最大，为 30.35%，与主观 AHP 赋权结果类似。

第四节　本章小结

本章采用客观变异系数构权法，对我国 30 个地区的绿色低碳循环发展水平进行了综合测评。研究发现：客观变异系数构权法下我国地区间绿色低碳循环经济发展水平差异程度高于主观 AHP 赋权法下的结果，地区间综合得分的变异系数均在 0.35 以上，要高于主观 AHP 赋权下的变异系数（均在 0.23 以下）；各地区经济社会发展水平的排名情况与主观 AHP 赋权下的结果基本一致，而绿色发展水平则出现了一定差异，主观赋权下排名比较靠前的浙江、北京在客观赋权下的排名比较靠后，而主观赋权下排名比较靠后的青海、内蒙古则在客观赋权下的排名非常靠前；山西省的低碳发展水平与主观 AHP 赋权下的结果出现较大差异，主观 AHP 赋权下山西低碳得分增长率为最高（84.47%），而客观赋权下却是下降了 4.21%；各地区循环发展水平排名与主观赋权下的结果大体一致，但是得分增长率有 15 个地区出现下降，多于主观赋权下的 8 个；10 个子准则层的地区排名情况与主观赋权下的结果一致性也较高，但其得分的增长率普遍低于主观赋权赋权下的结果。

第八章 基于主客观赋权的综合评价结果分析

第一节 各地区绿色低碳循环发展水平综合评价

根据第四章第二节的指标数据和4.5节的主客观组合权数（表4－24）的计算结果，采用线性加权算术平均方法，计算得到2010—2015年各地区绿色低碳循环经济发展水平的综合得分，计算结果及排名见表8－1。本节将对各地区的综合得分进行空间上的横向对比与时间上的纵向比较，并与主、客观赋权方法下的结果进行比较。

一、各地区综合得分的空间差异分析

从表8－1来看，仍然是广东、北京、江苏、上海、山东这些发达地区的综合得分高，而宁夏、新疆、山西、甘肃、青海等欠发达地区的综合得分较低。由于各年各地区的得分和排名不尽一致，为了更好地进行地区间的横向比较，我们计算了2010—2015年各地区综合得分的年均值，结果见图8－1。

表8－1 2010—2015年各地区绿色低碳循环发展水平综合得分及排名

省份	2010年		2011年		2012年		2013年		2014年		2015年	
	得分	排名	得分	排名	得分	排名	得分	排名	得分	排名	得分	排名
北京	0.5572	2	0.5635	2	0.5555	2	0.5668	2	0.5603	2	0.5381	4
天津	0.4273	7	0.4418	7	0.4450	7	0.4454	7	0.4431	7	0.4543	7
河北	0.3422	17	0.3434	19	0.3418	19	0.3549	18	0.3610	18	0.3791	15
山西	0.2484	28	0.2602	27	0.2637	27	0.2562	28	0.2545	28	0.2760	28
内蒙古	0.3281	21	0.3219	22	0.3413	20	0.3736	16	0.3648	17	0.3754	17

续表

省份	2010年		2011年		2012年		2013年		2014年		2015年	
	得分	排名	得分	排名	得分	排名	得分	排名	得分	排名	得分	排名
辽宁	0.3821	10	0.3961	9	0.4017	9	0.4238	9	0.4056	8	0.3951	11
吉林	0.3102	22	0.3050	24	0.3063	23	0.3275	24	0.3160	24	0.3407	23
黑龙江	0.3026	24	0.3193	23	0.3063	24	0.3345	23	0.3199	23	0.3508	22
上海	0.5376	3	0.5193	5	0.5323	4	0.5340	4	0.5494	3	0.5522	3
江苏	0.5293	4	0.5362	3	0.5435	3	0.5479	3	0.5457	4	0.5574	2
浙江	0.4966	6	0.4974	6	0.5092	6	0.5167	6	0.5167	6	0.5282	5
安徽	0.3365	20	0.3552	17	0.3551	17	0.3819	12	0.3712	14	0.3878	13
福建	0.4119	8	0.4160	8	0.4307	8	0.4351	8	0.4053	9	0.4300	8
江西	0.3603	15	0.3567	16	0.3688	14	0.3529	19	0.3446	20	0.3598	20
山东	0.5140	5	0.5254	4	0.5290	5	0.5283	5	0.5229	5	0.5267	6
河南	0.3420	18	0.3578	15	0.3657	15	0.3761	14	0.3758	13	0.3808	14
湖北	0.3649	12	0.3591	14	0.3702	11	0.4031	11	0.3997	11	0.4071	10
湖南	0.3620	14	0.3715	11	0.3830	10	0.4040	10	0.4041	10	0.4140	9
广东	0.5924	1	0.5785	1	0.5848	1	0.5897	1	0.5813	1	0.6005	1
广西	0.3703	11	0.3660	12	0.3689	13	0.3814	13	0.3710	15	0.3612	19
海南	0.3383	19	0.3356	20	0.3691	12	0.3566	17	0.3410	21	0.3332	24
重庆	0.3079	23	0.3297	21	0.3464	18	0.3507	21	0.3381	22	0.3515	21
四川	0.3831	9	0.3813	10	0.3653	16	0.3753	15	0.3699	16	0.3948	12
贵州	0.2831	26	0.2899	25	0.2876	25	0.3105	25	0.3067	25	0.3222	25
云南	0.3628	13	0.3650	13	0.3321	22	0.3517	20	0.3774	12	0.3779	16
陕西	0.3472	16	0.3516	18	0.3355	21	0.3486	22	0.3467	19	0.3650	18
甘肃	0.2596	27	0.2586	28	0.2604	28	0.2661	27	0.2672	27	0.2817	27
青海	0.2894	25	0.2828	26	0.2722	26	0.2813	26	0.2973	26	0.2942	26
宁夏	0.1917	30	0.1745	30	0.1837	30	0.2109	30	0.2055	30	0.1828	30
新疆	0.2479	29	0.2446	29	0.2302	29	0.2343	29	0.2189	29	0.2569	29

从图8－1中30个地区2010—2015年平均得分的空间差异上来看，绿色低碳循环经济发展水平的地区间差异程度介于主观、客观赋权之间，且与主观赋权近似。广东综合得分的年均值仍然最高，为0.5879。全部地区

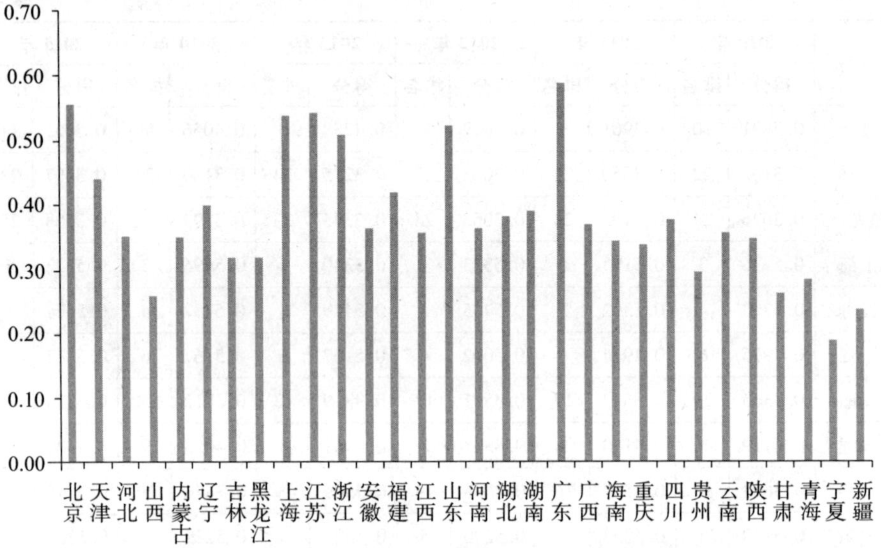

图 8－1　各地区综合得分的年均值（2010—2015）

绿色低碳循环发展水平大致可分为四组：广东、北京、江苏、上海、山东、浙江，得分遥遥领先，处于第一梯队，年均综合得分均在 0.5 以上，且均为东部发达地区；天津、福建、辽宁、湖南、湖北、四川、广西、河南、安徽、云南、江西、河北、内蒙古处于第二梯队，年均综合得分为 0.35—0.45。天津作为直辖市，虽处于第二梯队的第一名，但其年均得分仅为 0.4428，与北京相比，低 0.1141 分；陕西、海南、重庆、黑龙江、吉林、贵州、青海、甘肃、山西处于第三梯队，年均综合得分为 0.25—0.35。作为直辖市的重庆，其年均得分仅为 0.3374，比北京低 0.2195，与其他三个直辖市的差距非常明显。山西作为煤炭大省，其综合得分排在全国倒数第三位；新疆和宁夏处于第四梯队，其年均综合得分分别为 0.2388 和 0.1915，各方面发展水平均较低。总体来看，权数变动对地区排名的变动影响不是很明显。

从各地区年均综合得分的直方图（图 8－2）可以看出，三分之一的省份得分为 0.35—0.4，相对比较集中。30 个地区的得分近似服从正态分布，低分和高分的地区较少。

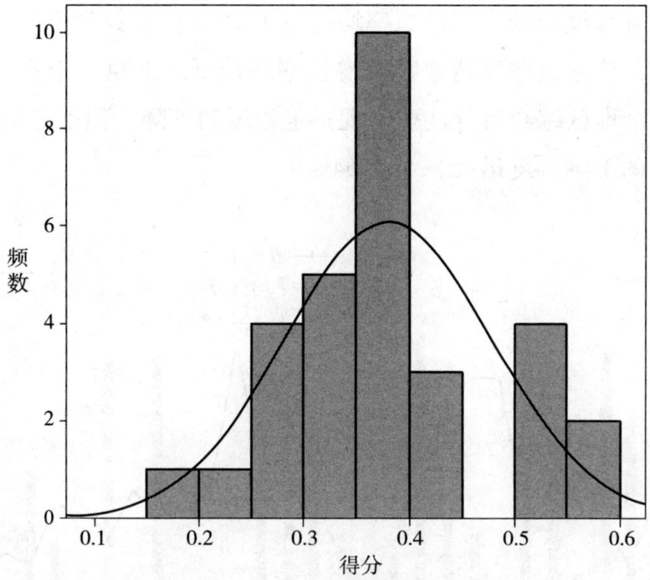

图 8－2　年均综合得分直方图

二、各地区综合得分的时间差异分析

（1）从各年排名上来看，2010—2015 年各地区综合得分的排名变动幅度不是很大。由表 8－1 可见，广东省各年均处于第一的位置；北京多数年份处于第二位，只有 2015 年降为第 4 位；江苏省各年排名在第 2 位至第 4 位之间徘徊；上海排名也有小幅变动，在第 3 位至第 5 位间徘徊。宁夏和新疆一直处于最后两名的位置。排名变动最大的地区是海南省，由 2012 年的第 12 位下降到 2015 年的第 24 位。其余排名变动较大的地区有云南（排名在第 12 位至第 22 位之间浮动）、广西（排名在第 11 位至第 19 位之间浮动）、安徽（排名在第 12 位至第 20 位之间浮动）、四川（排名在第 9 位至第 16 位之间浮动）。

（2）从各地区综合得分的累计变动幅度（2010—2015 年累计增长率）来看（见图 8－3），有 25 个地区 2015 年综合得分累计增长率为正值，绿色低碳循环经济发展水平有所提高。其中黑龙江和安徽的变动幅度较大，累计增长率分别为 15.93% 和 15.26%，低于主、客观赋权时的最大增长率。此外，内蒙古、湖南、重庆、贵州、河北、山西、湖北、河南综合发展水平的上升幅度也较大，增长率均超过了10%，多数为中西部地区。而上海、山东、广东这些发达地区的增长率却较低。北京、宁夏、广西、海南、江西5个地区综合得分甚至出现一定程度的下降，但下降幅度并不大。其中，宁夏的下降幅度最大，为4.64%。

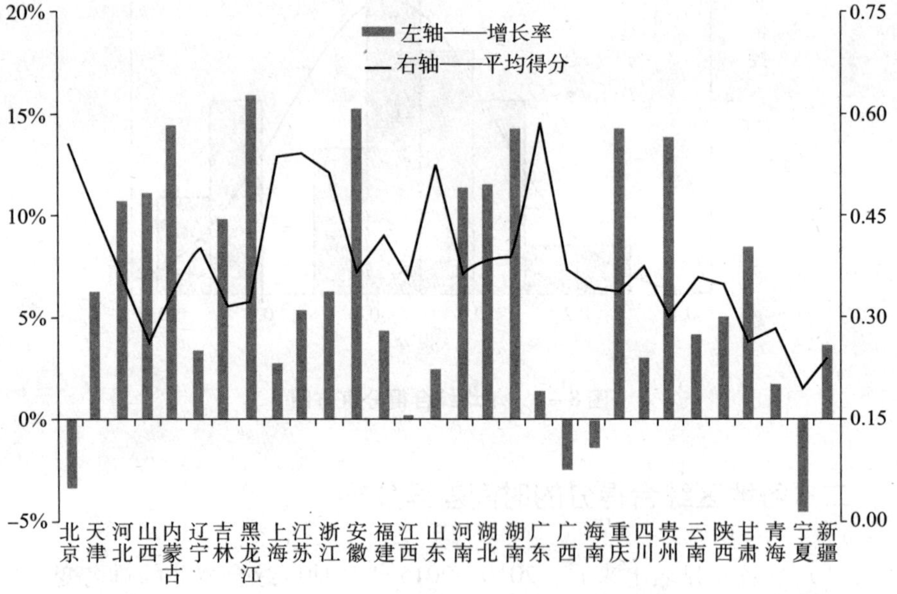

图8-3 各地区综合得分的年均值及增长率（2010—2015）

（3）从全国范围来看，我们计算了各年30个地区综合得分的均值及其变异系数（反映时间和空间上的差距），见表8-2。

表8-2 2010—2015年各地区综合得分均值及变异系数

	2010	2011	2012	2013	2014	2015
均值	0.3709	0.3735	0.3762	0.3873	0.3827	0.3925
变异系数	0.2632	0.2610	0.2650	0.2505	0.2549	0.2442

可以看出，组合赋权下的平均得分介于主、客观赋权之间。30个地区的平均综合得分由2010年的0.3709上升到2015年的0.3925，虽表明全国绿色低碳循环经济发展水平有所提升，但变化不是很明显。从各地区综合得分的变异系数来看，也是介于主、客观赋权之间，偏向于主观赋权（也从侧面反映出，客观赋权下，各准则层或指标层间权数差异小于主观赋

权)。各地区变异系数整体呈现下降趋势，由 2010 年的 0.2632 降为 2015 年的 0.2442，表明各地区综合发展水平之间的差距逐渐缩小。

第二节　各地区 4 个准则层评价结果分析

一、各地区经济社会发展水平评价结果分析

由子准则层指标得分及其权数加权平均得到 2010—2015 年各地区经济社会发展水平准则层的得分，进一步计算其横向与纵向的平均值，结果见表 8-3 和图 8-4。

表 8-3　2010—2015 年各地区经济社会发展水平得分及排名

省份	2010 年		2011 年		2012 年		2013 年		2014 年		2015 年	
	得分	排名	得分	排名	得分	排名	得分	排名	得分	排名	得分	排名
北京	0.7937	1	0.7840	1	0.7757	1	0.7774	1	0.7773	1	0.7748	2
天津	0.5790	3	0.5958	3	0.6021	3	0.5961	3	0.5970	3	0.5799	3
河北	0.1987	11	0.1985	12	0.1928	13	0.1824	14	0.1750	16	0.1742	16
山西	0.1776	14	0.1670	18	0.1741	15	0.1735	16	0.1648	17	0.1688	18
内蒙古	0.2456	10	0.2549	10	0.2556	10	0.2584	10	0.2573	10	0.2370	10
辽宁	0.3111	8	0.3188	8	0.3212	8	0.3232	8	0.3099	8	0.2689	9
吉林	0.1664	16	0.1703	16	0.1691	17	0.1611	19	0.1531	20	0.1427	22
黑龙江	0.1553	21	0.1507	21	0.1529	21	0.1435	22	0.1405	22	0.1383	23
上海	0.7819	2	0.7802	2	0.7694	2	0.7530	2	0.7678	2	0.7781	1
江苏	0.4692	6	0.4956	4	0.5054	4	0.5114	4	0.5267	4	0.5289	4
浙江	0.4733	4	0.4876	5	0.4905	5	0.4968	5	0.5026	5	0.5106	5
安徽	0.1371	23	0.1345	23	0.1350	23	0.1366	24	0.1376	24	0.1459	21
福建	0.2766	9	0.2875	9	0.2931	9	0.2858	9	0.2863	9	0.2811	8
江西	0.1247	24	0.1306	24	0.1316	24	0.1289	25	0.1263	25	0.1278	25
山东	0.3709	7	0.3764	7	0.3838	7	0.3830	7	0.3844	7	0.3814	7
河南	0.1636	18	0.1657	19	0.1655	19	0.1654	17	0.1837	14	0.1858	14
湖北	0.1800	12	0.1847	14	0.1865	14	0.2026	11	0.2230	11	0.2363	11
湖南	0.1743	15	0.1719	15	0.1683	18	0.1762	15	0.1800	15	0.1855	15
广东	0.4716	5	0.4693	6	0.4642	6	0.4484	6	0.4546	6	0.4573	6

续表

省份	2010年		2011年		2012年		2013年		2014年		2015年	
	得分	排名	得分	排名	得分	排名	得分	排名	得分	排名	得分	排名
广西	0.1221	25	0.1174	28	0.1151	28	0.1144	28	0.1112	26	0.1067	27
海南	0.1662	17	0.1958	13	0.2032	12	0.1853	13	0.1924	13	0.1870	13
重庆	0.1782	13	0.2001	11	0.2155	11	0.2011	12	0.2208	12	0.2213	12
四川	0.1576	20	0.1537	20	0.1569	20	0.1555	20	0.1587	19	0.1709	17
贵州	0.1116	28	0.1189	27	0.1210	26	0.1147	27	0.1010	28	0.0979	29
云南	0.1175	27	0.1245	26	0.1175	27	0.1166	26	0.1075	27	0.1059	28
陕西	0.1580	19	0.1684	17	0.1691	16	0.1640	18	0.1631	18	0.1627	19
甘肃	0.0845	30	0.0854	29	0.0895	29	0.0947	29	0.0969	29	0.1079	26
青海	0.0945	29	0.0850	30	0.0861	30	0.0853	30	0.0909	30	0.0922	30
宁夏	0.1396	22	0.1441	22	0.1446	22	0.1454	21	0.1397	23	0.1306	24
新疆	0.1209	26	0.1282	25	0.1314	25	0.1413	23	0.1477	21	0.1495	20
均值	0.2567		0.2615		0.2629		0.2607		0.2626		0.2612	
变异系数	0.7407		0.7296		0.7210		0.7223		0.7268		0.7297	

（一）地区间差异比较

为了更好地进行地区间的横向比较，我们将各地区2010—2015年的年均值按高低顺序绘制在图8-4中。可以看出，我国30个地区间经济社会发展水平差距巨大。全部地区经济社会发展水平大致可分为三组：北京、上海得分远高于其他地区，处于第一梯队；天津、江苏、浙江、广东、山东、辽宁、福建、内蒙古处于第二梯队；重庆、湖北、湖南等地区处于第三梯队。最高分的北京与最低分的青海相差0.6915分，经济社会发展水平差距非常大，但分差稍小于主观、客观赋权情景下的结果。从表8-3中各年得分的变异系数大小来看，呈现先下降后上升的趋势，与主观、客观赋权类似。

（二）纵向比较

从各年排名上来看，各地区的名次相对较为稳定，变动不大。由表8-3可见，北京在2010—2014年均处于领先位置，但在2015年被上海超过。江苏、浙江、广东交替处于第4位至第6位之间的位置。吉林的名次

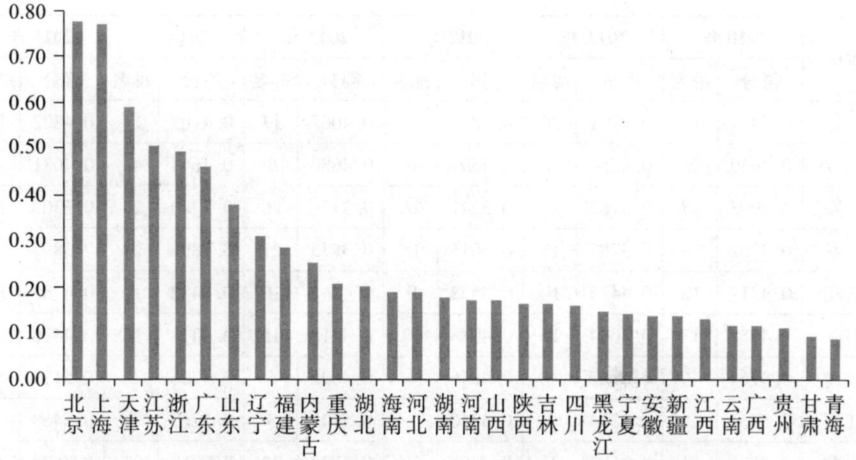

图 8－4　各地区经济社会发展水平的年均值（2010—2015）

变动最大，由 2010 年的第 16 位下降到 2015 年的第 22 位。河北、海南、新疆在此期间均变动了 5 个名次，其余地区排名变动均较小，上下不超过 5 个名次。各地区各年得分发生了不同程度的变化，变动情况与主、客观类似，稍有差异。

二、各地区绿色发展水平评价结果分析

由子准则层指标得分及其权数加权平均得到 2010—2015 年各地区绿色发展水平准则层的得分，进一步计算其横向与纵向的平均值，结果见表 8－4 和图 8－5。

表 8－4　2010—2015 年各地区绿色发展水平得分及排名

省份	2010 年		2011 年		2012 年		2013 年		2014 年		2015 年	
	得分	排名	得分	排名	得分	排名	得分	排名	得分	排名	得分	排名
北京	0.3801	18	0.3945	17	0.4015	13	0.4099	16	0.4100	18	0.4146	18
天津	0.2483	28	0.2596	28	0.2639	28	0.2689	27	0.2749	27	0.2846	27
河北	0.3083	26	0.3187	26	0.3257	25	0.3234	25	0.3527	24	0.3499	25
山西	0.1792	29	0.2028	29	0.1977	29	0.1807	29	0.1981	29	0.2017	29
内蒙古	0.3943	16	0.4004	15	0.4010	14	0.4315	12	0.4169	16	0.4267	17
辽宁	0.3424	23	0.3572	22	0.3682	21	0.3758	23	0.3853	23	0.3820	23

续表

省份	2010 年		2011 年		2012 年		2013 年		2014 年		2015 年	
	得分	排名	得分	排名	得分	排名	得分	排名	得分	排名	得分	排名
吉林	0.3851	17	0.3761	20	0.3809	20	0.4067	17	0.4107	17	0.4322	16
黑龙江	0.4639	8	0.4554	9	0.4595	8	0.4680	8	0.4644	8	0.4681	8
上海	0.2993	27	0.3162	27	0.3241	26	0.3179	26	0.3280	26	0.3302	26
江苏	0.3762	19	0.3787	18	0.3815	18	0.3833	21	0.3896	22	0.3897	21
浙江	0.4317	12	0.4425	10	0.4552	9	0.4443	10	0.4482	11	0.4581	10
安徽	0.4058	13	0.4094	13	0.4088	12	0.4218	15	0.4318	14	0.4416	13
福建	0.4767	7	0.4917	5	0.4845	6	0.4822	6	0.4706	6	0.5133	6
江西	0.5437	3	0.5274	3	0.5340	2	0.5249	3	0.5265	3	0.5460	3
山东	0.3573	21	0.3695	21	0.3681	22	0.3823	22	0.3959	21	0.3870	22
河南	0.3759	20	0.3771	19	0.3810	19	0.3913	19	0.4075	19	0.3942	20
湖北	0.4009	15	0.3995	16	0.4006	16	0.4369	11	0.4516	10	0.4584	9
湖南	0.4552	9	0.4793	7	0.4866	5	0.4926	5	0.5221	4	0.5399	4
广东	0.5831	1	0.5861	1	0.5857	1	0.5928	1	0.5973	1	0.6341	1
广西	0.4947	4	0.4930	4	0.4958	4	0.5052	4	0.5068	5	0.5267	5
海南	0.4907	5	0.4846	6	0.4745	7	0.4803	7	0.4654	7	0.4559	11
重庆	0.4012	14	0.4053	14	0.4009	15	0.4274	13	0.4332	13	0.4359	15
四川	0.4844	6	0.4645	8	0.4489	10	0.4594	9	0.4571	9	0.5086	7
贵州	0.3397	25	0.3422	23	0.3399	23	0.3911	20	0.4199	15	0.4493	12
云南	0.5494	2	0.5361	2	0.5191	3	0.5277	2	0.5339	2	0.5629	2
陕西	0.4379	10	0.4343	11	0.4225	11	0.4250	14	0.4398	12	0.4360	14
甘肃	0.3424	24	0.3398	24	0.3344	24	0.3329	24	0.3494	25	0.3602	24
青海	0.4322	11	0.4195	12	0.3998	17	0.3915	18	0.3964	20	0.4039	19
宁夏	0.0834	30	0.0697	30	0.0754	30	0.0553	30	0.0593	30	0.0553	30
新疆	0.3499	22	0.3273	25	0.2915	27	0.2534	28	0.2356	28	0.2585	28
均值	0.3938		0.3953		0.3937		0.3995		0.4060		0.4169	
变异系数	0.2636		0.2563		0.2554		0.2667		0.2600		0.2695	

（一）地区间差异比较

为了更好地进行地区间的横向比较，我们将各地区 2010—2015 年绿色发展水平的年均得分按高低顺序绘制在图 8－5 中。全部地区绿色发展水平大致可分为三组：广东、云南、江西、广西得分较高，均在 0.5 分以上，处于第一梯队；新疆、天津、山西、宁夏处于第三梯队，绿色发展水平年均值在 0.3 以下。尤其是宁夏，在三种赋权方式下的绿色发展水平均极低；湖南、福建、海南、上海等 22 个地区处于第二梯队。各地区排名与主、客观赋权下的结果有一定差异。比如青海，其在主观赋权下排在全国倒数第四位，而在客观赋权下仅次于广东，在组合赋权下则排在第 16 位。内蒙古也是类似的情况。新疆在客观赋权下的结果与主观及组合赋权下有较大差距。从表 8 -4 中各年得分的变异系数大小来看，基本均低于主观、客观赋权下的结果，表明地区间绿色发展水平差异较小。

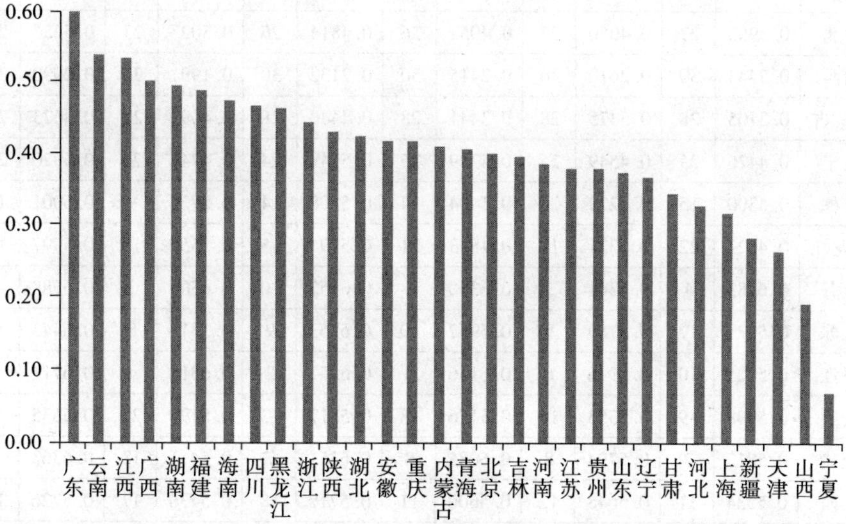

图 8 -5　各地区绿色发展水平的年均值（2010—2015）

（二）纵向比较

从各年排名上来看，少数地区的排名出现一定波动。由表 8 -4 可见，广东一直处于第 1 名的位置，云南只有在 2012 年位居第 3 位，其余均排在第 2 位。宁夏、山西两个地区一直处于最后两位。名次变动最大的是贵州，其从 2010 年的第 25 位，上升到 2015 年的第 12 位，绿色发展水平不断升高。其次，青海、新疆、内蒙古、北京的排名变动也均超过了 5 个名次。其余地区排名变动很小。

三、各地区低碳发展水平评价结果分析

由子准则层指标得分及其权数加权平均得到2010—2015 年各地区低碳发展水平准则层的得分，进一步计算其横向与纵向的平均值，结果见表 8－5 和图 8－6。

表 8－5　2010—2015 年各地区低碳发展水平得分及排名

省份	2010 年		2011 年		2012 年		2013 年		2014 年		2015 年	
	得分	排名	得分	排名	得分	排名	得分	排名	得分	排名	得分	排名
北京	0.7505	1	0.7721	1	0.7502	1	0.7851	1	0.7697	1	0.8207	1
天津	0.4935	21	0.5361	15	0.5364	15	0.5614	19	0.5551	14	0.6492	5
河北	0.3966	27	0.4050	27	0.4057	26	0.4814	26	0.5023	23	0.5256	25
山西	0.2443	30	0.2610	30	0.2415	30	0.2132	30	0.1991	30	0.2990	30
内蒙古	0.3105	28	0.3375	28	0.3441	28	0.4440	28	0.4093	27	0.4673	28
辽宁	0.4426	25	0.4549	25	0.4329	25	0.5149	24	0.4747	26	0.4920	26
吉林	0.5300	15	0.5222	20	0.5404	14	0.5808	14	0.5722	9	0.6001	12
黑龙江	0.4822	22	0.5321	18	0.4873	21	0.5795	15	0.5559	13	0.5997	13
上海	0.6283	4	0.6341	3	0.6300	4	0.6152	10	0.6505	3	0.6588	4
江苏	0.5229	17	0.5729	9	0.5952	10	0.6263	9	0.5810	8	0.6443	6
浙江	0.5625	10	0.5916	6	0.6156	6	0.6557	3	0.6318	4	0.6711	3
安徽	0.5098	19	0.5353	16	0.5176	18	0.5817	13	0.5190	20	0.5635	18
福建	0.5812	7	0.5794	8	0.6085	8	0.6351	7	0.5411	18	0.6363	8
江西	0.5534	11	0.5648	12	0.5600	11	0.5718	18	0.5430	17	0.5726	15
山东	0.5149	18	0.5424	14	0.5427	13	0.5933	11	0.5287	19	0.5684	17
河南	0.4335	26	0.4779	24	0.5042	20	0.5329	21	0.5001	24	0.5366	23
湖北	0.6342	3	0.5981	5	0.6092	7	0.6547	4	0.5902	7	0.6239	9
湖南	0.5776	8	0.5728	10	0.6060	9	0.6347	8	0.6202	5	0.6437	7
广东	0.6914	2	0.6743	2	0.6941	2	0.6982	2	0.6563	2	0.6897	2
广西	0.4961	20	0.5426	13	0.5272	17	0.5742	16	0.5593	12	0.4900	27
海南	0.6196	5	0.5261	19	0.6335	3	0.6396	5	0.5716	10	0.5494	22
重庆	0.5316	14	0.5822	7	0.6289	5	0.6361	6	0.5514	16	0.6144	10
四川	0.5529	12	0.6179	4	0.5515	12	0.5909	12	0.5530	15	0.5986	14
贵州	0.4773	23	0.4818	23	0.4607	23	0.5118	25	0.5143	21	0.5550	21

续表

省份	2010 年		2011 年		2012 年		2013 年		2014 年		2015 年	
	得分	排名	得分	排名	得分	排名	得分	排名	得分	排名	得分	排名
云南	0.5745	9	0.5671	11	0.5350	16	0.5722	17	0.6034	6	0.6062	11
陕西	0.5432	13	0.5329	17	0.4783	22	0.5272	22	0.4909	25	0.5708	16
甘肃	0.5262	16	0.5097	21	0.5172	19	0.5339	20	0.5037	22	0.5619	19
青海	0.5920	6	0.4837	22	0.4537	24	0.5208	23	0.5599	11	0.5272	24
宁夏	0.2789	29	0.2745	29	0.3119	29	0.4007	29	0.3817	29	0.3082	29
新疆	0.4515	24	0.4374	26	0.3783	27	0.4468	27	0.4067	28	0.5567	20
均值	0.5168		0.5240		0.5233		0.5638		0.5365		0.5734	
变异系数	0.2099		0.2000		0.2109		0.1799		0.1842		0.1733	

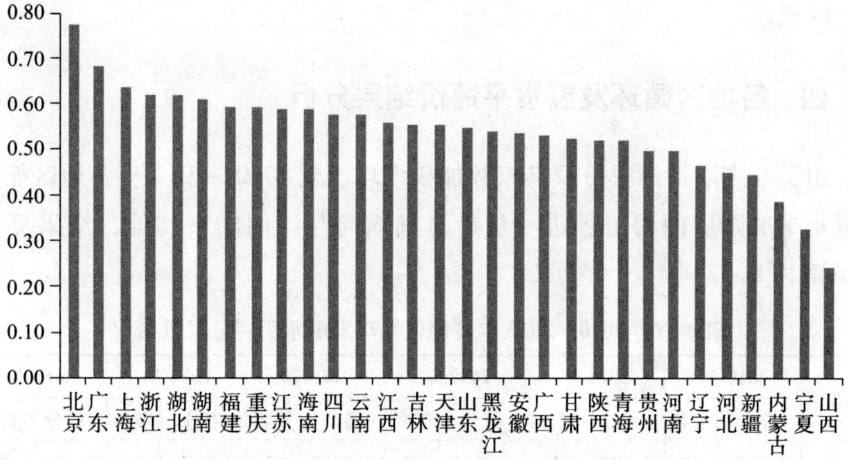

图 8-6 各地区低碳发展水平的年均值（2010—2015）

（一）地区间差异比较

为了更好地进行地区间的横向比较，我们将各地区 2010—2015 年低碳发展水平的年均得分按高低顺序绘制在图 8-6 中。全部地区低碳发展水平大致可分为三组：北京、广东、上海、浙江、湖北、湖南得分较高，均在 0.6 分以上，处于第一梯队；山西、宁夏、内蒙古、新疆、河北、辽宁、河南处于第三梯队，低碳发展水平年均值在 0.5 以下。尤其是山西，低碳化水平远低于北京，两者年均得分相差 0.5317，是山西自身得分的 2 倍多；福建、重庆、江苏等17个地区处于第二梯队，年均得分相差不大。表8－5中各年得分的变异系数介于主观、客观赋权之间，地区间低碳化水平差距较小。

（二）纵向比较

从表8－5各年排名上来看，北京一直排名第一位，山西一直处于最后一位。我国低碳发展水平地区间排名的变动幅度与主、客观赋权一样大。2010—2015年地区排名上下浮动超过10个名次的省区依次有：海南（2015年比2012年下降了19个名次）、青海（2015年比2010年下降了18个名次）、天津（2015年比2012年上升了16个名次）、广西（2015年比2014年下降了15个名次）。此外还有吉林、江苏、福建、重庆、四川、云南、陕西。

四、各地区循环发展水平评价结果分析

由子准则层指标得分及其权数加权平均得到2010—2015年各地区循环发展水平准则层的得分，进一步计算其横向与纵向的平均值，结果见表8－6和图8－7。

表8－6　2010—2015年各地区循环发展水平得分及排名

省份	2010年		2011年		2012年		2013年		2014年		2015年	
	得分	排名	得分	排名	得分	排名	得分	排名	得分	排名	得分	排名
北京	0.2885	23	0..2950	22	0.2841	21	0.2915	22	0.2779	23	0.1512	30
天津	0.3601	15	0.3531	15	0.3538	18	0.3392	18	0.3283	19	0.3116	19
河北	0.5054	5	0.4941	4	0.4878	6	0.4959	7	0.4851	6	0.5418	4
山西	0.4015	10	0.4258	9	0.4504	8	0.4593	9	0.4578	9	0.4572	9
内蒙古	0.3794	14	0.3179	18	0.3871	13	0.4048	15	0.4120	13	0.4243	10
辽宁	0.4585	6	0.4806	6	0.5064	4	0.5201	4	0.4873	5	0.4857	7
吉林	0.2458	24	0.2352	24	0.2236	27	0.2608	24	0.2285	25	0.2961	23
黑龙江	0.1928	26	0.2333	25	0.2102	28	0.2533	25	0.2214	28	0.3077	20
上海	0.3952	11	0.3055	20	0.3651	16	0.4085	14	0.4144	11	0.4045	12
江苏	0.7491	2	0.7039	2	0.7010	2	0.6852	2	0.6870	2	0.6817	2

续表

省份	2010 年		2011 年		2012 年		2013 年		2014 年		2015 年	
	得分	排名	得分	排名	得分	排名	得分	排名	得分	排名	得分	排名
浙江	0. 5349	4	0. 4883	5	0. 5007	5	0. 5016	5	0. 5093	4	0. 5054	5
安徽	0. 3800	13	0. 4334	8	0. 4466	9	0. 4879	8	0. 4838	7	0. 4955	6
福建	0. 3854	12	0. 3759	12	0. 4108	11	0. 4183	13	0. 3844	17	0. 3744	17
江西	0. 3263	19	0. 3116	19	0. 3551	17	0. 2958	21	0. 2872	21	0. 3040	21
山东	0. 8319	1	0. 8375	1	0. 8436	1	0. 7901	1	0. 8037	1	0. 8003	1
河南	0. 4560	8	0. 4798	7	0. 4870	7	0. 4964	6	0. 4831	8	0. 4847	8
湖北	0. 3486	16	0. 3492	16	0. 3809	14	0. 4213	11	0. 4190	10	0. 3996	14
湖南	0. 3369	18	0. 3582	13	0. 3750	15	0. 4200	12	0. 3994	15	0. 3971	15
广东	0. 6710	3	0. 6301	3	0. 6460	3	0. 6744	3	0. 6620	3	0. 6738	3
广西	0. 4577	7	0. 4127	10	0. 4359	10	0. 4410	10	0. 4142	12	0. 4157	11
海南	0. 1892	28	0. 2198	28	0. 2688	22	0. 2316	28	0. 2279	27	0. 2302	26
重庆	0. 2064	25	0. 2226	27	0. 2376	25	0. 2415	26	0. 2282	26	0. 2291	27
四川	0. 4310	9	0. 3976	11	0. 3968	12	0. 3975	16	0. 4035	14	0. 4031	13
贵州	0. 2889	21	0. 3010	21	0. 3074	20	0. 3180	19	0. 2908	20	0. 2966	22
云南	0. 3233	20	0. 3415	17	0. 2618	23	0. 3032	20	0. 3847	16	0. 3595	18
陕西	0. 3413	17	0. 3573	14	0. 3463	19	0. 3637	17	0. 3712	18	0. 3856	16
甘肃	0. 1900	27	0. 2000	29	0. 2015	29	0. 2060	29	0. 2155	29	0. 2040	28
青海	0. 1603	29	0. 2407	23	0. 2393	24	0. 2322	27	0. 2535	24	0. 2578	25
宁夏	0. 2887	22	0. 2323	26	0. 2336	26	0. 2896	23	0. 2864	22	0. 2685	24
新疆	0. 1504	30	0. 1607	30	0. 1790	30	0. 1662	30	0. 1455	30	0. 1560	29
均值	0. 3758		0. 3732		0. 3841		0. 3938		0. 3884		0. 3901	
变异系数	0. 4286		0. 4014		0. 3937		0. 3697		0. 3803		0. 3847	

（一）地区间差异比较

为了更好地进行地区间的横向比较，我们将各地区 2010—2015 年循环发展水平的年均得分按高低顺序绘制在图 8 - 7 中。全部地区循环发展水平大致可分为三组：山东、江苏、广东年均得分较高，均在 0. 65 分以上，处于第一梯队；宁夏、北京、吉林、黑龙江、青海、海南、重庆、甘肃、新疆处于第三梯队，低碳发展水平年均值在0.3以下，与第一梯队差异很大。这一梯队的地区中，既有发达地区，如北京，又有欠发达地区，如宁夏、青海等。可见，地区的循环发展水平与其经济发达程度关系不大；浙江、河北、辽宁、贵州等18个地区处于第二梯队，年均得分相差不大。表8－6中各年得分的变异系数高于绿色、低碳发展水平，但低于经济社会发展水平，地区间循环发展水平差距较大。

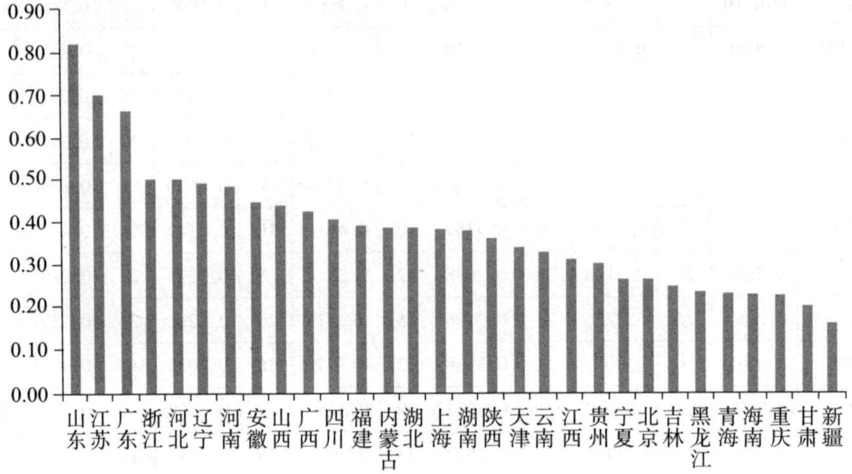

图8－7　各地区循环发展水平的年均值（2010—2015）

（二）纵向比较

从表8－6各年排名上来看，循环发展水平地区间排名变动也较小，均未超过10个名次。北京、上海的变动幅度最大，前后均变动了9个名次；内蒙古、黑龙江前后均变动了8个名次；安徽、四川、云南变动了7个名次；福建、湖北、湖南、海南、青海均变动了6个名次。其余地区循环发展水平得分各年之间名次变动均未超过6个名次。

五、四个准则层对比分析

为了对4个准则层进行比较，将其得分的年均值及排名等列在表8－7中。从准则层的得分和排名可以看出各地区发展中的优劣势。

表 8－7　各地区准则层 2010—2015 年平均得分及排名

省份	经济社会发展水平		绿色发展水平		低碳发展水平		循环发展水平	
	得分	排名	得分	排名	得分	排名	得分	排名
北京	0.7805	1	0.4018	17	0.7747	1	0.2647	23
天津	0.5916	3	0.2667	28	0.5553	15	0.3410	18
河北	0.1869	14	0.3298	25	0.4528	26	0.5017	5
山西	0.1710	17	0.1934	29	0.2430	30	0.4420	9
内蒙古	0.2515	10	0.4118	15	0.3854	28	0.3876	13
辽宁	0.3088	8	0.3685	23	0.4687	25	0.4898	6
吉林	0.1604	19	0.3986	18	0.5576	14	0.2483	24
黑龙江	0.1469	21	0.4632	9	0.5394	17	0.2365	25
上海	0.7717	2	0.3193	26	0.6361	3	0.3822	15
江苏	0.5062	4	0.3832	20	0.5904	9	0.7013	2
浙江	0.4936	5	0.4466	10	0.6214	4	0.5067	4
安徽	0.1378	23	0.4198	13	0.5378	18	0.4546	8
福建	0.2851	9	0.4865	6	0.5969	7	0.3915	12
江西	0.1283	25	0.5337	3	0.5609	13	0.3133	20
山东	0.3800	7	0.3767	22	0.5484	16	0.8178	1
河南	0.1716	16	0.3878	19	0.4975	24	0.4812	7
湖北	0.2022	12	0.4247	12	0.6184	5	0.3864	14
湖南	0.1760	15	0.4960	5	0.6092	6	0.3811	16
广东	0.4609	6	0.5965	1	0.6840	2	0.6596	3
广西	0.1145	27	0.5037	4	0.5316	19	0.4295	10
海南	0.1883	13	0.4752	7	0.5900	10	0.2279	27
重庆	0.2061	11	0.4173	14	0.5908	8	0.2276	28
四川	0.1589	20	0.4705	8	0.5775	11	0.4049	11
贵州	0.1109	28	0.3803	21	0.5001	23	0.3004	21
云南	0.1149	26	0.5382	2	0.5764	12	0.3290	19
陕西	0.1642	18	0.4326	11	0.5239	21	0.3609	17
甘肃	0.0931	29	0.3432	24	0.5254	20	0.2028	29
青海	0.0890	30	0.4072	16	0.5229	22	0.2306	26
宁夏	0.1407	22	0.0664	30	0.3260	29	0.2665	22
新疆	0.1365	24	0.2860	27	0.4462	27	0.1596	30

为有效刻画各省区动态综合评价总值的主导力量，以 2015 年为例，分

别计算四大准则层得分对总评价值的支撑度。[①] 根据表 8 - 8 给出的具体结果，可将各省区划分为四大类。第一类为孤军主导型：包括山西、上海、山东、新疆四省（自治区）；其中上海综合评价总排名全国第 4 位，其几乎完全由“经济社会发展”的优异表现支配；山东综合评价总排名第 5 位，主要由排名第一的“循环发展”所主导；山西综合评价总排名全国倒数第 3 位，主要由排名第 9 位的“循环发展”所主导；新疆综合评价总排名全国倒数第 2 位，主要由“低碳发展”所主导，但其“低碳发展”排在全国倒数第 4 位，因此综合得分较低。

第二类为双轮驱动型：共包括 14 个省区，排名居前的北京和天津两个直辖市均以“经济社会发展”与“低碳发展”为主要支撑点；排名较为靠后的吉林和黑龙江均以“绿色发展”和“低碳发展”为主要支撑点；排名第 3 位的江苏以“经济社会发展”和“循环发展”为主要支撑点；排名最后的宁夏则以“低碳发展”和“循环发展”为主要支撑点，但其这两个方面的排名也均比较靠后；江西、湖南、海南、重庆、贵州、云南、甘肃、青海均以“绿色发展”和“低碳发展”为主要支撑点。

第三类为三足鼎立型：包括 8 个地区：河北、内蒙古、安徽、河南、湖北、四川、陕西、广西，这 8 个地区都是以“绿色发展”“低碳发展”“循环发展”为主要支撑点，其经济社会发展水平较为落后。

第四类为多因并重型：包括辽宁、浙江、福建、广东，是综合排名比较靠前的地区，各准则层的支撑度较为接近，均在 20% 以上，表明这些地区各方面发展比较均衡。

表 8 - 8　2015 年各地区准则层支撑度与综合排名

省份	综合排名	经济社会发展	绿色发展	低碳发展	循环发展
山西	28	18.91	17.43	21.23	42.43
上海	4	43.59	14.26	23.38	18.76
山东	5	22.40	17.52	21.15	38.92

① 综合评价总值实质为各准则层得分的加权平均，因而易于以百分比刻画各准则层对其贡献度。支撑度采用如下方法计算：各年准则层的平均得分乘以该准则层的年均权数，再除以年均综合得分。

续表

省份	综合排名	经济社会发展	绿色发展	低碳发展	循环发展
新疆	29	17.99	23.99	42.46	15.55
北京	2	44.54	18.38	29.89	7.20
天津	7	39.48	14.94	28.01	17.57
吉林	24	12.95	30.26	34.52	22.27
黑龙江	23	12.19	31.83	33.51	22.47
江苏	3	29.35	16.67	22.66	31.32
江西	17	10.98	36.19	31.19	21.64
湖南	10	13.86	31.10	30.47	24.57
海南	21	17.36	32.63	32.31	17.70
重庆	22	19.47	29.58	34.26	16.69
贵州	25	9.40	33.26	33.76	23.58
云南	16	8.67	35.53	31.44	24.37
甘肃	27	11.85	30.50	39.10	18.55
青海	26	9.69	32.74	35.12	22.44
宁夏	30	22.10	7.22	33.05	37.63
河北	18	14.21	22.01	27.17	36.60
内蒙古	19	19.53	27.11	24.40	28.95
安徽	15	11.64	27.16	28.48	32.73
河南	14	15.09	24.69	27.62	32.60
湖北	11	17.96	26.86	30.04	25.14
四川	12	13.39	30.73	29.72	26.15
陕西	20	13.79	28.50	30.65	27.06
广西	13	9.14	34.79	26.59	29.48
辽宁	9	21.05	23.06	24.40	31.49
浙江	6	29.90	20.69	24.90	24.51
福建	8	20.22	28.48	29.00	22.30
广东	1	23.56	25.19	22.51	28.74

第三节　各地区 10 个子准则层评价结果分析

由各指标得分及其权数加权平均得到 2010—2015 年各地区 10 个子准则层的得分，进一步计算 2010—2015 年 10 个子准则层的年均得分及其排名，结果见表8－9、表8－10和图8－8。

表8－9 各地区10个子准则层年均得分及描述指标（2010—2015）

省份	经济发展	社会发展	能源消费	生态环境	生态保护	CO_2排放	环境污染	环境治理	循环利用	循环能力
北京	0.8779	0.6301	0.9139	0.1244	0.0794	0.9407	0.9478	0.3633	0.1047	0.4328
天津	0.7511	0.3455	0.6908	0.0212	0.0224	0.6196	0.9215	0.1599	0.3353	0.3470
河北	0.1143	0.2991	0.6141	0.0930	0.2694	0.5345	0.2455	0.4811	0.6202	0.3771
山西	0.1568	0.1928	0.2927	0.0734	0.2256	0.1155	0.3658	0.3572	0.5876	0.2890
内蒙古	0.2825	0.2036	0.2104	0.5076	0.5577	0.3681	0.4242	0.3835	0.4655	0.3057
辽宁	0.3117	0.3045	0.6257	0.1732	0.2870	0.5548	0.4535	0.3381	0.5017	0.4772
吉林	0.1453	0.1838	0.7625	0.2420	0.1116	0.6435	0.8103	0.2161	0.3328	0.1595
黑龙江	0.1426	0.1534	0.7302	0.3242	0.2872	0.6201	0.7256	0.2590	0.2598	0.2119
上海	0.8580	0.6385	0.7735	0.0245	0.1032	0.7653	0.8803	0.2297	0.3205	0.4470
江苏	0.4997	0.5161	0.8114	0.0456	0.2650	0.6215	0.4769	0.6287	0.5188	0.8931
浙江	0.4366	0.5815	0.8417	0.2735	0.1395	0.7035	0.6722	0.4455	0.3473	0.6742
安徽	0.0906	0.2106	0.8802	0.1226	0.1987	0.6202	0.6935	0.2785	0.4924	0.4147
福建	0.2797	0.2933	0.8603	0.3416	0.1688	0.6811	0.7760	0.3163	0.3636	0.4208
江西	0.0845	0.1960	0.9348	0.3329	0.2579	0.6793	0.7141	0.2442	0.3206	0.3057
山东	0.3086	0.4903	0.7317	0.0589	0.3331	0.5720	0.2636	0.7341	0.9532	0.6756
河南	0.0721	0.3254	0.8200	0.0804	0.2209	0.6153	0.4145	0.3681	0.4993	0.4622
湖北	0.1766	0.2416	0.8173	0.1761	0.2289	0.7567	0.6938	0.3299	0.3851	0.3878
湖南	0.1416	0.2292	0.8606	0.2445	0.3438	0.7665	0.6658	0.3040	0.3213	0.4439
广东	0.4036	0.5494	0.9017	0.2298	0.6931	0.7446	0.5161	0.7161	0.4271	0.9038
广西	0.0647	0.1914	0.8939	0.3382	0.1924	0.6432	0.7152	0.2019	0.4074	0.4528
海南	0.1933	0.1807	0.9314	0.3170	0.0608	0.6868	0.9967	0.1087	0.2057	0.2512
重庆	0.2245	0.1778	0.8118	0.1809	0.2017	0.7042	0.7903	0.2455	0.1187	0.3420
四川	0.0883	0.2678	0.8349	0.2293	0.3039	0.7115	0.6034	0.3353	0.3817	0.4293
贵州	0.1044	0.1208	0.6368	0.2070	0.2683	0.6307	0.6609	0.1572	0.3268	0.2728
云南	0.0824	0.1651	0.7990	0.3473	0.4452	0.6969	0.7092	0.2722	0.3744	0.2813
陕西	0.1560	0.1769	0.7771	0.2147	0.2606	0.5468	0.6668	0.3732	0.3763	0.3448
甘肃	0.0706	0.1280	0.6888	0.1212	0.1756	0.6247	0.7936	0.1495	0.3533	0.0447
青海	0.0927	0.0833	0.3581	0.6813	0.0836	0.6270	0.8994	0.0535	0.2856	0.1728
宁夏	0.1699	0.0955	0.0556	0.0729	0.0723	0.1869	0.8645	0.1312	0.3292	0.2006

续表

省份	经济发展	社会发展	能源消费	生态环境	生态保护	CO_2排放	环境污染	环境治理	循环利用	循环能力
新疆	0.1219	0.1590	0.3837	0.2657	0.1778	0.4923	0.6708	0.1928	0.0923	0.2304
均值	0.2501	0.2777	0.7081	0.2155	0.2345	0.6158	0.6677	0.3125	0.3803	0.3884
变异系数	0.9089	0.5847	0.3199	0.6819	0.6137	0.2632	0.2954	0.5241	0.4377	0.5004
偏度	1.7952	1.1253	-1.5373	1.1731	1.3697	-1.4988	-0.5199	1.1078	1.1798	1.1477
峰度	2.5263	0.1085	1.6815	2.2479	2.8662	3.6561	-0.3135	1.3230	3.9861	1.7650

从表8-9和表8-10可以看出，各地区在10个子准则层的表现不尽相同。从其得分及排名上，我们可以看出各地区在各个子准则层上的优劣势。即便是北京、上海、天津、广东这些发达地区，其在某些方面也仍需采取措施积极改进。比如，北京应进一步加强循环利用水平和生态保护；上海应着重加强生态环境保护；广东应进一步减少环境污染等等。新疆、宁夏等这些西部地区虽然在多个方面表现欠佳，但也有少数方面表现较好，如新疆的生态环境排名第10位、宁夏的环境污染排名第6位、青海的生态环境排名第1位、贵州生态保护排名第10位，等。

表8-10　各地区10个子准则层年均得分排名（2010—2015）

省份	经济发展	社会发展	能源消费	生态环境	生态保护	CO_2排放	环境污染	环境治理	循环利用	循环能力
北京	1	2	3	20	27	1	2	9	29	10
天津	3	7	21	30	30	21	3	25	18	16
河北	21	10	25	23	9	26	30	4	2	15
山西	15	18	28	25	15	30	28	10	3	21
内蒙古	9	16	29	2	2	28	26	6	8	19
辽宁	7	9	24	19	8	24	25	11	5	5
吉林	17	20	18	12	24	13	7	22	19	29
黑龙江	18	26	20	7	7	20	11	18	26	26
上海	2	1	17	29	25	3	5	21	24	8
江苏	4	5	14	28	11	18	24	3	4	2
浙江	5	3	9	9	23	8	17	5	17	4
安徽	24	15	6	21	18	19	16	16	7	13

续表

省份	经济发展	社会发展	能源消费	生态环境	生态保护	CO_2排放	环境污染	环境治理	循环利用	循环能力
福建	10	11	8	4	22	11	10	14	15	12
江西	26	17	1	6	13	12	13	20	23	19
山东	8	6	19	27	5	23	29	1	1	3
河南	28	8	11	24	16	22	27	8	6	6
湖北	13	13	12	18	14	4	15	13	11	14
湖南	19	14	7	11	4	2	20	15	22	9
广东	6	4	4	13	1	5	23	2	9	1
广西	30	19	5	5	19	14	12	23	10	7
海南	12	21	2	8	29	10	1	29	27	24
重庆	11	22	13	17	17	7	9	19	28	18
四川	25	12	10	14	6	6	22	12	12	11
贵州	22	28	23	16	10	15	21	26	21	23
云南	27	24	15	3	3	9	14	17	14	22
陕西	16	23	16	15	12	25	19	7	13	17
甘肃	29	27	22	22	21	17	8	27	16	30
青海	23	30	27	1	26	16	4	30	25	28
宁夏	14	29	30	26	28	29	6	28	20	27
新疆	20	25	26	10	20	27	18	24	30	25

考察各个子准则层地区平均得分及其变异系数（图 8－8）发现，能源消费平均得分最高，但其变异系数较低，表明地区间差异较小；环境污染和二氧化碳排放的地区均值也较高，都在 0.6 以上，但这两者的变异系数是最低的，地区间差异最小；均值较低的生态环境、生态保护、经济发展、社会发展，其变异系数反而很高，地区间差异较大；循环能力、循环利用、环境治理三个子准则层的平均得分和变异系数均不高。

最后对各地区子准则层的空间分布进行分析，从表 8－9 各子准则层的偏度来看，能源消费、二氧化碳排放、环境污染的偏度系数为负值，呈现不同程度的左偏，即多数地区在这三个子准则层上得分偏高；其余 7 个子准则层偏度系数均为正值，为右偏，表明多数地区在这 7 个子准则层上的得分较低，有待提高。

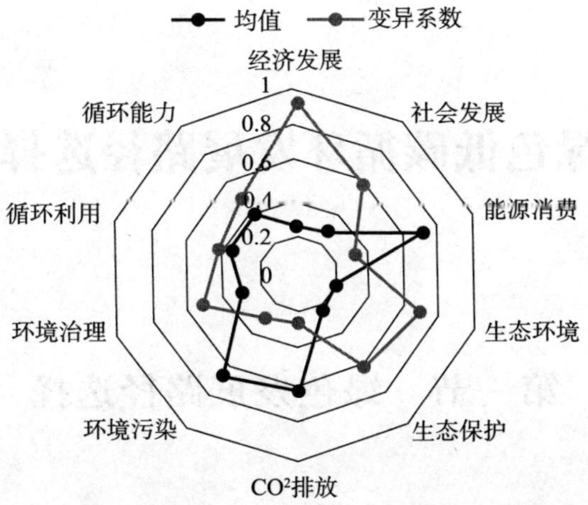

图8－8　10个子准则层得分均值及变异系数

第四节　本章小结

本章采用主观、客观组合赋权法，对我国30个地区的绿色低碳循环发展水平进行了综合测评。研究发现：各地区综合得分及各准则层、子准则层得分基本均介于主观和客观赋权之间，但是稍微偏向于主观赋权，表明客观权数之间的差异较小。

全部地区绿色低碳循环发展水平大致可分为四组：广东、北京、江苏、上海、山东、浙江，处于第一梯队；天津、福建、辽宁、湖南、湖北、四川、广西、河南、安徽、云南、江西、河北、内蒙古处于第二梯队；陕西、海南、重庆、黑龙江、吉林、贵州、青海、甘肃、山西处于第三梯队。30个地区的得分近似服从正态分布，低分和高分的地区较少。

第九章 绿色低碳循环发展路径选择

第一节 绿色发展路径选择

一、绿色发展面临的困难

长期以来，我国经济一直是高消耗、高污染、高产出的粗放型增长模式。随着资源与环境问题的日益突出，人们逐渐意识到转变经济增长方式、坚持绿色发展的必要性。绿色是经济发展新常态的底色，其注重的是人与自然的和谐发展。十八届五中全会把绿色发展理念摆在突出位置，可见党中央对绿色发展的重视。但是，由于我国长期以来形成的发展模式很难改变，因此，在短期内，我国绿色发展仍面临诸多困难。

第一，各地区绿色发展水平差异较大。由前面综合评价结果可知，目前，我国广东、江西、广西、云南、福建、湖南、四川、北京等中西部地区绿色发展水平较高，而天津、河北、上海、江苏等东部地区则比较低，山西、宁夏的绿色发展水平最低。这一方面与各地区的经济发展水平有关，另一方面也与地区资源禀赋有关，能源大省的绿色发展水平均较低。受这些客观条件的影响，我国地区间绿色发展水平不均衡状况短期内很难改变。因此，国家在制定相关政策时，必须充分考虑地区差异，切不可采取“一刀切”的方式。

第二，当前绿色发展体制设计存在缺陷。地方官员政绩考核仍以 GDP 增长为主，而绿色发展对官员的晋升影响不大。为追求政绩，一些地方官员仍以牺牲环境的代价来换取高速的经济增长。当前，中央与地方政府在转型升级中面临的压力实际上是不对称的，中央政府不仅要从全局考虑宏观经济运行中的种种风险以及经济社会的可持续发展问题，还要承受来自国际上对节能减排的巨大压力，而中央政府的这些压力仅靠节能减排指标和环境问责制来传导，最终很难将地方政府推向转型升级的轨道。此外，环境补偿机制和社会监督体制也都有待完善（北京师范大学经济与资源管理研究院等，2017）。

第三，绿色发展技术水平较低。改革开放以来，虽然我国在制造业等各方面的技术水平有了长足的进步，但是与国际上发达国家的先进生产技术相比，尤其是绿色发展核心技术储备，仍显落后。这就在很大程度上限制了我国企业，尤其是重工业企业的节能减排效率。有些企业即便是花重金购进了国外的先进排污设备，也经常因为缺乏能够使用设备的技术人员，或因为设备运行成本过高而将设备闲置，进一步加剧了资源的浪费。

二、调整产业结构

众所周知，要推进绿色发展，转变我国当前的粗放型增长模式，一个重要的措施就是调整我国的产业结构，提高第三产业比重，降低第二产业比重。然而，从统计数据来看（我国三次产业比重见图 9－1），自改革开放以来，尽管我国第三产业比重总体呈现上升趋势，由 1978 年的 24.6% 上升到 2017 年的 51.6%，上升趋势明显。但第二产业产值比重却仅从 1978 年的 47.7% 降低到 2017 年的 40.5%，下降幅度很小，高耗能行业所占比重较高，产业结构仍急需优化。

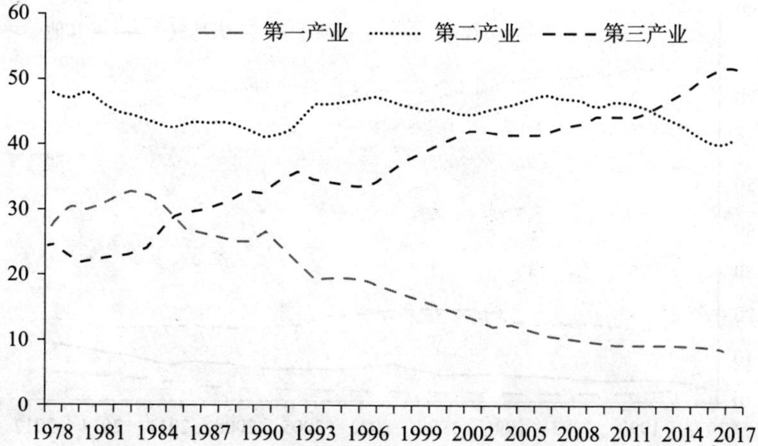

图 9－1　1978—2017 年中国三次产业比重（%）

一方面，要继续淘汰落后产能，关停并转一些高能耗低产出的企业；另一方面，要提高行业准入"门槛"，完善高耗能行业准入条件。此外，要大力发展清洁能源和节能环保产业，使其成为国民经济的新支柱产业。同时，大力发展第三产业和绿色农业。

但是，产业结构调整也不能要求各地区步调一致。应允许各地方政府根据本地区特殊情况，制定地区的结构调整规划。应在短期内允许山西、河北等能源大省的第二产业比重高于东部发达地区，然后再借鉴发达地区的经验，由发达地区带动欠发达地区的结构调整。这可能是一个较为漫长的过程，不能追求一步到位。

三、调整能源消费结构

与产业结构类似，实现绿色发展的另一个重要途径就是调整能源消费结构，降低煤、石油、天然气等化石能源的消费，增加清洁可再生能源的消费。从统计数据来看（我国各类能源消费比重见图 9－2），自改革开放以来，尽管我国煤炭消费比重总体呈现下降趋势，由 1978 年的 70.7% 下降到 2017 年的 60.4%，但下降程度不大，仍然处于主导地位。石油消费比重仅从 1978 年的 22.7% 降低到 2017 年的 18.8%，下降幅度更小。天然气消费比重从 1978 年的 3.2% 上升到 2017 年的 7%。其他非化石能源消费

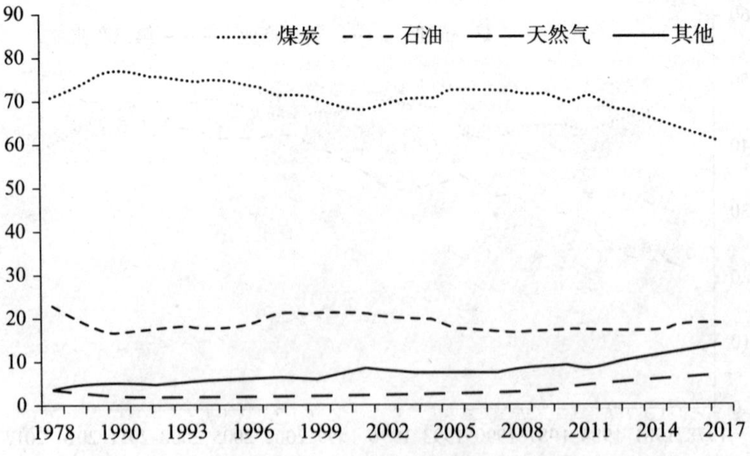

图 9－2　1978—2017 年中国各类能源消费比重（%）

比重从 1978 年的 3.4% 上升到 2017 年的 13.8%，上升幅度较为明显。根据国家十三五能源规划，预计 2020 年非化石能源比重达到 15%，煤炭比重下降到 58%，目前看来这一目标应该能够实现。

我国能源消费结构与世界能源消费结构相比，仍存在显著不同。2013 年世界能源消费结构中，石油占比最大，为 33%；其次是煤炭，占 30%，远低于我国；然后是天然气，占 24%；其他能源仅占 13%，化石能源消费比重并不低。

我们知道，当前调整能源消费结构，就是要降低煤炭等化石能源消费，大力发展风能、水能、太阳能、生物能等清洁能源。但这些能源较高的开发成本和对技术的高要求，使得其大力开发受到很大限制。此外，我国尚未建立可再生能源电力配额制度，很多省份对消纳外来新能源电力的积极性不高。令人高兴的是，2018 年国家能源工作会议将“着力解决清洁能源消纳问题”作为 2018 年重点工作任务之一。强调坚持政府引导与市场主导相结合、全国统筹与本地利用相结合、规范电源与优化通道相结合、技术创新与体制改革相结合的思路，逐步解决新能源的消纳问题，促进新能源的开发与利用。

四、加快技术创新，大力降低能源消费强度

当前，生产技术落后是制约我国绿色发展的主要瓶颈。落后的技术将导致生产过程中单位产品能耗及污染物的增加，不利于能源消费强度的下降。虽然在国家连续几个能源强度目标下，我国能源消费强度已经有所下降，但仍未达到发达国家水平。

因此，必须加快绿色科技的创新与发展。绿色科技是推进绿色经济发展的基础动力。绿色科技是在一定的历史条件下，以绿色意识为指导，有利于减少资源的消耗和环境的污染，促进社会、经济与自然环境的协调发展的科学与工程技术。它包括了从清洁生产到末端治理的各种科学技术，既包括环境污染的治理，生态实用技术、绿色生产工艺的设计技术，绿色产品、绿色新材料、新能源的开发等具体技术，又包括环境与社会发展中长期问题的软科学研究（沈满洪，2015）。

因此，国家应该投入大量资金，自主研发或从国外引进先进的技术，降低生产过程中能源的投入量及污染废物的产出量，提高能源利用效率，降低能源消费强度。同时，应注重对科研人员的培养，提升其对先进生产设备的操作能力。

五、大力倡导植树造林，加大生态保护力度

植树造林，保护生态，对经济社会绿色发展益处多多：植树造林可以防止水土流失，树根可以蓄存土壤中的水分，据统计，一亩树林比无林地区多蓄水 20 吨左右，可以大大改善生态环境；经济林的经济效益巨大，且能提供就业机会，促进地区经济发展；植树造林能防风固沙，风一旦遇上防护林，速度要减弱 70%—80%；植树造林可以吸收有害气体，据统计，一亩树林一年可以吸收灰尘 2 万—6 万千克，每天能吸收 67 千克二氧化碳，一个月可以吸收二氧化硫 4 千克，释放出 48 千克氧气，还能分泌杀菌素，可杀死肺结核、伤寒、白喉、痢疾等病菌；在城市，一棵树一年可以贮存一辆汽车行驶 16 公里所排放的污染物，当城市绿化面积达到 50% 以上时，大气中的污染物可得到有效控制；树木还能吸收声波，减低噪声，尤其在大城市，公园成片林木可降低噪声 5—40 分贝，可以减少噪音对人类身体的危害。

我国政府很早就意识到了植树造林的重要性，1978 年，国家林业局正式成立，随后颁布了《中华人民共和国森林法》等一系列林业法规。1980 年 3 月中共中央、国务院发出《关于大力开展植树造林的指示》。1981 年，中共中央、国务院出台《关于保护森林发展林业若干问题的决定》。1990 年国务院批复下发了《关于 1989—2000 年全国造林绿化规划纲要》。最近二三十年，我国进一步加大了生态环境保护力度，规划生态保护林，推进退耕还林，建设三北防护林等，我国的森林覆盖率不断提高。截至 2017 年，我国的森林面积为 2.08 亿公顷，森林覆盖率达到 21.63%。尽管如此，我国的森林覆盖率与发达国家相比还有较大差距。目前，日本的森林覆盖率为 64%，韩国为 61%，挪威为 60% 左右，瑞典为 54%，巴西为 50%—60%，加拿大为 44%，美国为 33%，德国为 30%，法国为 29%，印度为 23%。我国人均森林面积更是不足世界人均占有量的四分之一。

因此，我国应继续大力进行植树造林，提高森林覆盖率。一是国家要给各地区下达植树造林任务，并定期对各地区进行监督与考核；二是国家应加大植树造林补贴、退耕还林补贴，增加森林资源培育支出、森林资源管护支出等，提升地方政府和老百姓植树造林的热情和积极性；三是要重视森林碳汇在应对气候变化中的重要作用，积极开发森林碳汇项目，成立森林碳汇基金，鼓励森林碳汇产品在交易所进行交易。

六、保护水资源

水是生命之源，是人类社会生存和发展的根本。然而，地球上的淡水资源不仅短缺而且地区分布极不平衡。中国、巴西、印度、俄罗斯、美国、加拿大、印度尼西亚、哥伦比亚和刚果 9 个国家的淡水资源占了世界总量的60%。虽然我国淡水资源总量不少，占全球水资源的6%，但我国人口众多，人均淡水资源只占世界平均水平的四分之一，且地区分布不均，南方淡水资源丰富，北方只有南方的四分之一，缺水严重。20 世纪末，全国600 多座城市中，已有 400 多个城市存在供水不足问题。除了缺水，我国水资源污染问题也较为严重，大约有 50% 的地区浅层地下水遭到一定程度的污染，约一半城市市区的地下水污染严重，威胁到城市居民的饮水安全和人身健康，对我国可持续发展带来了严重影响。因此，保护水资源，迫在眉睫。

保护水资源，首先，要动员全民参与，改变用水方式和习惯。对居民进行宣传教育，树立节约用水的意识，倡导一水多用，洗菜、洗衣服的水可以储存起来冲马桶，充分循环利用。鼓励水龙头生产厂家将水龙头设计成可调整水流量的模式，可充分减少洗脸、洗碗等的用水量。对于浪费水资源的现象应进行批评教育，必要时应进行惩罚。尤其是一些公共场所，要避免不关水龙头的现象发生。

其次，对于城市用水，应像电力一样，实行阶梯水价。采用定额管理的方式，定额内平价，超额部分适当加价，多用水多计费，有效促进节约用水。要发展中水处理，大力开发污水循环利用技术。对于部分工业生产和生活产生的优质杂排水，经过技术处理净化后，可以达到一定的水质标准，从而可以将这部分水用在绿化、卫生用水等方面。

最后，加强政府宏观调控的作用，改革用水制度，消除垄断，使水资源成为一种真正的商品，充分发挥市场的调节作用，使水的价格反映市场供求，这样才能有效保护水资源。在水资源短缺或人均用水较多的地区，征收水资源消费税。同时，强化政府的监督管理职责，严格立法，对于污染水源和浪费水资源的现象，必须追究其责任，绝不姑息，建立起一个完善的自中央到地方的监督体系。

七、倡导绿色消费观念

发展绿色经济，必须要加强对公众绿色消费的引导。虽然绿色消费已经被呼吁了很多年，也有一些人选择了绿色消费，但真正全民的绿色消费仍没有实现。一是因为人们环保意识仍然不强，虽然知道应该使用绿色产品、减少或拒绝一次性筷子、餐盒、塑料袋等，但为了方便，并不会强迫自己那么去做；二是政府部门监管不到位，虽然有些商品标注为绿色商品，但实际却与普通商品无异，这就导致消费者逐渐对购买绿色商品失去信心。

因此，若想促进全民绿色消费，一要大力提升人们的环保意识，让大众认识到过度消费的严重后果。鼓励人们减少一次性商品的使用，使用环保购物袋。对于超市和菜市场的塑料袋要加收更高的费用（当前一般超市每个塑料袋两毛钱的费用太低了，起不到限制作用）。对网购商品，要求快递公司尽可能减少包装、减少胶带的使用，或使用可回收包装。二要通过中小学教育，使人们从小就认识到节约光荣，浪费可耻。此外，还要加大各种媒体的宣传报道，促进全社会形成绿色消费方式。

第二节　低碳发展路径选择

一、低碳发展面临的困难

（一）低碳发展面临的国际压力

根据国际能源组织（IEA）的资料，我国二氧化碳排放量早在2007年就超过了美国，跃居世界第一位，二氧化碳排放量占全球的20%以上。根据2017年《中国环境统计年鉴》数据，截至2011年，我国二氧化碳排放量为90.20亿吨，远远高于其他国家（美国为55.83亿吨，印度为20.74亿吨，俄罗斯为16.50亿吨，日本为12.41亿吨，其他国家均在10亿吨以下）。且据IEA预测，中国的碳排放量还将持续增长，到2030年将达到116亿吨。中国和美国一样，已经被推上了国际气候谈判的风口浪尖，国际社会对我国承担更多减排责任的呼声越来越高，尤其是一些发达国家。

虽然我国有责任和义务承担国际减排重任，但是，一些发达国家并没有从历史排放的角度考虑减排责任。一个事实是，美国等发达国家已经发展到了后工业时代，其在前期工业化进程中累积排放了大量二氧化碳，是导致当前全球变暖的一个主要责任体。这些国家应该为历史排放“买单”，理应率先减排。而中国目前仍处于工业化进程当中，将在较长一段时期内保持高碳排放的状态，短期内强制大量减排是不现实的。此外，从人均二氧化碳排放来看，我国远低于美国，说明美国的减排力度起码不应该比中国低。从国际贸易来看，一些发达国家通过对外投资将高碳排放产业转移到发展中国家以减少自身碳排放，并利用国际贸易廉价获取各类高碳排放产品，即导致发达国家向发展中国家的“碳泄漏”问题。在这种新形势下，如何合理确定贸易隐含碳排放的减排责任，变得尤为迫切。如果由生产国为这部分出口或调出品隐含的碳排放“买单”，显然是不公平的，而且会进一步促使发达国家（地区）将更多碳排放转移到欠发达国家（地区）。改革开放以来，我国主动承接国际产业链转移，在为经济发展提供重要推动力的同时，也遭受了严重的“碳泄漏”问题。所以，在参与国际气候谈判时，我国应强调历史原则、人均原则和“碳泄漏”问题，争取公平分摊国际减排责任。

作为一个负责任的碳排放大国，我国积极参与国际减排，于2009年向国际社会承诺，到2020年单位GDP二氧化碳排放较2005年降低40%—45%，并坚持“共同但有区别”的减排原则。2015年底第21届联合国气候峰会上，我国又进一步承诺：二氧化碳排放2030年左右达到峰值、单位GDP二氧化碳排放较2005年下降60%—65%，非化石能源占一次能源消费比重达到20%。实现这一承诺，中国面临较大压力。

（二）低碳发展面临的国内压力

从国内形势来看，我国低碳发展在以下几方面也面临着诸多客观困难：能源禀赋、经济发展阶段、城市化、技术水平、国际贸易等。这些客观困难决定了我国要在现阶段实现总量减排是不太现实的。

1. 能源禀赋

一个国家的能源禀赋在很大程度上决定了其能源消费结构。我国能源储量结构为煤炭占94%，石油占5.4%，天然气占0.6%（邓舒仁，2012），即为“富煤、贫油、少气”的资源禀赋，这就决定了我国的能源消费结构必将是以煤炭为主。1980—2013年，我国煤炭消费比重一直保持在70%以上，远远高于世界平均水平（约30%）。较高的煤炭消费比重，再加上较高的能源消费总量，致使2012年我国煤炭消费量就占到全世界比重的21.9%（张宏武，2015），从而导致了巨大的二氧化碳排放量。直到2014年，我国煤炭消费比重才第一次降到70%以下，到2016年，降到66.7%。尽管这一比重呈下降趋势，但该比重仍然较高，以煤为主的能源消费结构没有发生根本性变化。受能源禀赋的制约，短期内大幅降低煤炭消费比重是不可能的，碳排放量的下降需要一个长期的过程，短期来看减排压力较大。

2. 经济发展阶段

众所周知，二氧化碳排放与经济增长的关系密切相关，诸多学者曾对两者的关系进行过研究，一般采用环境库兹涅茨曲线（Environmental Kuznets Curve，EKC）。该曲线由美国经济学家Grossman和Krueger（1991）在研究北美自由贸易协定的环境影响时提出，他们发现环境污染与经济增长之间呈倒U型关系，即环境质量随经济增长呈先恶化后改善的趋势。这种倒U型关系暗含着在经济发展初级阶段，可以（而且通常是）牺牲环境加快经济发展；林伯强等（2009）发现我国二氧化碳排放符合环境库兹涅茨倒U型曲线假说，其计算的理论拐点（人均收入是37170元）将在2020年左右达到；但其预测显示，倒U型曲线由升转降的拐点到2040年还未出现。贺红兵等（2012）使用我国 1978—2010 年数据检验 EKC 曲线的存在性，发现碳排放和人均 GDP 之间存在正向关系；其认为我国碳排放可能不会自动随人均 GDP 增长呈现先增后减趋势，或者 EKC 假说在中国的阈值点离当前收入水平还有很远。

由于我国是一个发展中大国，当前还处于经济发展的初始阶段，在环境库兹涅茨倒 U 型曲线的拐点出现之前，二氧化碳仍随经济发展呈持续增长趋势。再加上我国当前处于不可逾越的工业化和城市化进程中，工业仍是国民经济的支柱产业，大规模的基础设施建设需要能源的大量投入，从而高碳排放阶段难以回避。既要经济增长，又要大规模减排压力巨大，几乎不可能同时实现。当然，我们不能一味追求经济增长，坐等环境库兹尼茨曲线拐点自动到来，而应该采取积极减排政策，尽早进入低碳发展阶段。

3. 技术水平

虽然我国的节能减排技术有了一定程度的提高，但我们不得不承认，与发达国家相比，我国掌握的低碳技术并不是很先进，创新能力不足，还有很大提升空间。有学者指出，在能源等六大部门降低碳排放的关键技术中，有一大部分我国目前还没有掌握（赖章盛、李红林，2011）。落后的生产技术导致我国能源利用效率低下，能源强度和碳排放强度较高。单位 GDP 能耗大大高于世界先进水平，比如电力、钢铁、建材等 8 个主要耗能工业，单位产品能耗均比世界先进水平高 47% 以上。相应地，我国碳排放强度也远高于世界发达国家，甚至高于其他发展中国家。虽然自“十一五”以来我国能源强度已经有较大幅度下降，但下降空间仍较大。在能源开发、供应和转换、传送和配置、工业生产以及其他终端消费的技术方面，我国与发达国家相比还有较大差距，致使我国在未来几十年可能继续保持低效率的能源消费模式，这对我国应对气候变化和降低温室气体排放构成了严峻挑战（张宏武，2015）。

4. 国际贸易

一个地区的对外贸易规模影响着其贸易隐含碳排放量，随着我国近些年出口贸易规模的不断扩大，能源消费不断增加，环境污染日趋严重。赵慧卿（2016）计算发现，我国进出口贸易隐含碳排量巨大。2002 年我国净出口隐含碳排放 4.84 亿吨，2007 年则达到 14.62 亿吨，年均增长 24.7%。出口隐含碳排放增加是我国碳排放总量增加的一个重要原因，我国替国际社会承担了巨大减排压力。同时应该看到，目前我国处于国际分工中制造业的低端位置，制造业出口规模巨大，出口商品很大一部分是高能耗产品，技术含量低，这些产品在国外消费，但大量碳排放却留在了国内。而短期内，我国出口贸易结构不会发生根本性转变，高耗能、高排放产品出口仍将占较大比重，减排压力较大。

二、实现减排与经济增长的“双赢”

虽然我国经济发展阶段可能离环境库兹尼茨曲线拐点还有一定距离，并且在一定程度上，各地区基于自身经济增长的需要，也不会积极主动地降低高耗能行业的过剩产能。因此，若想实现国家制定的 2030 年节能减排目标，必须由国家对碳排放量进行合理的地区分配。这里借鉴现有研究中的分配原则与方法，在“减排与增长双赢”视域下考察我国 2030 年碳排放强度目标分配方案及其对地区经济增长的影响（此部分内容已发表于《云南财经大学学报》，2018 年第 11 期）。

（一）研究方法

鉴于发达地区排放的二氧化碳更多一些，理应分配更多的二氧化碳排放，以体现“公平原则”。因此，将各地区二氧化碳排放占全国的比重作为一个分配指标。另外，将各地区 GDP 比重也作为一个分配指标，这是因为 GDP 衡量了一个地区的经济总量，GDP 越大，可能排放的二氧化碳越多。由此，依据各地区二氧化碳排放量比重和 GDP 比重两个指标来确定各地区分配到的二氧化碳排放比例。

二氧化碳排放分配比例的计算公式如下：

$$P_{it} = w\frac{\mathrm{GDP}_{it}}{\mathrm{GDP}_t} + (1-w)\frac{C_{it}}{C_t} \tag{9.1}$$

式中，P_{it}为地区 i 在 t 期分配到的二氧化碳排放量占 30 个地区总二氧化碳排放量的比重，GDP_{it}为地区 i 在 t 期的地区生产总值，C_{it}为地区 i 在 t

期的二氧化碳排放量，GDP_t 和C_t分别为 30 个地区（不包括西藏）t 期相应指标之和，w 为权数。上式意味着，二氧化碳排放分配比例是两项的加权平均。第一项基于地区生产总值计算，第二项基于二氧化碳排放量计算。

显然，依据上述模型测算各地区的二氧化碳排放配额，关键是解决好下面两方面的问题：一是如何测度上述两个比重；二是如何确定权数。下面依次讨论。

（二）数据说明

鉴于现有国家减排目标基于 2005 年，故本文考察期为 2005—2030 年。其中，2015 年以前二氧化碳排放量和 GDP 指标，利用统计年鉴数据，根据指标定义直接计算得到（二氧化碳排放量的计算依据赵慧卿（2013）的方法，各地区生产总值采用 2000 年价格表示）。以后数据需要预测得到，各地区 GDP 比重的预测采用赵慧卿（2016）的方法，二氧化碳排放量的预测方法如下：

先预测二氧化碳排放强度（相对数较稳定，预测相对数比预测绝对值更易于保证），然后乘以 GDP 可得二氧化碳排放量。根据我国二氧化碳排放强度目标，2030 年要在 2005 年基础上降低 60%—65%，若要求各地区均下降 65%（为达到理想状态，本书取最大降幅），对于强度较低的北京、广东等地区，2030 年二氧化碳排放强度将降到 0.5 吨/万元以下，这在技术上很难实现。从实际情况来看，山西等强度较高的地区，可以考虑高于 65% 的降幅，而强度较低的地区，降幅可以低于 65%。因此，本书按照目前（2015 年）降幅进度确定随后年份降幅，以 2015 年各地区二氧化碳排放强度与全国的比值u_{i2015}/u_{2015}作为调整系数（由于多数地区调整系数均在 1.4 以下，因此，对于调整系数高于 1.4 的河北（1.55）、山西（7.17）、内蒙古（2.70）、贵州（2.27）、陕西（1.84）、甘肃（1.49）、青海（1.59）、宁夏（5.50）、新疆（2.68）九个地区，为保证最终结果合理性，将其降为 1.4），乘以全国平均降幅 65%，得到各地区降幅，这样调整的目的是使强度高的地区降幅高于 65%，而强度低的地区降幅低于 65%，如式（9.2）。

$$u_{i2030} = u_{i2005} \cdot (1 - 65\% \cdot u_{i2015}/u_{2015}) \tag{9.2}$$

确定了各地区 2030 年二氧化碳排放强度后，可得到 2016—2030 年二氧化碳排放强度的平均发展速度$\sqrt[15]{u_{i2030}/u_{i2015}}$，再根据 2015 的数据可推算

2016—2030年的数据。计算发现，部分二氧化碳排放强度较高的地区，2005—2030年降幅均在90%以上。而二氧化碳排放强度较低的部分地区，降幅均在40%以下，全国降幅基本达到65%，说明本书采取的这种预测方法较为合理。预测出二氧化碳排放强度之后，乘以各地区GDP，得到各地区二氧化碳排放量。

（三）权数确定

权数的确定对分配结果的影响很大。w越大，发达地区所分配到的二氧化碳排放量越多；而w越小，则排放大省如山西等分配的二氧化碳排放量越多。因此，这里设定三种情景，来考察权数对分配结果的影响。

表9－1　权数的三种情景

权数	情景1（平均权数）	情景2（偏好经济发展）	情景3（偏好实际排放）
w	1/2	1	0

表9－1中，在情景1下，两个指标各占50%，表明政策对各地区的经济能力和实际排放有相同的偏好；情景2意味着完全依据地区经济发展情况来分配二氧化碳排放量；情景3意味着完全依据地区实际排放情况来分配二氧化碳排放量。

（四）情景1下各地区分配结果分析

限于篇幅，这里仅给出部分年份的计算结果，见图9－3。采用平均权数时，山东、江苏、广东三个经济发达地区分配到的比重远高于其他地区，各年均在7%以上，主要是因为其GDP占全国的比重较高。另外，山西、河北、辽宁、河南几个能源富裕地区分配到的比重也较高，原因是其碳排放占全国的比重较高。而海南、青海、宁夏这几个GDP和二氧化碳排放量比重均较低的地区分配到的比重较低，均不到1%。多数地区所分配到的比重基本均在4%以下，且地区间的差异比较小。

从时间的变化趋势上来看，2023年之前，山东所分配到的比重最高，各年基本均在9%以上。2023年之后先后被江苏和广东赶上并超过。河北、山西、辽宁、内蒙古几个二氧化碳排放大省所分配到的比重大致呈下降趋势，而广东、江苏、天津、湖南、湖北、重庆、福建所分配到的比重呈上升趋势。除山西外，其余地区分配到的比重各年的变动幅度不是很大。山西省分配比重之所以在2015年之后出现较大幅度下降，主要是因为其二氧化碳排放和GDP所占比重均呈现下降趋势。另外，2015年前后各地区分配比重未发生异常变化，表明本书第三部分中各项指标的预测方法较为合理，结果稳健。

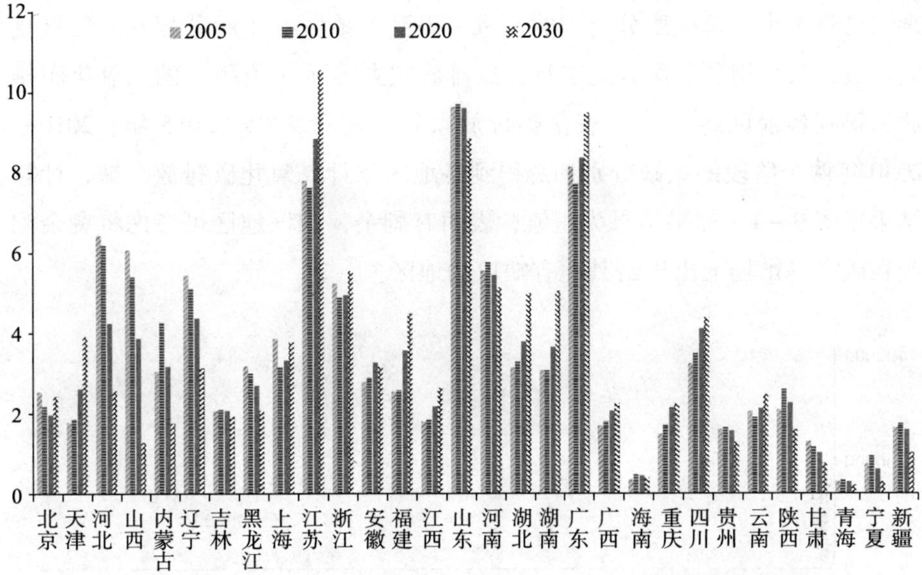

图9-3　情景1下各地区2005、2010、2020、2030年分配比重（%）

（五）情景2和3下各地区二氧化碳排放分配比重

情景2和情景3是权数的两种极端情况，在实际分配时不会出现，但为了比较权数大小对分配结果的影响，故本书给出了这两种情景。计算发现，偏好经济发展或实际排放时，分配结果显著不同。w越接近于1，分配结果越接近于情景2，而w越接近于0，分配结果则越接近于情景3。需要说明的是，以上计算结果只是本文设定的三种情形，当然还可以设置其他权重。考虑到情景1的平均权重相对较为合理，且计算简便，而且从实际分配结果来看也比较合理，故下面将采用情景1的分配结果探讨各地区的二氧化碳排放余缺及分配对地区经济增长的影响。

（六）各地区二氧化碳排放余缺测度

下面将比较各地区实际二氧化碳排放与所分配到的二氧化碳排放，考察其余缺，初步探讨“缺口”地区向“结余”地区购买二氧化碳排放的可行性。

将各地区2005—2015年的实际二氧化碳排放（2016—2030年的预测二氧化碳排放）相加汇总得到全国二氧化碳排放总量，再将全国总量分别乘以情景1中各地区所分配到的比重，得到各地区各年所分配到的二氧化碳排放，最后用所分配到的二氧化碳排放减去实际（预测）的二氧化碳排放，得到各地区各年的二氧化碳排放余缺，再将2005—2015年、2016—2030年两个阶段的余缺分别加总得到各地区累计二氧化碳排放余缺，计算结果见图9－4。如果结果为正值，表明有剩余，则该地区可考虑将剩余配额在碳交易市场上出售给其他有缺口的地区。

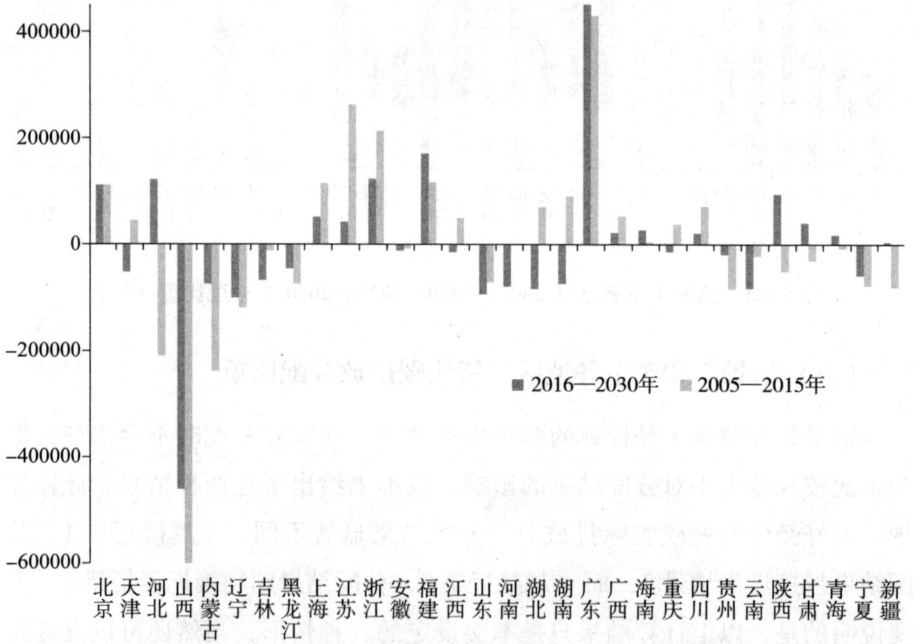

图9－4　2005—2015与2016—2030年各地区累计二氧化碳排放余缺（万吨）

由图9－4可见，2005—2015年二氧化碳排放有结余的地区一共有14个，分别为：北京、天津、上海、江苏、浙江、福建、江西、湖北、湖南、广东、广西、海南、重庆、四川。其中，广东省的结余最多，为

429506万吨，远远高于其余地区，这主要是由于其较高的GDP比重导致所分配到的二氧化碳排放较多。此外，江苏、浙江、北京等经济发达地区的结余也较多，其可通过向其他地区出售碳排放而获得高额利润。二氧化碳排放有缺口的地区有16个，其中，缺口最大的为山西省，累计缺口598350万吨，远远高于其余地区，这主要是由其GDP所占比重低于二氧化碳排放所占比重导致。如此大的缺口，需要付出较高成本向广东等地区购买二氧化碳排放配额，这在较大程度上会促使山西省降低二氧化碳排放强度，从而减少二氧化碳排放量。此外，河北、内蒙古、辽宁等能源消费大省的缺口也较大。

2016—2030年各地区累计二氧化碳排放余缺较前期发生了一定变化。天津、江西、湖北、湖南、重庆由结余变为了短缺，而河北、陕西、甘肃、青海、新疆由之前存在缺口变为了一定程度的结余。其中，河北省的变动幅度最大，表明今后一段时间河北省的实际二氧化碳排放将有大幅度下降，这也是各项减排措施出台后的必然结果。结余最多的仍然是广东省，为491355万吨，远远高于其余地区，但其年均结余较2005—2015年有所下降。福建省超过了江苏，排在了第二位。此外，浙江、北京、河北、陕西的结余也较多。缺口最大的仍为山西省，累计缺口461115万吨，虽然是远高于其他地区，但其年均缺口出现了较大幅度的下降。此外，内蒙古、辽宁、吉林、山东等地区的缺口也较大，但其缺口均不到山西省的三分之一。

总体来看，各地区2016—2030年的年均余缺均较2005—2015年少，表明各地区将根据前期的余缺状况及二氧化碳排放配额，主动调整自身二氧化碳排放，以确保自身利益最大化。

（七）二氧化碳排放分配对各地区经济的影响

这里将使用计量模型，就情景1的分配结果对2016—2030年各地区经济增长造成的影响进行模拟与预测。

1. 方法说明

以下构建包括二氧化碳排放的生产函数（准确地讲，应该是引入能源投入作为自变量，但是由于二氧化碳排放与能源投入之间具有直接关系，且为评估二氧化碳排放分配对经济增长的影响，这里用二氧化碳排放替代能源投入)：

$$Y_i = A_i L_i^{\alpha} K_i^{\beta} C_i^{\gamma_i} \tag{9.3}$$

式中，Y_i、L_i、K_i、C_i 分别为第 i 个地区的地区生产总值、就业人数(年中)、物质资本存量、二氧化碳排放量。由于这里重点考察二氧化碳排放弹性系数 γ_i（γ_i 表示劳动和资本不变时，二氧化碳排放每变动1%会使经济总量变动 γ_i 个百分点)，因此假定 α 与 β 相同，对式（9.3）取对数，得：

$$\ln Y_i = \mathrm{Ln} A_i + \alpha \mathrm{Ln} L_i + \beta \mathrm{Ln} K_i + \gamma_i \mathrm{Ln} C_i \tag{9.4}$$

得到弹性系数 γ_i 后，可根据式（5）计算2016—2030年各地区 CO_2 排放量余缺可能造成的经济增减量 ΔGDP_{it}：

$$\Delta GDP_{it} = \gamma_i \times \frac{\Delta C_{it}}{C_{it}} \times GDP_{it} \tag{9.5}$$

其中，ΔC_{it} 为上一节中计算的 i 地区 t 年碳排放余缺（此值若为正，则 ΔGDP_{it} 为正，即若某地区有二氧化碳排放结余，则将会促进经济总量增加，反之亦反)。

2. 结果分析

各地区二氧化碳排放产出弹性系数 γ_i 的估算方法见赵慧卿（2016），再由式（9.5）计算得到2016—2030年各地区二氧化碳排放余缺可能造成的经济增减量 ΔGDP_{it}，结果见表9-2。

表9-2　2016—2030年各地区二氧化碳排放分配对经济的影响 单位：亿元

省份	2016	2018	2020	2022	2024	2026	2028	2030
北京	1140	921	728	550	382	215	46	-132
天津	229	154	72	-20	-125	-248	-393	-567
河北	-147	-101	-20	116	334	672	1187	1966
山西	-203	-214	-223	-226	-220	-202	-163	-92
内蒙古	-196	-195	-176	-130	-40	121	394	841
辽宁	-130	-163	-188	-203	-206	-194	-162	-107
吉林	-9	-39	-67	-95	-123	-150	-176	-201
黑龙江	-43	-64	-81	-92	-97	-93	-78	-49
上海	727	556	398	246	96	-58	-218	-391
江苏	650	491	333	172	4	-173	-363	-571
浙江	878	716	564	417	271	123	-32	-198
安徽	-53	-69	-77	-73	-49	3	95	246

续表

省份	2016	2018	2020	2022	2024	2026	2028	2030
福建	735	676	624	578	538	504	476	456
江西	66	42	18	-6	-32	-60	-88	-119
山东	-126	-169	-199	-207	-186	-120	8	224
河南	-47	-69	-87	-98	-101	-89	-59	-2
湖北	163	94	21	-57	-144	-241	-352	-480
湖南	239	156	71	-21	-122	-236	-366	-516
广东	2404	2112	1850	1608	1378	1152	922	681
广西	74	57	42	29	18	9	5	5
海南	17	31	53	88	141	220	336	506
重庆	80	57	31	3	-29	-66	-109	-159
四川	105	75	48	23	2	-14	-23	-25
贵州	-40	-42	-40	-30	-8	35	113	249
云南	-8	-21	-34	-49	-64	-80	-97	-115
陕西	-84	-61	-10	85	254	544	1031	1836
甘肃	-20	-13	0	25	66	133	240	408
青海	-12	-4	11	37	82	159	286	497
宁夏	-13	-14	-15	-16	-15	-13	-8	2
新疆	-80	-77	-62	-27	43	173	403	801

从表9-2数据可以看出，二氧化碳排放分配对北京、河北、内蒙古、上海、江苏、浙江、福建、广东、陕西等地区的经济影响较大；而对江西、河南、广西、重庆、四川、云南、宁夏等地区的经济影响较小。其影响的方向和程度随时间的推移而变化，有的甚至波动幅度较大。北京在2016年由于二氧化碳排放有较多结余，对经济增长产生了较大正向影响。而到2030年，北京的二氧化碳排放配额则出现了缺口，其必须通过减少生产以减少二氧化碳排放量，从而会减少经济总量；天津、上海、江苏、湖北、湖南同样是由开始的正向影响变为了负向影响，且变动幅度较大，经济需要付出较大代价；而河北、内蒙古、陕西、新疆则由开始的负向影响变为了正向影响，变动幅度也较大，尤其是河北和陕西，将从二氧化碳分配中受益匪浅；广东省的二氧化碳排放配额对其经济总量的影响在2016—2030年间均为正向，但其影响程度呈缩小态势。各地区计算结果的差异，一方面是由各地区二氧化碳排放产出弹性系数决定，一方面由各地区二氧

化碳排放余缺决定，还取决于各地区自身的经济总量。

总体来看，本书所设计的二氧化碳排放分配方案在多数年份对各地区经济发展的影响呈现正向关系，即使有负向的，其负向影响程度均比较小，远低于正向影响程度。因此，长期来看，二氧化碳排放分配虽然对个别地区可能会造成一定的经济损失，但对全国的经济总量将会是一种正向影响，能够实现“减排与增长双赢”。所以，现阶段在各地区减排积极性不高的情况下，必须通过政府力量设定二氧化碳排放配额。

三、构建和完善全国性碳排放交易市场

碳排放权交易理论是环境经济学中一个重要的基本理论，其于1968年最早由约翰·戴尔斯在《污染、财富与价格》一书中提出。该理论的主要思想是确立合法的碳排放权（这种权利通常以排放许可证形式出现），并允许这种权利像商品一样买卖，以此在保护生产效率的前提下实现碳排放总量控制。由上文分析可知，要实现2030年减排目标，国家必须将二氧化碳排放总量分配到各个地区，需要各地区共同努力完成。而各地区分配到的配额与自身实际排放之间必然存在一定差异，表现为结余或短缺，这就需要通过建立全国性的碳排放交易市场来调整各地区余缺，以确保全国二氧化碳排放总量的控制。当前，我国已有深圳、北京、天津、上海、广东、湖北、重庆7个碳排放权交易试点。

试点期间，企业交易范围较小，且存在一些问题：第一，多个地区的配额分配基于历史排放基准，然而这一方法在具体实行中有很多问题，其中很关键的一点是配额分配与实际情况差距较大，这主要是由于行业景气周期发生结构性变化、早期减排行动未被考虑其中、企业检修、事故意外等突发情况未被考虑等原因；第二，绝大多数的配额分配采取了免费分配方式，然而拍卖方式对于增加企业减排动力、提高配额分配效率、发现有效碳价格等方面具有显著优势，因此未来拍卖的比例需逐步增加；第三，排放主体碳交易活动不够活跃，多数地区在非临近履约期的时间，市场交易冷清，较为低迷，碳市场功能的发挥不充分；第四，电力行业是我国最大的温室气体排放部门，但电力市场仍处于市场化改革进程之中，碳市场

价格信号不能对电力消费端减排形成有效的激励机制；第五，7个交易试点目前相对独立，全国碳交易导致的区域间要素流动、财富转移效应不能得到反映。减排目标设定相对较低，配额发放相对宽松，未来全国碳市场条件下减排目标收紧导致的一些效应还未得到充分体现（范英，等，2016）。

2015年9月，习近平主席在《中美元首气候变化联合声明》中郑重宣布，中国计划于2017年建成全国碳市场。2017年12月19日，备受关注的全国碳排放交易体系正式启动。但完善的全国统一碳排放交易市场的构建是一个复杂而长期的过程，需要充分发挥政府的政策导向作用，加快完善碳排放交易平台。具体措施如下：

第一，推动试点市场向全国市场的过渡。各国在建立碳排放市场的过程中，一般都是经历了从局部碳排放交易试点到全国统一市场的过程。初期大都在产业转型、出口竞争力、保护低收入群体、减少失业等方面设计了一系列支持和补偿机制，以保障碳交易制度的平稳实施。然后采用分阶段实施的方式，逐步推进到区域、行业的全覆盖。作为碳排放量最多的发展中大国，中国仍处于工业化、城市化进程中，地区发展不平衡、城乡收入差距大等问题严重。因此，对全国统一碳排放交易市场的构建要通盘考虑我国各方面的现实问题，积极吸取各试点市场的成功经验，不断健全各种配套补偿机制，包括行业或企业的免费额度发放、拍卖比例、企业的减税和补贴、地区或部门的转移支付等。在初始阶段，仍应发挥政府的引导作用和宏观调控作用，但也应把握好市场和政府的分工，发挥市场在资源配置中的主导作用。政府应尽快统一各地区的顶层制度设计，以尽量减少区域连接的摩擦，同时要避免因制度差异及其惯性增加未来各个区域碳市场统一的难度和成本。也要尽量纳入更多的行业，充分挖掘碳市场降低减排成本的潜力，使得全国性统一碳市场充分发挥作用。

第二，完善碳定价机制。碳排放交易市场能否切实发挥其促进低碳消费的作用，很大程度上取决于碳定价是否合理。同其他产品一样，碳价格走势由碳排放权的供求决定，但碳排放权的供求决定因素与普通产品市场有很大差异（莫建雷，等，2013）。根据已有碳排放权交易市场的教训，人为预测的碳排放权总量总是偏高，甚至出现大于实际碳排放量的情形，这就降低了碳排放权的稀缺性，引起碳交易价格过低。此外，配额分配、减排目标、减排政策法规、能源价格、低碳与高碳能源价格相对变动、绿色新能源技术的发展、国家对减排成本信息的掌握程度、碳交易市场建立的不同阶段等都会在一定程度上影响碳排放供求，进而影响其交易价格。因此，碳排放交易价格的波动较为频繁。因此，要解决碳价格不稳定的问题，除了通过大量研究尽量提高碳排放权总量的预测准确度外，还要采取存储借贷机制、抵消机制等辅助措施以避免价格波动过大，或者直接为碳价格设定限制。英国的 CRC 碳市场、西部气候行动、美国加州碳市场和美国清洁能源及安全法案中都提出要设定碳价格下限。这种做法对市场的干预较强，能避免定价过低现象，有利于稳定投资者和消费者对未来的预期。我国目前需要保持碳价格处于合理的较高水平上，建议在全国碳排放交易市场建立初期，首先考虑运用最低限价机制来避免价格的过度波动（闫云凤，2017）。

第三，积极开发碳金融衍生品。所谓的碳金融，通常指服务于为减少温室气体排放的各种金融制度安排和金融交易活动，主要包括碳排放权及其衍生品的交易和投资、低碳项目开发的投融资以及其他相关的金融中介活动。碳金融衍生品主要指碳交易期货、绿色债券、碳票据等交易产品。开发碳金融衍生品的益处很多，比如，碳期货交易信息公开性的特点有利于增加市场透明度，提高资源配置效率；碳期货市场的发展有利于碳交易企业规避风险；碳交易期货市场对现货市场存在明显的价格发现机制；碳期货交易可以增加市场的流动性等。但是目前我国碳金融发展仍面临一些问题，如碳金融专业人才缺乏、碳交易中心功能单一、金融机构参与程度低、碳金融产品单一、碳金融政策支持不足等。因此，我国政府应积极开展碳金融产品和业务创新，完善交易服务平台建设。

第四，推动碳市场相关立法。高效的全国性碳排放交易市场，离不开完善的法律法规的支撑，需要对包括碳排放量、碳排放交易、碳排放配额、碳排放定价、碳排放监督与考核等进行有效约束。完善立法可以降低交易市场中的风险及不确定性，可以提供碳市场运行效率。因此，应尽快建立健全完善的法律体系。根据 EU - ETS 的经验，碳市场的法律体系分成基本法律制度、技术法律制度以及市场监管法律制度等。我国可以借鉴国外先进经验，自上而下进行顶层设计，一是从国家层面设立明确的法律法规，二是对各地区交易市场制定相应的规定，更要对碳排放配额分配、碳价格制定、交易产品界定等技术细节设立技术性法规。此外，政府可以设置严格的瞒报虚报碳排放的惩罚标准来提高企业的违规成本，促使企业加快低碳模式的转变。要形成严格的监测与考核体系，准确核算各企业和各地区的实际碳排放量，以确保碳排放交易市场的规范运行。还要加强对碳排放交易市场的监管和风险控制，地方主管部门需要发挥其在市场监管中的作用，形成监督、检查和问责的长效机制。

四、加大环境治理力度

党的十八大以来，生态文明建设被作为治国理政的重要内容，纳入建设中国特色社会主义事业"五位一体"的总体布局中，首次被作为一个执政党的行动纲领写入了党章。生态环境治理明显加强，环境状况得到了一定程度的改善。但是，我国的生态环境保护仍任重道远。党的十九大报告中进一步指出，建设生态文明是中华民族永续发展的千年大计。必须树立和践行"绿水青山就是金山银山"的理念，坚持节约资源和保护环境的基本国策，像对待生命一样对待生态环境，统筹山水林田湖草系统治理，实行最严格的生态环境保护制度。坚持全民共治、源头防治，持续实施大气污染防治行动，打赢蓝天保卫战。可见，党中央对环境治理的决心。

近年来，党中央在不断加大环境治理力度，环境污染治理投资自 2000 年的 1014.9 亿元，增加到 2017 年的 9539 亿元，年均增长 14.09%。工业污染治理完成投资自 2000 年的 234.79 亿元，增加到 2017 年的 681.53 亿元，年均增长 6.47%。党中央对环境污染防治工作也做出了一系列重要部署，一批重污染企业要么被关停，要么责令整改。但尽管如此，仍有一些小企业，尤其是农村地区或边远地区还存在着严重污染环境的问题。因此，各级政府要继续加大环境污染治理力度：

一是要加强监督和惩罚力度，深入企业进行摸底排查，不留死角，不走形式，对所有大中小型企业进行彻查。对于发现的问题企业，一定要责令停产整改，且要"回头看"，检查其是否整改到位。对于不整改或整改不到位的企业或单位，一定要加大惩处力度，严厉打击环境违法企业；二是要落实监管责任，实行地方政府环境负责制，落实环保部门的管理职责，并严格执行问责制。同时建立上级主管部门定期检查制度以及下级向上级部门的定期报告制度，建立监察档案；三是加强宣传教育，对相关企业加强环保法律法规的教育，使其了解环境违法行为会引起的严重后果，提高其自觉进行环境治理的意识。四是继续加大环境污染治理投资，尤其是加大对重污染行业的治理投资。从国外引进先进技术，提高企业的能源利用效率及污染物回收利用率。

五、增强全民低碳消费意识

尽管资源枯竭和环境污染已经成为共识，但是目前我国居民浪费能源的现象仍然比较严重，如一些人购买汽车时追求大排量，购买住房时追求大面积，房屋装修时追求豪华，无节制地使用一次性用品，产品过度包装等，不仅造成了资源的严重浪费，而且加重了环境污染。因此，必须大力增强全民的低碳消费意识。

2008 年 8 月，国务院办公厅印发了《关于深入开展全民节能行动的通知》，要求广泛动员全民节能，把节能变成全体公民的自觉行动。全民节能行动主要包括：每周少开一天车，提倡购买新型环保汽车，鼓励乘坐公共交通工具出行；公共建筑夏季室内空调温度设置不得低于 26 度，冬季不得高于 20 度；各级行政机关办公场所三层楼以下原则上停开电梯，非高峰时段减少运转台数；在保证车辆、行人安全的前提下，合理开启和关闭路灯，试行间隔开灯，推广使用可再生能源路灯；鼓励和引导消费者购买使用能效标识 2 级以上或者有节能产品认证标志的空调、冰箱等家用电器，鼓励购买节能灯；使用节能环保购物袋，减少使用一次性用品；夏季公务活动着便装；提倡单位、家庭在夏季用电高峰时段每天少开一小时空调、晚开半小时电灯，尽量使用自然光照明，随手关灯，杜绝白昼灯、长明灯等。

2018 年 6 月 11 日，国家发改委、生态环境部等部门在北京联合举行了“2018 年全国节能宣传周全国低碳日启动仪式”，有关负责人表示，今后将深入开展全民节能行动。各级政府部门、街道、社区等应经常性地组织开展宣传教育活动和节能科普活动，将我国面临的资源与环境问题的严重性告知居民，使他们充分了解节能减排的重要性。使广大群众认识到，低碳消费必须从自身做起，从小事做起。

六、加强媒体低碳宣传力度

各级政府、部门应该通过各种方式组织社会各界积极参与低碳宣传，可以利用多种媒体形式、多渠道展开：一是利用公共场合（如在公交、地铁、银行、电梯里等）的电子显示屏播放低碳消费模式，推荐节能环保新技术、新产品等；二是在电视等媒介播放节能减排宣传标语，倡导低碳消费，向人们普及节能的知识和方法，宣传低碳消费先进典型，介绍国家低碳政策的重要意义；三是在公共场所张贴低碳宣传图画和标语，鼓励人们低碳出行；四是新闻宣传部门要会同发展改革委员会等部门制订全民低碳宣传方案，纳入重大主题宣传活动；五是通过报纸进行宣传，在重要版面增加低碳宣传报道次数，强化深度报道，批判曝光资源浪费的现象和典型，鼓励人们对资源浪费等行为进行监督；六是通过手机等信息平台，在微信、QQ、微博等开始前播放节能减排宣传标语或动画等；七是在新华网、人民网、新浪网等媒体设立低碳宣传专题网页，宣传低碳生活理念，报道低碳热点新闻，发布中央及地方的相关重要文件。

电视台可充分利用世界环境日、地球日、世界气象日、防灾减灾日、科普日等主题日，开展低碳宣传活动，定期举办低碳知识讲座，给市民发放气候变化宣传手册。各地方政府应经常性地举办以低碳为主题的节能环保展览会以及研讨会，增进各界人士的交流。

第三节 循环发展路径选择

一、发展循环经济的重要性

循环经济就是在生产、流通和消费等过程中进行资源的减量化、再利用和再循环活动。发展循环经济，是新型工业化道路的具体体现，是实现绿色发展的重要手段，对于实现我国可持续发展战略意义重大。

循环经济通过改变生产工艺，可以有效减少生产过程中各类能源的投入，从而可以减少污染物的排放。同时，对于排放的废气、废水、废渣，再进行循环利用，进一步提高了资源的利用效率以及降低了对环境的污染，对于我国改变传统粗放型经济，向低投入、低排放、高产出经济模式转变具有重要意义。

但是，当前我国循环经济发展中尚存在诸多问题，技术落后，传统生产技术不能有效消除污染物，资源的再利用和再循环很难实现，多数生产仍遵循着“资源—产品—污染排放”的单向模式。因此，大力发展循环经济，是当前各级政府和企业迫切需要解决的问题。

二、加快循环经济法制建设

发展循环经济，不只是在企业内部生产过程中的循环，还要在区域范围，进而在全社会范围内循环。那么，我国的循环经济法律就应该在以上三个不同层面上进行创新，建立适应各个层面的法律、法规，将法律创新与生产模式转变有机融合。我国于 2009 年 1 月 1 日起正式实施了《循环经济促进法》，但仍缺乏系统性的解决方案，距离“3R”原则还较远。因此，应进一步加强对法律的宣传，要认真贯彻落实《循环经济促进法》。政府应修改和废除违背循环经济基本原则的规章制度，并尽快完善相应的配套法律。同时，应加强对企业在落实法律法规方面的监督，对于没有按要求进行废物处理与循环利用的企业加大惩罚力度，并出台要求企业采用循环工艺的强制性法规。

此外，还可以借鉴发达国家的先进经验。德国是世界上最早开展循环经济立法的国家，它在 1978 年推出“蓝色天使”计划之后还制定了废物处理和电子产品回收的法律，并在 1994 年制定了《循环经济和废物清除法》。此外，还制定过《包装法》《垃圾法》《联邦水土保持与旧废弃物法令》等。大多数德国人都积极响应循环经济的号召，并付诸实践。日本是发展循环经济比较成熟的国家，其也有一些相对完善的法律。这些相对成熟的法律法规，我们都应该拿来取其精华，去其糟粕，在保证我国法律的连续性和阶段性的基础上，不断完善循环经济法律体系。

三、积极发挥政府的主导作用

政府应积极引导企业进行循环生产，充分利用税收和财政补贴手段。对于进行循环生产的企业，给予其循环生产设备购置的适当财政补贴。而对于不进行循环生产的企业，应加大对其征税的力度，同时对高污染产品征收消费税。对于一些循环经济重大项目、产业化示范项目，可以由政府进行直接投资、建设，也可以采取政府与企业合作的方式，或者给企业较大的投资补贴，充分发挥政府对循环经济的引导作用。

政府应鼓励进行循环生产的企业通过多种方式融资，比如发行公司债券、中短期票据、中小企业集合债券等，扩大融资规模。同时，鼓励地方政府融资平台加大对循环生产企业的政策倾斜，使其有充足资金不断扩大生产规模。

各级政府部门应联合地方高校成立循环经济专家咨询中心，对企业的循环生产进行有益指导，对先进设备的使用技术人员进行培训等。建立循环经济运行领导小组，由环保部门、财政部门、水利部门、规划部门和高校等多个部门组成，形成科学有效的组织管理机制，加强部门之间的联系与合作。积极建立一些中介组织或信息平台，将企业间的循环技术、废物等通过平台进行交换，形成一条新的产业链，实现资源、信息和技术的相互利用。

中央在制定循环发展政策时，不能搞一刀切，应充分考虑各地区的经济发展水平和循环经济发展程度。因地制宜地规划循环发展布局，对于循环经济发展差的地区，要深入分析原因，再对症下药。也可以借鉴循环经济水平高的地区的经验，有针对性地制定各地区发展规划。

此外，有些企业虽然购进了循环生产设备，但却一直闲置，未投入使用。究其原因，主要是设备运行成本高、污染物处理和循环利用成本高，企业无利可图。此时，单靠市场力量无法促进循环经济的发展，必须发挥政府力量。

四、不断提高循环生产技术水平

技术水平是我国发展循环经济的物质基础，是关键环节，但也是我们的薄弱环节。循环生产技术和世界发达国家仍存在较大差距，因此，各级政府和企业应加大循环经济技术研发投资，不断推进技术创新。金涌院士（2003）认为，生态企业的支撑技术体系应由“替代技术、减量技术、再利用技术、资源化技术、系统化技术组成”。徐嵩龄教授则强调循环利用技术是循环经济最重要的技术。不管怎样，发展循环经济，必须多条腿走路，既要开发减量技术、再利用技术，也要开发循环利用技术；要鼓励高等院校、科研机构的科研人员与企业合作进行循环技术“产学研”项目研究，加快科研成果的转化，实现产业化应用。

我们还应着眼于积极开发新能源和替代材料，加快对新材料的开发研究，降低生产过程中污染物的排放，同时加快废物处理和循环利用技术的研发，尤其是废水和垃圾的处理技术；在重点行业或企业建立一批循环经济示范工程以及关键技术研发基地，加快对循环适用性技术的研发与推广；不只是要在生产环节开发循环技术，还要考虑生活方面。当前，随着人们生活水平的提高，生活污水排放越来越多。需要对生活污水进行处理再利用，不断开发新型生活污水循环处理再利用装置。

五、不断提升废物处理能力和利用率

进入21世纪以来，我国一般工业固体废物综合产生量逐年增加，从2000年的66599万吨，增加到2017年的331592万吨，年均增加15588万吨。工业固体废物给环境和人类身体健康带来了严重威胁，因此，对其进行综合利用，是发展循环经济的必然选择。然而，我国一般工业固体废物综合利用量从2000年的34482万吨增加到2017年的181187万吨，年均仅增加8630万吨，远低于其产生量的年均增量。一般工业固体废物综合利用率仅从2000年的51.78%，增加到2017年的54.64%，仍有较大的提升潜力和空间。此外，目前我国工业固体废物利用还局限于初级阶段，仅将其用于铺路、填埋矿坑等，高附加值的产品较少。因此，应进一步扩宽工业固体废物的利用渠道，加大固体废物处理设备的投资力度，增加废物处理设备的进口，从而可以生产高附加值产品。据了解，2013 年，我国工业固体废物资源化利用总产值约为 8183 亿元。平均每综合利用 1 吨工业固体废物，可产生 320 元价值，经济利益可观。同时，固体废物综合利用，也有助于增加就业。

第四节　基于综合评价结果的地区发展对策

第六章、第七章、第八章分别采用主观 AHP 赋权法、客观变异系数赋权法、主客观组合赋权法对各地区绿色低碳循环发展进行了综合评价。下面主要依据主客观组合赋权下的实证分析结果，给出下列对策建议：

（1）广东、北京、江苏、上海、山东、浙江等绿色低碳循环发展综合得分较高的地区，应总结先进发展经验，为贵州、青海、甘肃、山西等落后地区提供可参考的改革路径。要想提升绿色低碳循环发展水平总得分，各地区应结合自身资源禀赋优势与发展阶段，选准并做强主要支撑点（发展中的优势），同时补齐短边（发展中的劣势）。但是并不存在一刀切的绿色低碳循环发展模式，各地区必须根据自身条件设定适宜的发展目标与实现路径。在补齐短边困难较大或成本较高的情况下，应着重发展自身优势，以长补短。

（2）从具体地区的 4 个准则层来看，北京应在继续巩固经济社会、低碳发展的基础上，努力发展循环经济和绿色经济。由第五章的分析可知，北京工业用水重复利用率低下，全国排名倒数第 3 位，且北京属于缺水地区，更应该着重提高水资源的重复利用率。此外，要提高废弃物的循环利用水平，在原有基础上进一步扩建循环经济产业园区；天津重点应加强绿色经济的发展，大力开展植树造林，提高森林覆盖率、增加城市绿地面积等；河北和山西应在进一步提升循环发展水平的基础上，重点提高绿色、低碳发展水平，降低煤炭消耗量。要坚持实施煤改气等工程建设，努力降低单位 GDP 能耗，进而降低碳排放强度，逐渐改善空气质量；内蒙古、辽宁、山东、河南应在继续加强经济社会发展的基础上，也要提高绿色、低碳发展水平，调整能源消费结构。

上海、江苏在巩固低碳和经济社会发展的同时，应注重绿色发展水平的提升。由第五章可知，上海、江苏森林覆盖率较低，全国排名分别为第27位、第24位，需要大力开展植树造林活动，进一步提升生态环境；安徽、江西、湖南、广西、海南、云南、四川应在继续发展循环经济、巩固加强绿色发展水平的基础上，努力提升经济社会的发展水平。这些地区旅游资源丰富，尤其是海南、云南，应大力发展旅游业，加大旅游基础设施建设。云南旅游交通不方便，应注重开发高铁等项目建设。

重庆循环发展水平低下，需着重提升循环利用水平，大力开展循环经济园区建设；贵州、甘肃、青海、宁夏、新疆等西部地区各方面发展水平均较低，因此，这些地区若想提升综合发展水平，必须寻找自身优势，着重从绿色、低碳发展方面寻找突破口。西部地区可充分利用其丰富的自然资源，发展新能源产业。

（3）虽然各地区综合得分的变异系数整体呈现稍下降趋势，表明各地区综合发展水平之间的差距逐渐缩小。但不得不承认，我国地区间各方面发展的差距仍较大，尤其是东西部之间。虽然这种差距产生的原因很多，且短期内难以有明显改善，但各级政府仍应积极作为，发挥应有的调控作用。

第五节　总　结

绿色低碳循环经济的发展，涉及经济社会、技术进步、政策制定、法律法规等诸多方面，是一个非常复杂的庞大工程。本书主要采用统计综合评价方法，对我国30个地区绿色低碳循环经济发展水平进行了综合评价分析。研究发现，我国地区间各方面发展水平差异较大，中东部地区明显优于西部地区。不过地区间差距呈现逐渐弱化趋势，且全国综合发展水平不断上升，前景较为乐观。不同赋权方法对综合评价结果有一定影响，但影响不是非常明显。从各准则层和子准则层得分可以判断各地区在各方面发展中的优劣势。最后，在综合评价分析的基础上，给出了我国及地区绿色低碳循环经济发展的路径选择。

需要指出的是，由于受数据和方法等主观、客观方面的影响，本书所构建的指标体系及权数计算方法或许不能全面反映地区的绿色低碳循环经济发展水平，需要在今后研究中不断改进和完善。相关权威部门应尝试构建一套完整的评价指标体系及方法对各地区进行逐年观测，并以此为依据考核领导干部在任职内对资源环境的保护与不当利用以及不合理开发等情况，告别“唯 GDP 论”的考核方式，有利于推进和完善政府绩效管理。

参考文献

[1] 安乐，李宇斌．辽宁省循环经济指标体系的建立与评价［J］．气象与环境学报，2007，23（3）：23－27.

[2] 白宏涛，刘佳，徐鹤，等．中国战略环境评价中低碳评价指标体系拓展探讨［J］．环境污染与防治，2012，34（2）：92－95.

[3] 鲍健强，苗阳，陈锋．低碳经济：人类经济发展方式的新变革［J］．中国工业经济，2008（4）：155－159.

[4] 北京工商大学，遂宁绿色经济研究院．中国300个省市绿色经济指数报告（CCGEI2010）［EB/OL］．2010. http：//a4019409. site. hichina. com/－d270832643. htm.

[5] 北京师范大学等．2011中国绿色发展指数报告——区域比较［M］．北京：北京师范大学出版社，2011.

[6] 北京师范大学经济与资源管理研究院，西南财经大学发展研究院，国家统计局中国经济景气监测中心．2016中国绿色发展指数报告——区域比较［M］．北京：北京师范大学出版社，2017.

[7] 曹东，赵学涛，杨威杉．中国绿色经济发展和机制政策创新研究［J］．中国人口·资源与环境，2012，22（5）：48－54.

[8] 曹院平．基于循环经济评价指标体系进展研究［J］．再生资源与循环经济2018，11（5）：9－12.

[9] 陈述云，张崇甫．对多指标综合评价的主成分分析方法的改进［J］．统计研究，1995（1）：35－39.

[10] 陈文汇，等．我国国民经济行业绿色度测定分析［J］．林业经济，2015（8）：7－13.

[11] 陈晓春，张喜辉．浅谈低碳经济下的消费引导［J］．消费经济，

2009（4）：71－74.

［12］陈妍．工业绿色低碳节能发展战略——我国基本实现工业化的战略选择研究之五［J］．经济研究参考，2013（68）：41－43.

［13］党咨文，安玉兴，王胜辉，等．绿色发展、循环发展、低碳发展的困境与对策［J］．当代经济，2015（31）：18－22.

［14］邓舒仁．低碳经济发展研究：理论分析和政策选择［D］．北京：中共中央党校，2012.

［15］杜红梅，傅知凡．湖南农业循环经济发展评价体系及实证分析［J］．经济地理，2016，36（6）：168－175.

［16］段宁．清洁生产、生态工业和循环经济［J］．环境科学研究，2001，14（6）：1－4.

［17］樊元，刘国平．中国地区循环经济发展的综合评价和特征分析［J］．甘肃社会科学，2011（5）：131－133.

［18］范建华．低碳经济的理论内涵及体系构建研究［J］．当代经济，2010（4）：122－123.

［19］范英，莫建雷，朱磊，等．中国碳市场政策设计与社会经济影响［M］．北京：科学出版社，2016.

［20］范英，滕飞，张九天．中国碳市场从试点经验到战略考量［M］．北京：科学出版社，2016.

［21］方时姣．绿色经济视野下的低碳经济发展新论［J］．中国人口·资源与环境，2010，20（4）：8－11.

［22］付加锋，庄贵阳，高庆先．低碳经济的概念辨识及评价指标体系构建［J］．中国人口·资源与环境，2010，20（8）：38－43.

［23］付允，刘怡君，汪云林．低碳城市的评价方法与支撑体系研究［J］．中国人口·资源与环境，2010，20（8）：44－47.

［24］付允，汪云林，李丁．低碳城市的发展路径研究［J］．科学对社会的影响，2008（2）：5－11.

［25］高春玲．基于熵值法的湖北省绿色经济发展综合评价研究［J］．科技管理研究，2012（19）：70－72.

［26］高涛，王建平，刘晴．城市住区低碳评价指标体系建构［J］.

华侨大学学报（自然科学版），2015，36（3）：348－353.

［27］谷月，杨力．城市低碳经济发展水平动态综合评价——以安徽省为例［J］．淮南师范学院学报，2018（1）：39－43.

［28］关海玲．基于熵值法的城市生态文明发展水平评价的实证研究［J］．工业技术经济，2015（1）：116－122.

［29］郭红卫．基于模糊综合算法的低碳经济发展水平评价［J］．当代经济管理，2010，32（5）：15－18.

［30］郭静，乔琦，孙启宏，等．绿色发展、循环发展、低碳发展与工业园区的实践［J］．环境工程技术学报，2015，5（6）：531－538.

［31］郭玲玲．中国绿俭增长程度评价及实现路径研究［D］．大连：大连理工大学，2016.

［32］郭鹏，郑唯唯．AHP 应用的一些改进［J］．系统工程，1995，13（1）：28－31.

［33］郭亚军．综合评价理论、方法及应用［M］．北京：科学出版社，2008.

［34］韩国莹，李战江，刘秀梅．基于聚类——因子分析的绿色经济发展评价指标体系构建［J］．商业经济研究，2017（24）：184－186.

［35］韩国莹，李战江，刘秀梅．基于聚类——因子分析的绿色经济发展评价指标体系构建［J］．商业经济研究，2017（24）：184－186.

［36］何静，李战江，苏金梅．基于变异系数分析——多重共线性检验的绿色经济评价指标体系构建［J］．内蒙古统计，2017（1）：22－26.

［37］侯岳衡，沈德家．指数标度及其与几种标度的比较［J］．系统工程理论与实践，1995（10）：43－46.

［38］胡大立，丁帅．低碳经济评价指标体系研究［J］．科技进步与对策，2010，27（22）：160－164.

［39］华坚，任俊．基于 ANP 的低碳城市评价研究［J］．科技与经济，2011，24（6）：101－105.

［40］黄兰钦．四川省绿色经济发展评价研究［D］．重庆：重庆大学，2016.

［41］黄茂兴，杨雪星．全球绿色经济竞争力评价与提升路径——以

G20 为例［J］. 经济研究参考，2016（16）：27－36.

［42］纪崑，曾五一. 多目标多层次模糊优选综合评价法的应用研究——区域可持续发展评价问题［J］. 山西财经大学学报，2006，28（5）：23－26.

［43］季昆森. 循环经济原理与应用［M］. 合肥：安徽科学技术出版社，2004.

［44］冀巨海，王琪. 煤炭企业绩效灰色关联评价——基于变异系数法的分析［J］. 经济问题，2011（5）：89－91.

［45］蒋波，张良强. 省域循环经济发展水平的现状评价［J］. 能源与环境，2012（1）：86－89.

［46］金陶胜，许嘉，等. 北京市机动车新车排放标准效益的灰色关联评价［J］. 环境科学研究，2010，23（5）：587－590.

［47］金涌，等. 低碳经济：理念·实践·创新［J］. 中国工程科学，2008（9）：4－13.

［48］金涌，等. 生态工业：原理与应用［M］. 北京：清华大学出版社，2003.

［49］荆克迪. 我国碳交易市场的国际比较与机制研究［M］. 北京：经济科学出版社，2016.

［50］孔海燕，赵颖，等. 改进的灰色关联度分析在环境质量评价中的运用［J］. 环境与发展，2018（1）：109－110.

［51］赖章盛，李红林. 低碳社会：生态文明建设的新模式——兼论低碳社会的价值趋向［J］. 求实，2011（2）：50－52.

［52］李斌. 基于 AHP 方法的我国“十二五”期间绿色经济发展研究［J］. 石家庄经济学院学报，2012，35（8）：43－46.

［53］李斌. 绿色新政下中国绿色经济发展的相关问题研究［D］. 长春：东北财经大学，2013.

［54］李伯华，徐亮. 低碳城市发展水平的测度及其对策研究——以长株潭为例［J］. 安徽农业科学，2011，39（2）：1180－1183.

［55］李刚，程砚秋，董霖哲，等. 基尼系数客观赋权方法研究［J］. 管理评论，2014，26（1）：12－22.

［56］李刚，迟国泰，程砚秋．基于熵权 TOPSIS 法的人的全面发展评价模型及实证［J］．系统工程学报，2011，26（3）：400－407.

［57］李刚，迟国泰．级差最大化组合赋权的人的全面发展评价模型及实证［J］．中国软科学，2009（9）：147－155.

［58］李刚，王忠东，张明．基于循环修正思路的低碳经济评价模型研究［J］．东北大学学报（自然科学版），2011，32（12）：1790－1794.

［59］李刚，王斌，曹洪刚．区域低碳经济评价理论、方法及应用［M］．北京：经济科学出版社，2017.

［60］李刚．基尼系数赋权法及其在生活质量评价中的应用研究［J］．中国管理科学，2015，23（11）：193－197.

［61］李刚，等．基于基尼系数赋权的低碳经济评价模型及实证［J］．科技管理研究，2011（21）：47－50.

［62］李虹，张希源．区域生态创新协同度及其影响因素研究［J］．中国人口·资源与环境，2016，26（6）：43－51.

［63］李胜，陈晓春．低碳经济：内涵体系与政策创新［J］．科技管理研究，2009（10）：41－44.

［64］李舒翔．福建省绿色经济发展能力评价研究［D］．福州：福州大学，2014.

［65］李晓燕，邓玲．城市低碳经济综合评价探索［J］．现代经济探讨，2010（2）：82－85.

［66］李晓燕．基于模糊层次分析法的省区低碳经济评价探索［J］．华东经济管理，2010（4）：24－28.

［67］李妍．煤炭城市循环经济发展评价研究——以淮南市为例［J］．安徽理工大学学报（社会科学版），2017，20（7）：11－18.

［68］李烨，曹梅，龙梦琦．资源型企业循环经济评价指标体系构建与实例分析［J］．中国人口·资源与环境，2016（5）增刊：84－89.

［69］李悦．基于我国资源环境问题区域差异的生态文明评价指标体系研究［D］．北京：中国地质大学，2015.

［70］李战江，何静，苏金梅．基于动态修正的绿色经济评价研究［J］．科技管理研究，2018（12）：73－85.

[71] 廖福霖. 绿色经济：可持续发展的微观基础和现实形式 [J]. 林业经济，2001 (5)：34 -38.

[72] 林伯强，蒋竺均. 中国二氧化碳的环境库兹涅茨曲线预测及影响因素分析 [J]. 管理世界，2009 (4)：27 -36.

[73] 林锦. 海峡西岸经济区循环经济评价指标体系构建之我见 [J]. 长春教育学院学报，2013，29 (4)：47 -48.

[74] 林平凡，庄伟光. 区域绿色经济体系的结构及构建机理——以广东为例 [J]. 河南大学学报（自然科学版)，2016，46 (5)：505 -513.

[75] 刘蓓琳. 基于主客观的城市低碳经济评价研究 [M]. 北京：中国经济出版社，2012.

[76] 刘彬. 福建省绿色经济发展综合评价体系构建研究 [J]. 对外经贸，2013 (9)：87 -89.

[77] 刘芳，赵杰. 绿色发展模式下建筑业经济转型评价指标体系的建立初探 [J]. 科技经济导刊，2017 (9)：18 -19.

[78] 刘华. 绿色产品的群灰色关联分析评价方法研究 [J]. 中国计量学院学报，2007，18 (1)：38 -43.

[79] 刘强，曾红霞. 基于熵值法的循环经济可持续发展动态研究——以甘肃省天水市为例 [J]. 国土与自然资源研究，2017 (2)：25 -28.

[80] 刘强，李高，陈怡，等. 中国低碳城镇化的问题及对策选择 [J]. 中国人口·资源与环境，2016，26 (2)：42 -46.

[81] 刘嵘，徐征，李悦. 低碳经济评价指标体系及实证研究 [J]. 经济论坛，2011 (5)：37 -41.

[82] 刘思华. 绿色经济论 [M]. 北京：中国财政经济出版社，2001.

[83] 刘云忠. 中国循环经济评价体系构建及实证分析 [J]. 统计与信息论坛，2011，26 (9)：34 -40.

[84] 马建平. 低碳经济的内涵、核心要素及其作用机制分析 [J]. 中华女子学院学报，2011 (4)：121 -124.

[85] 马军，周琳，李薇. 城市低碳经济评价指标体系构建——以东部沿海6省市低碳发展现状为例 [J]. 科技进步与对策，2010，27 (22)：165 -167.

[86] 马宁，鞠美庭，楚春礼．基于 MFA 的区域循环经济评价指标体系研究 [J]．生态经济，2010 (7)：55 -57.

[87] 毛文娟．天津发展循环经济的指标体系构建和经济收益分析 [J]．天津科技，2007 (1)：55 -58.

[88] 莫建雷，朱磊，范英．碳市场价格稳定机制探索及对中国碳市场建设的建议 [J]．气候变化研究进展，2013，9 (5)：368 -375.

[89] 穆瑞欣，陈晓红，游达明．基于主客观综合赋权的长株潭城市群循环经济评价 [J]．系统工程，2010，28 (1)：113 -117.

[90] 牛文元．低碳经济是落实科学发展观的重要突破口 [N]．中国报道，2009 -03 -19.

[91] 潘永昕，李体康．甘肃省循环经济发展评价及对策研究 [J]．开发研究，2012 (2)：32 -35.

[92] 潘勇军．基于生态 GDP 核算的生态文明评价体系构建 [D]．北京：中国林业科学研究院，2013.

[93] 裴金平，廉超．广西北部湾经济区低碳城市发展水平灰色关联评价 [J]．合作经济与科技，2017 (4)：10 -13.

[94] 平卫英，钟春兰．基于支持向量机的中国省域循环经济评价研究 [J]．北京工商大学学报（社会科学版），2014，29 (6)：84 -93.

[95] 齐新中国成立．循环经济与绿色发展——人类呼唤提升生命力的第四次技术革命 [J]．经济纵横，2013 (1)：43 -45.

[96] 气候组织．中国低碳领导力：城市 [R]．2008.

[97] 秦书生，胡楠．中国绿色发展理念的理论意蕴与实践路径 [J]．东北大学学报（社会科学版），2017，19 (6)：632 -636.

[98] 秦颖，王凯．中国碳交易制度设计与碳金融创新研究 [M]．北京：经济科学出版社，2017.

[99] 曲格平．循环经济与环境保护 [N]．光明日报，2000 -11 -20.

[100] 任福兵，吴青芳，郭强．低碳社会的评价指标体系构建 [J]．科技与经济，2010 (23)：68 -72.

[101] 任静．提高多指标决策客观性的赋权方法 [J]．管理评论，2012，24 (5)：160 -169.

[102] 沈满洪．资源与环境经济学 [M]．北京：中国环境出版社，2014.

[103] 史宝娟，阚连合，闫军印．区域循环经济系统评价及优化 [M]．北京：冶金工业出版社，2011.

[104] 苏为华．综合评价学 [M]．北京：中国市场出版社，2005.

[105] 孙起生．基于低碳经济的县域产业结构优化研究 [D]．北京：北京交通大学，2010.

[106] 谈琦．低碳城市评价指标体系构建及实证研究——以南京、上海动态对比为例 [J]．生态经济，2011 (12)：81－84；96.

[107] 唐笑飞，鲁春霞，安凯．中国省域尺度低碳经济发展综合水平评价 [J]．资源科学，2011，33 (4)：612－619.

[108] 涂晓玲，支琦，曾省辉．江西发展绿色低碳循环产业体系的路径选择——基于国内外经验总结和发展趋势的研究 [J]．企业经济，2017 (8)：18－21.

[109] 王国华，梁樑．决策理论与方法 [M]．合肥：中国科学技术大学出版社，2006.

[110] 王建辉，彭博．循环经济理论探源与实现路径——《资本论》的生态语域 [J]．武汉大学学报（哲学社会科学版），2016，69 (1)：46－51.

[111] 王金南，俞德辉．发展循环经济是21世纪环境保护的战略选择 [J]．经济研究参考，2002 (6)：13－17.

[112] 王静．区域循环经济评价指标体系构建与绩效评价——以陕西省为例 [J]．陕西理工大学学报（社会科学版），2018，36 (2)：58－64.

[113] 王昆，宋海洲．三种客观权重赋权法的比较分析 [J]．技术经济与管理研究，2003 (6)：48－49.

[114] 王莲芬，许树柏．层次分析法 [M]．北京：中国人民大学出版社，1989.

[115] 王淑敏．低碳经济发展水平的评价指标体系研究及策略分析 [D]．北京：北京交通大学，2011.

[116] 王伟龙，徐梦莹，等．2008—2012年北京市区域循环经济评价

研究［J］. 环境科学与技术，2015，38（11）：258－264.

［117］王晓峰. 我国区域绿色竞争力评价及空间分异［D］. 长沙：湖南大学，2015.

［118］王新玉. 低碳发展与循环发展、绿色发展的关系研究［J］. 生态经济，2014，30（9）：39－44.

［119］王瑛，常泉英. 基于二次赋权的 TOPSIS 法的城市环境质量动态评价［J］. 安全与环境学报，2018，18（2）：784－788.

［120］王瑛，黄颖倩. 基于双重信息集结的绿色发展动态评价［J］. 安全与环境学报，2018，18（4）：1623－1628.

［121］王赢政，周瑜瑛，邓杏叶. 低碳城市评价指标体系构建及实证分析［J］. 统计科学与实践，2011（1）：48－50.

［122］文晓梅. 构建宁夏低碳产业体系面临的挑战与对策［J］. 宁夏社会科学，2014（1）：61－62.

［123］吴季松. 循环经济［M］. 北京：北京出版社，2003.

［124］吴绍中. 循环经济是经济发展的新增长点［J］. 社会科学，1998（10）：18－19.

［125］肖翠仙，唐善茂. 城市低碳经济评价指标体系研究［J］. 生态经济，2011（1）：45－48.

［126］肖宏伟. 构建中国绿色经济生产方式评价指标体系及对策建议［J］. 发展研究，2013（10）：97－101.

［127］辛玲. 低碳城市评价指标体系的构建［J］. 统计与决策，2011（7）：78－80.

［128］信亚楠. 绿色发展理念下农村循环经济发展战略研究［J］. 现代化农业，2016（10）：42.

［129］邢蓉，刘云. 北京市循环经济指标体系的建立及其评价研究［J］. 北京理工大学学报，2010，12（6）：53－56.

［130］薛珑. 绿色经济发展测度体系的构建［J］. 统计与决策，2012（18）：21－24.

［131］郇庆治. 生态文明创建的绿色发展路径：以江西为例［J］. 鄱阳湖学刊，2017（1）：29－41.

［132］闫云凤．中国碳排放权交易的机制设计与影响评估研究［M］．北京：首都经济贸易大学出版社，2017.

［133］羊轶驹．绿色医院评价指标体系与综合评价模型研究［D］．长沙：中南大学，2014.

［134］杨惠敏，付泮．基于熵权的多级模糊综合评价的应用［J］．华北电力大学学报，2005，32（5）：104－107.

［135］杨敏．低碳城市评价体系研究［J］．中国市场，2011（10）：127－128.

［136］杨小林，顾令爽，李义玲，杜久升．基于动态综合评价的区域环境风险差异化管理［J］．中国环境科学，2018，38（6）：2382－2391.

［137］杨宇．多指标综合评价中赋权方法评析［J］．统计与决策，2006（7）：17－19.

［138］姚丹．中国绿色经济指标体系构建及空间统计分析［D］．广州：暨南大学，2014.

［139］姚逊．新时期低碳经济的内涵与发展趋势分析［J］．山西大学学报（哲学社会科学版），2011（4）：140－144.

［140］叶宗裕．对主成分综合评价方法若干问题的探讨［J］．浙江师范大学学报（社会科学版），2006，31（6）：87－90.

［141］殷玉萍．生态文明背景下的我国循环经济法律体系完善［J］．中国市场，2015（16）：76－77.

［142］曾五一，肖红叶．统计学导论［M］．北京：科学出版社，2013.

［143］张发明．综合评价基础方法及应用［M］．北京：科学出版社，2018.

［144］张坤．区域绿色竞争力评价指标体系研究［D］．南昌：江西师范大学，2013.

［145］张坤民，潘家华，崔大鹏．低碳经济论［M］．北京：中国环境科学出版社，2008.

［146］张腊娥．环太湖地区绿色低碳发展评价指标体系及实证研究［J］．南通大学学报（社会科学版），2015，31（1）：16－23.

［147］张士萍，胡佳俊．基于层次分析法的城市环境低碳评价研究

［J］．城市环境与城市生态，2015，28（5）：33－36.

［148］张小刚．绿色经济与城市群可持续发展的理论与实践［M］．湘潭：湘潭大学出版社，2011.

［149］张泽峰．重化工业园区循环经济评价指标体系构建初探［J］．河北师范大学学报（哲学社会科学版），2011，34（7）：75－79.

［150］张志明．基于差级权重物元可拓理论的我国循环经济评价［J］．统计与决策，2012（16）：42－45.

［151］赵慧卿，郝枫．中国区域碳减排责任分摊研究——基于共同环境责任视角［J］．北京理工大学学报（社科版），2013，15（6）：27－32.

［152］赵慧卿，李青玉．2030 年 CO2 排放地区分配及对经济增长的影响研究［J］．云南财经大学学报，2018（11）：70－79.

［153］赵慧卿．中国省区间碳减排责任分摊研究［M］．天津：南开大学出版社，2016.

［154］赵金铎，王树恩．技术创新推进区域循环经济发展评价指标体系的构建［J］．天津大学学报（社会科学版），2010，12（1）：8－12.

［155］赵萌，沈哲，郑文．基于熵的循环经济发展评价可靠性研究——以“京津冀”经济区为例［J］．生态经济，2013（5）：91－96.

［156］郑红霞，王毅，黄宝荣．绿色发展评价指标体系研究综述［J］．工业技术经济，2013（2）：142－152.

［157］郑季良，陈春燕，王娟．高耗能产业群循环经济协同发展研究述评［J］．昆明理工大学学报（社会科学版），2015，15（2）：46－51.

［158］郑林昌，付加锋，李江苏．中国省域低碳经济发展水平及其空间过程评价［J］．中国人口·资源与环境，2011，21（7）：80－85.

［159］郑仕华．省域低碳经济发展评价指标体系构建及实证研究［J］．城市问题，2013（11）：61－66.

［160］中科院可持续发展战略研究组．2009 年中国可持续发展战略报告［R］．北京：科学出版社，2009.

［161］钟太洋，黄贤金，李璐璐，等．区域循环经济发展评价：方法、指标体系与实证研究——以江苏省为例［J］．资源科学，2006，28（2）．

［162］朱海玲．绿色经济评价指标体系的构建［J］．统计与决策，

2017 (5): 27 - 30.

[163] 朱利先，赵慧琴．绿色低碳发展模式的构建 [J]．现代商业，2016 (34): 43 - 45.

[164] 朱四海．低碳经济发展模式与中国的选择 [J]．发展研究，2009 (5): 10 - 14.

[165] 诸大建．可持续发展呼唤循环经济 [J]．科技导报，1998 (9): 39 - 42.

[166] 庄贵阳．中国：以低碳经济应对气候变化挑战 [J]．环境经济，2007 (1): 70.

[167] 庄贵阳．中国经济低碳发展的途径与潜力分析 [J]．国际技术经济研究，2005 (3): 79 - 87.

[168] 邹仲海．刍议低碳的内涵及低碳经济实现路径 [J]．商业时代，2012 (9): 18 - 19.

[169] Kinzig A P, Kammen D M. National Trajectories of Carbon Emissions: Analysis of Proposals to Foster the Transition to Low - carbon Economies [J]. Global Environmental Change, 1998, 8 (3): 183 - 208.

[170] Glaeser E L, Kahn M E. The Greenhouse of Cities: Carbon Dioxide Emissions and Urban Development [J]. Journal of Urban Economics, 2010, 67 (3): 404 - 418.

[171] Norman J, MacLean H L, Kennedey CA. Comparing High and Low Residential Density: Life - cycle Analysis of Energy Use and Greenhouse Gas Emissions [J]. Journal of Urban Planning and Development. 2006, 132 (1): 10 - 21.

[172] Gomi K, Shimada K, Matsuoka Y, et al. Scenario Study for a Regional Low - carbon Society [J]. Sustainable Science, 2007, 2 (1): 121 - 131.

[173] Sun L, Miao C, Li Y. Ecological - economic efficiency evaluation of green technology innovation in strategic emerging industries based on entropy weighted TOPSIS method [J]. Ecological Indicators, 2017 (73): 554 - 558.

[174] Laura S. Evaluation of Conditional Weight Approximations for Two - Level Models [J]. Communications in Statistics - Simulation and Computation,

2012, 41 (2): 182 - 204.

[175] Sadeghi M, Ameli A. An AHP Decision Making Model for Optimal Allocation of Energy Subsidy among Socio - economic Subsectors in Iran [J]. Energy Policy, 2012, 45 (6): 24 - 32.

[176] Shi B, Yang H. City Green Economy Evaluation: Empirical Evidence from 15 Sub - Provincial Cities in China [J]. Sustainability, MDPI, Open Access Journal, 2016, 8 (6): 1 - 39.

[177] Tu J, Deng Y. Comprehensive evaluation on agriculture environment in western China [J]. Journal of Mountain Science, 2005, 2 (3): 244 - 254.

[178] Wang Y M, Chin K S, Wang S. DEA Models for Minimizing Weight Disparity in Cross - efficiency Evaluation [J]. Journal of the Operational Research Society, 2011, 63 (8): 1079 - 1088.

[179] Shi Y, Zhou C, Wang R, et al. Measuring China's regional ecological development through "EcoDP" [J]. Ecological Indicators, 2012, 15 (1): 253 - 262.

索 引

后　记

自2011年攻读博士研究生以来，我正式将研究重心转向碳排放领域。2014年完成博士学位论文《共同环境责任视角下省际碳减排责任分摊研究》，在区域协调发展视角下对我国各省区间的减排责任分摊方案进行了量化分析与政策模拟。该论文经进一步补充完善，以“中国省区间碳减排责任分摊研究”为题，2016年由南开大学出版社出版。同年，获聘为天津商业大学“人口、资源与环境经济学”硕士生导师之后，我的研究领域进一步明确为经济与资源环境可持续发展，尤其关注“绿色—低碳—循环”发展水平综合评价及合理路径选择问题。在天津市哲学社会科学规划资助项目“绿色低碳循环发展经济体系构建研究”（项目编号：TJTJ18－001；项目负责人：赵慧卿）的支持下，对三年来的研究成果进行整理与深化并形成本书。

本项研究工作的开展得到了许多领导和同事的鼓励与支持，付梓之际，对他们表示衷心感谢！天津商业大学经济学院梁学平院长、李海伟副院长、吕明元副院长对我的科研工作给予大力支持，使我有充足的时间从事课题研究。经济学系王树春教授、财政学系田立法主任对我的科研工作都给予大力支持，统计教研室同事沈红丽老师也帮我分担了有关教学和服务工作，对他们的帮助深表感谢。我指导的2017级硕士研究生郭晨阳作为课题组成员，参与了本书部分研究工作。课题研究过程中，还得到天津商业大学科研处、财务处、人事处等职能部门的帮助，他们高效的管理与服务为本书的顺利出版提供了良好的条件。

研究期间，还得到母校天津财经大学多位教授的帮助与支持。首先感谢我的博士生导师周国富教授，多年来他对我的学术成长始终给予高度关注和无私帮助。我取得的每一点成绩和进步，都离不开他的辛勤付出。此外，天津财经大学统计学院肖红叶教授、李腊生教授、杨贵军教授、曹景林教授也对我的研究给予大力支持，一并表示感谢！

本书写作的最后阶段，得益于天津商业大学中青年骨干教师出国研修计划的资助，我于2019年2月1日赴美国佛罗里达大学进行访问研究。合作导师吴尚武教授为我提供了良好的工作条件和科研环境，选听经济系和统计系课程令我开阔眼界，每周参加吴教授研究小组的研讨会尤其令我获益匪浅。对吴教授及其研究团队诸位访问学者、博硕士研究生在工作和生活中给予的关照与帮助，我深表感谢！

最后，深深感谢我的父母与家人，他们的无私支持是我一路前行的坚强后盾。儿子郝知照聪明活泼，时常给我紧张的工作带来惊喜和欢乐。丈夫郝枫不仅与我分担家务琐事，还时常与我讨论研究进展并提供建议。本书能按时交付出版，也离不开他们的付出。

由于本人水平所限，书中错误在所难免，恳请各位专家、学者批评指正。

赵慧卿

2019年3月于佛罗里达大学